田中 滋／寺田憲弘［編著］

聖地・熊野と世界遺産

宗教・観光・国土開発の社会学

Kumano
Spiritual Legacy and World Heritage Destination

晃洋書房

はじめに

熊野は〈辺境〉の地にある。鉄道が開通した近代、そして高速道路の建設が進みつつある現代においてすらも熊野は遠い。浄土信仰の聖地として「蟻の熊野詣」とまで呼ばれるほどに人びとを惹きつけた中世においてはどれほどのものであったか。歩く機会の少ない現代人には想像を超えている。

くまのへ参らむと思へども、かち（徒歩）より参れば道とをし、すぐれて山きびし、馬にて、登れば苦行ならず、空より参らんはねたべ（羽賜べ）若王子

これは、後白河上皇（1127～1192年）みずからが編んだ『梁塵秘抄』に収められた「今様」の一つである。熊野詣に際し、道程の遠さ、険しさに、「若王子様、どうか羽をください」と願ったのは、歩くことに慣れた当時の人びとにとっても熊野詣は余程の難業であったことを物語っている。

熊野、そして熊野が位置する紀伊山地は、このような辺境の地であるにもかかわらず、日本の歴史にこれまでたびたび登場してきた。「神武東征」がここ熊野で始まったとされていることや院政期に盛んとなった熊野詣もそうであるが、熊野別当とも深いつながりをもつ熊野水軍の壇ノ浦の源平合戦での活躍はつとに有名である。近世には、徳川御三家の一つである紀州徳川藩が置かれ、熊野材や備長炭は江戸において確固たる地位を築き、支藩の新宮藩は財政難に苦しむ他藩を尻目に豊かな財政を誇っていた。幕末には新宮藩はいち早くフランス式兵法を採用し長州征伐で活躍し、長州藩の恨みを買ったともいう。明治維新では熊野三山（本宮、那智、速玉の各大社）で吹き荒れた排仏毀釈の嵐、明治維新以後の山林の濫伐による紀伊半島大水害（1890年）とその後の十津川村や上富田村（現上富田町）の人びとの北海道移住、さらには、新宮市や本宮町（現田辺市本宮町）が明治末期の日本を揺るがした大逆事件（幸徳事件、１９１０年）の一つの舞台となったことなどである。この事件の背景には、熊野材の集積地としての新宮の繁栄があり、東京のかの文化学院を創設した西村伊作もその繁栄に大いに与った一人である。

また、昭和初期には、熊野は、国立公園制度の成立後に「吉野熊野国立公園」に組み込まれているし、戦後には、熊野川ではその豊かな包蔵水量ゆえに大規模な電源開発が行なわれ、戦後復興の一翼を担わされることになったりもしている。

これらの枚挙に暇がないほどに多くの出来事は、すでに過ぎ去ってしまった出来事では決してない。神仏分離・排仏毀釈の嵐がもっとも激しかった十津川村では今でも村内に寺はなく葬儀は神式で営まれているし、今は小高い山の上にある本宮大社は１８８９年の紀伊半島大水害によって被災し熊野川の中洲にあった大斎原（おおゆのはら）から移築されたものである。また同じ大水害を契機として北海道に生まれた新十津川村（現・新十津川町）と母村の十津川村とは今も交流が続いている。

熊野は２００４年に世界遺産「紀伊山地の霊場と参詣道」に登録されたが、その登録に到るまでの過程において、多くの場合、「熊野の参詣道（熊野古道）」はそこに「ある」のではなく、「再発見」されねばならなかった。しかし、熊野が世界遺産化されたのは、そこにたしかに参詣道が「あった」からである。九百年、千年の時を超えて熊野詣は蘇ったのである。

＊

目を現代に転じてみよう。現代日本の多くの農山村では、基幹産業の低迷や過疎への対策として観光産業に活路を見出そうとしている。このような観光開発による地域振興は、「観光立国推進基本法」（２００７年）や２００８年の観光庁発足という国家レベルの動きと連動しながら、今後もさらに「地域おこし」の定石としての意味を強めていくことと思われる。そして、地域に「元からあるもの」を資源化することが求められる近年の農山村の観光開発において、重要となっているのが「文化財」や「文化遺産」である。その際、「伝統的建造物群保存地区」などの文化的景観をめぐる様々な制度による「お墨付き」が観光開発のための重要なブランド機能を果たしている。

「文化財」がナショナル・アイデンティティの称揚という国家的要請を受けて誕生し、ある特定の「国」や「人民」に属しているのに対して、「文化遺産」は「すべての人類」に属しかつ継承されるべきものとして誕生したといわれるが、そうした差異とはかかわりなく、文化財や文化遺産が、地域振興の「切り札」として掘り起こされる現状は、その経済活動に寄与しうる側面がかつてなく重要視されるようになっていることを示している。だからこそ、いま文化遺産制度という一種のブランディング・システムが地域の人びとの生活やアイデンティティのあり方にどのような影響を与えているのかを明らかにする意義がある。

本書が対象とする世界遺産「紀伊山地の霊場と参詣道」は、その「文化的景観」としての価値が認められた文化遺産である。この「文化的景観」という概念は、人びとの生活世界そのものを文化遺産化するものであり、文化遺産をめぐる制度の枠を越えて、観光産業やメディアなどを巻き込みながら地域社会に広範な意味や価値の再編成を促すことになる。しかも世界遺産「紀伊山地の霊場と参詣道」は、その「文化的景観」とされた範囲が紀伊半島の三県（和歌山・奈良・三重）にまたがる広大なものであり、それぞれの地域にはそれぞれに独自な歴史を持った多様な生活や文化が営まれている。それをひとつの文化遺産とすることは、それぞれの地域に関わる人びとに大きな意味や価値の再編成や葛藤を促すものであることが予想される。

その際、文化遺産制度やメディア・観光産業などにおいてこの文化遺産や地域がどのように語られているかを知ることがまずは重要となる。そのうえで文化遺産制度やメディアなどによる語りや意味付与が、具体的にどのような形で地域の人びとや観光業関係者、社寺関係者などさまざまなアクターに受容され、また日々の生活実践の中でどのような葛藤や矛盾を引き起こしているかを明らかにすることが必要となる。

熊野では、世界遺産登録以前からその長い歴史の中で様々な文脈（宗教、観光、産業など）において意味や価値の付与と剥奪が繰り返され、それが地域の人びとのアイデンティティを形作ってきた。

熊野は10世紀ごろより「浄土」信仰の霊場として栄えた。修験者たちが全国をめぐり、御師として人びとを熊野詣へと誘ったからである。しかし、江戸期には、浄土信仰や本地垂迹思想の後退とともに、盛況な伊勢参りや西国巡礼の陰に隠れていった。その背後には、国学に代表される神道ナショナリズムの高揚や幕府の神道化政策がある。さらに明治初期には神仏分離令や修験道廃止令などによって信仰の地としての地位すらも奪われていくことになる（第1章　田中滋「神仏の〈交流〉から分離へ――修験道政策から観る〈国家と宗教〉の関係史」）。そして、信教の自由が保証された戦後においても修験道を否定的に見る風潮が残ることになる。

ツーリズムの文脈では、昭和初期に熊野は吉野とともに日本を代表する優れた自然や景観を有する地域として「吉野熊野国立公園」に指定され、瀞峡などが多くの観光客を呼び寄せる観光資源となった。明治以降の外部からのツーリズムのまなざしを検証するために、熊野のガイドブックや旅行雑誌などの観光メディア言説の分析を行ったのが、第2章　寺田憲弘「明治から昭和初期における熊野地方の観光対象の変遷――瀞峡と那智の滝を中心として」と第6章　寺田憲弘「熊野の観光メディア言説の変動――ガイドブックと旅行雑誌における記述を対象として」の二つの寺田論文である。

産業の文脈では、紀伊徳川藩による山林規制が解除された明治以降、熊野川流域で濫伐が進み、木材集積地の新宮市を中心に地域は繁栄したが、森林荒廃によって大水害を引き起こし、十津川村全域や下流の熊野本宮大社をはじめとして広範囲に甚大な被害をもたらした（第3章　田中滋「濫伐される熊野――繁栄と災害のパラドックス」）。また、戦後、熊野川は大規模な電源開発が行なわれたが、それが地域社会に甚大な影響を及ぼすことが予想されたにもかかわらず、なぜ人びとに受け入れられていったのかを、第4章　田中滋「電源開発と熊野の変貌――ナショナリゼーションから省有化へ」と第5章　井戸聡「『筏の終焉』と河川の近代化――〈川と人々〉・〈筏と生活世界〉の近現代」では論じた。

これらの価値付与の変容や開発と災害といった現象の多くは、外様の雄藩などが侮りがたい力をもち幕府権力が限定的であった幕藩体制から、明治期の天皇制を核とする強力な中央集権体制へと移行したことに伴って起こった。これらの現象は、従来の「近代化」という概念では不十分にしか分析できない。そこで、本書では、一つの国を「まとまり」のある政治・経済・文化システムにすることを中核的な意味とする「ナショナリゼーション」という概念を導入し分析を進めている（序章　田中滋「聖地・熊野の世界遺産化を読み解く――ナショナリゼーション論からのアプローチ」）。

このナショナリゼーションの過程よりももっと大きな力をもって現在われわれに迫ってきているのが、世界の国々や人びとを一つの「まとまり」としての政治・経済・文化システムの中に投げ込む「グローバリゼーション」の過程である。熊野の世界遺産化も、このグローバリゼーションという文脈で捉えることができる（第9章　寺田憲弘「世界遺産とインバウンド観光――熊野古道の観光言説を事例として」）。

グローバリゼーションは、しばしば一つの国のまとまりに「ほころび」をもたらすという形でナショナリゼーションとせめぎ合う。そして、地域の人びとはそのせめぎ合いの渦中に投げ出される。

たとえば、熊野に関して言えば、その文化遺産が、ユネスコが認めた「世界」のグローバルな遺産であると同時に、「日本」のナショナルな文化財でもあるということである。先にも述べたように、熊野は、明治初期に神仏分離令と修験道廃止令などによって修験道が衰退し、信仰の地としての地位をすら奪われることとなるのであるが、その山岳宗教としての修験道が、世界遺産「紀伊山地の霊場と参詣道」においては、「文化的景観」を構成する「日本固有」の宗教文化と謳われることになり、観光シンボルともなっているのである。かつては政府禁制の「淫祠邪教」とされたものが「日本固有」の文化へ、そしてさらには観光シンボルへという価値の転換がなされたのである。この転換の意味を分析したのが、第7章　中井治郎「世界遺産ツーリズムにおける信仰文化の価値――熊野修験の文化遺産化と観光資源化をめぐって」と第8章　湯川宗紀「観光立国『日本』と『宗教』――世界遺産『紀伊山地の霊場と参詣道』」である。

グローバリゼーションが進行する現代において、グローバルなものとナショナルなものとの矛盾や齟齬はさまざまな分野で見られる。そして、それらの矛盾や齟齬は、その間隙を縫って、ナショナルなものに抑圧されていたローカルなものの復活という形をとることもある。第10章　中井治郎「問い直される世界遺産――台風12号災害を契機とした熊野古道をめぐる語りの変容」と第11章　柴田和子「世界遺産のインパクト――既存観光地と新規観光地」は、こうしたグローバル、ナショナル、そしてローカルなもの三者が織りなすダイナミズムという観点の下で分析を進めた論稿である。

基幹産業である林業の不振などによりナショナリゼーションからもグローバリゼーションからも取り残された地域が世界遺産指定地域内にも広範囲に広がっている。そういった地域には、「地域おこし協力隊」の方々が入って活動を続けている。彼らの活動が孕むさまざまな問題に分析のメスを入れたのが、第12章　井戸聡「地方移住のその先に――地域おこし協力隊における選択的行為としての定住」と第13章　井田千明「地域おこし協力隊の『仕事』――熊野地域の協力隊の事例を通して」である。

＊

本書は、われわれのグループが出版した田中滋編『都市の憧れ、山村の戸惑い――京都府美山町という「夢」』（2017年晃洋書房）の姉妹編と位置づけることもできるかもしれない。美山町は同町北地区の茅葺き民家群が「伝統的建造物群保存地区」に指定（1993年）されたことによって徐々に観光地化が進み、現在では京都観光の一つの重要なオプションとなるほどに知名度が上がった山村である。そして、2017年には「京都丹波高原国定公園」が生まれ、美山町はその核心をなす地区となっている。

美山町にわれわれが調査に入ったのは1999年で、「伝統的建造物群保存地区」に指定されて数年が経っていたが、当時はまだまだ観光地というにはほど遠い、山また山に囲まれた静かな山村であった。

一方、われわれが熊野で調査を始めたのは2003年で、当時は熊野が世界遺産となるということすら知らなかった。熊野は、美山町と同じように山また山に囲まれた静かな地域である。ただ、熊野は海に囲まれた地域でもある。深い山々とそれを穿って流れる水量豊かな川、そして明るく開けた大海原、これらの絶妙のコントラストが熊野である。

２００４年の世界遺産登録後、熊野古道には多くの観光客が押し寄せるようになり、観光公害の様相さえ呈するようになった。われわれのグループで観光研究を以前から進めていた何人かは早速この世界遺産に関する調査を始めた。その成果が本書ということになる。

本書がわれわれの美山町の本の姉妹編であると言ったのは、美山町にしろ、熊野古道を抱える地域にしろ、従来、観光地ではなかった地域が急速に観光地化することが何を地域にもたらすのかが結局は調査の課題となったからである。この課題にわれわれがどれほど取り組めたのかは読者の皆さんの評価に委ねるしかないが、われわれが密かに期待しているのは、美山町に関する前著の出版がまさにそうであったように、本書が熊野の人びとの心に少しでも響き、またわれわれとの繋がりが深まり、新たな出会いが生まれることである。

２０２０年11月

田中　滋
中井治郎

目　次

第Ⅰ部　激動の近代――排仏毀釈の嵐から近代観光と電源開発へ――

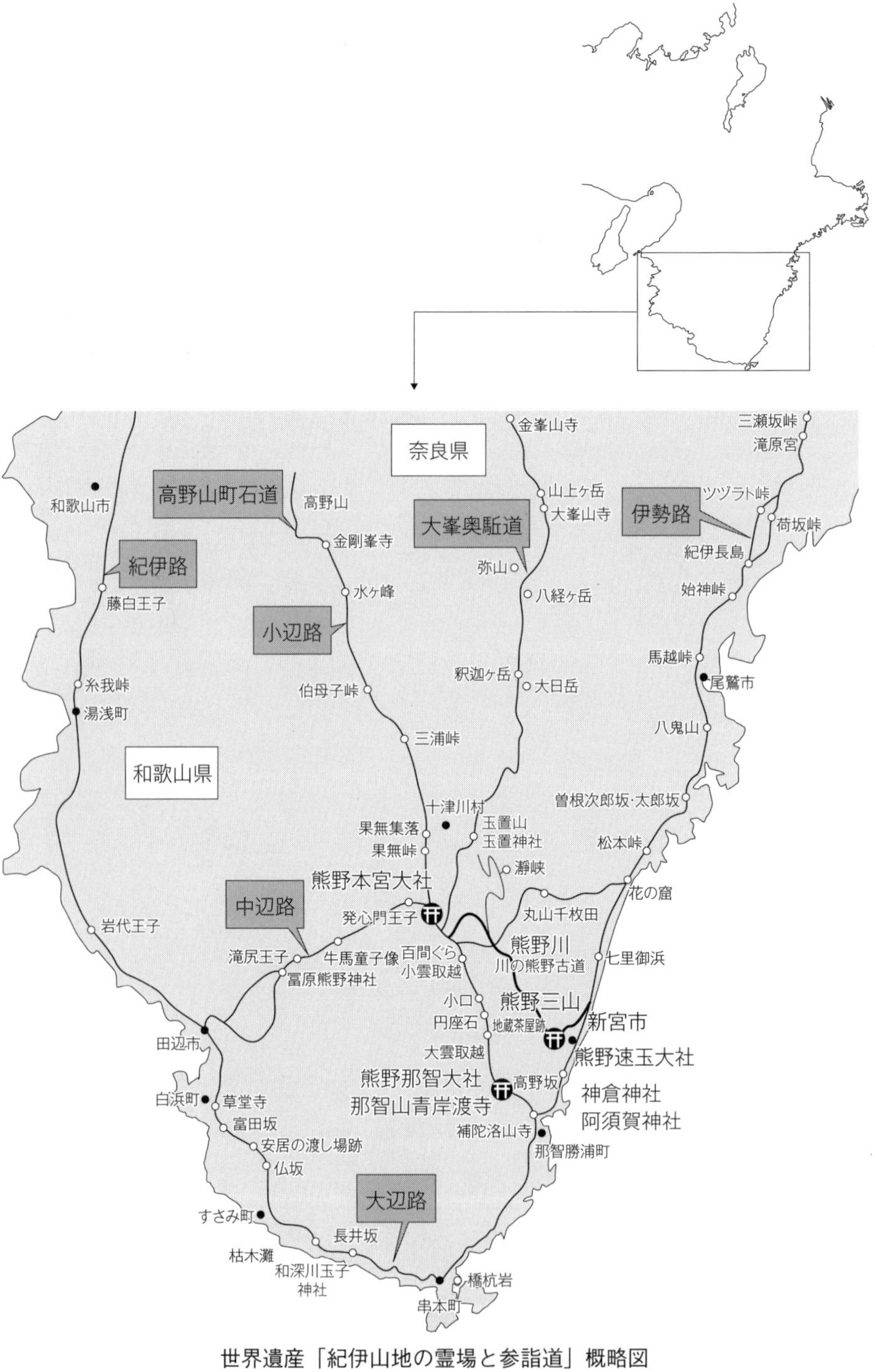

世界遺産「紀伊山地の霊場と参詣道」概略図

序章　聖地・熊野の世界遺産化を読み解く

——ナショナリゼーション論からのアプローチ——

はじめに

——神仏融合から分離へ、そして神仏融合の世界遺産へ——

世界遺産「紀伊山地の霊場と参詣道」は、その「文化的景観」としての価値がユネスコ世界遺産委員会によって認められ世界遺産となった。文化庁『世界遺産一覧表記載推薦書・紀伊山地の霊場と参詣道』（２００３年）では、この推薦遺産が、「世界遺産リスト登録への価値基準」の内の四つ（②、③、④、⑥）に該当するとし、その価値基準②に該当する理由を以下のように述べている。

> 中国において仏教を学んだ高僧空海が真言密教の道場として開創した「高野山」には、仏教建築をはじめとする多くの顕著な建造物が群として遺されているほか、「吉野・大峯」、「熊野三山」には、日本古来の自然崇拝と仏教とが融合して形成された神仏習合の宗教観に基づいて、仏教寺院建築と独特の様式を持つ神社建築が群として遺され、深い常緑樹叢に覆われた山岳景観とともに霊場における顕著な文化的景観を形成している。このような形態は参詣道を通じて日本の各地にもたらされ、地方霊場の形成に当たってモデルともなった。

このように、推薦資産を構成する記念工作物とその群及び文化的景観を呈する遺跡は、日本古来の自然崇拝に根ざした神道と中国大陸や朝鮮半島から伝来した仏教の融合による独特の所産であり、東アジアにおける宗教文化の交流と発展の結果生まれた他に類例を見ない顕著な事例群である。

よって、本資産は価値基準の②に該当する［文化庁 2003：10―11］（傍点部引用者）。

この推薦書に記載されているように、この世界遺産の核心的価値は、「日本古来の自然崇拝に根ざした神道と中国大陸や朝鮮山地から伝来した仏教の融合」、すなわち「神仏習合」にあり、その神仏習合が「東アジアにおける宗教文化の交流と発展」の結果生まれたものであるという点にある。

しかし、世界遺産「紀伊山地の霊場と参詣道」の現在の姿は、神道と仏教の「融合」（神仏習合）をまさに全面否定した明治初期の神仏分離政策とそれにともなって起こった排仏毀釈の結果として存在している。

本章の、そしてまた本書の問題意識と課題は、過去にナショナル・レベル（国家）で神仏分離・排仏毀釈という形で一度否定された神仏融合と修験道が世界遺産化という形でグローバル・レベル（ユネスコ世界遺産委員会）で再評価されたことが、（1）ローカル・レベル（地域社会）とナショナル・レベル（国家）に何をもたらすのかを明らかにすることにある。（2）それは、ローカル、ナショナル、グローバルの各レベルが、現在、この世界遺産をめぐって相互にどのような関係（対立、調和、競合など）を結んでいるのか、なぜそうであるのか等々を問うことにも繋がる。

そのためには、ナショナル・レベルで明治初期の神仏分離と排仏毀釈によって否定された神仏融合が、それまでの幕藩体制下においてどのように歴史的に展開してきたのかを明らかにする必要もあるし、迂遠ではあるが、古代・中世にまで「神仏の融合」の歴史を遡る必要も生まれる。また、紀伊山地の地域社会が神仏分離・排仏毀釈によって熊野詣や西国巡礼の巡礼者たちが途絶えた後、日本の近代化過程においてどのように変貌していったのか（林業や電源開発、観光などの産業の変遷や地域おこし活動など）を明らかにする必要もある。

本書に収められた論稿は、すべてそれぞれにこれらの問いや課題に取り組んだものである。そして、本書の序論としての本章の課題は、この世界遺産をめぐるローカル、ナショナル、グローバルなものの相互関係の歴史的見取り図を提供することにある。

1　近代日本の神道国教化と近世西欧の宗派化

江戸後期には、王政復古と神道回帰を目指す復古神道が台頭し、外来の宗教である仏教に対する批判が高まっていた。明治維新は、こうした宗教事情を一つの歴史的背景とし、黒船の到来によって頂点に達した外圧に対処するため、薩長などの雄藩が中心となって尊王攘夷を掲げて遂行された政変である。

明治維新政府は1868年（慶応4年3月13日）に「祭政一致の布告」を発し、復古神道の理念にもとづき、「世に廃仏毀釈といわれた過激な方法で、神社から仏教色を一掃し」［洗 2008：43］、「神道国教化」を目指した。新政府は、太政官布告158号によって「切支丹邪宗門の禁止」を含む「五榜の掲示」（同年3月15日）を掲げたが、欧米諸国の反発を招き、1873年には取り払われた。この出来事に象徴されているように、「信教の自由」という欧米の理念の前に、新政府の「神道国教化」政策は早くも躓くことになる。

その後、明治政府は、1882年に「自今神官ハ教導職ノ兼補ヲ廃シ葬儀ニ関係セサルモノトス此旨相達候事」という内務省達（第一号）を発し、「神主は『説教』をせず、日本人にとって宗教そのものである『葬儀』にも関与しないから、『神社は宗教ではない』」［洗 2008：56］という論理を組み立た。そして、この「神社非宗教論」という奇妙な論理は、その後、「国家神道を支える基本的論理」［洗 2008：56］として機能していくことになる。

明治政府の神道国教化を目指す宗教政策は、「信教の自由」が憲法によって保障されている現代から見れば異様なものであり、日本だけで起こった特殊な宗教政策であると考えられがちである。しかし、「信教の自由」を認めないことを理由に日本との不平等条約の解消を拒んだ欧米諸国においても、「信教の自由」という理念が成立するまでには多くの時間と犠牲が必要であった。

明治初期の神仏分離と排仏毀釈、そして神道国教化へという歴史と極めて類似した歴史現象が、16世紀から17世紀にかけての西欧近世においても展開していた。それが、宗教改革運動とその後に展開されたコンフェショナリゼーション(confessionalization)である(コンフェショナリゼーションは「宗派化」あるいは「宗派体制化」と訳されるが、以下では「宗派化」と呼ぶこととする)。

宗派化(コンフェショナリゼーション)は、宗教改革後の領邦国家がカトリックかプロテスタントのいずれかの宗派教会と結びつき、その公認宗派の教義にもとづいて領民を教化し、同質的な臣民へと変容させると同時に、中央集権的な統治機構を形成することによって、領邦国家が中央集権的な近代国家へと変貌していく契機となった現象を指す概念であり、H・シリング［1988］やW・ラインハルト［1977：1997］によって提起された。宗派化は、「宗教改革と市民革命にはさまれた近世(Frühneuzeit)という時代を特徴づけるキーコンセプトのひとつ」として位置づけられる［踊2011：110］。

なお、この「宗派化」という概念は、西欧諸国の近世を論じる上で「社会的規律化」が重要であるとするG・エストライヒの議論に対して、シリングが社会的規律化に宗教が果たした役割の重要性を論じた際に提示された概念である［踊2011：110］。

宗教改革運動の結果生まれた宗派間対立と政治的・社会的分裂は、ドイツ(神聖ローマ帝国)では「アウクスブルクの和議」(1555年)によってその収拾が図られ、そこで定められた原則「cuius regio, eius religio(かの地ではその教えに依るべし)」である「信仰属地主義」が領邦教会制の基盤を提供し［紫垣2016：65］、宗派化を生み出した。この宗派化の過程において、各宗派は、「教理問答教育や説教や各種の宗教行事をつうじて能動的な宣教を行い、印刷物を活用して自派の教えを拡大」［踊2011：112］し、さらに「民衆世界に宗派的均質性をもたらすために巡察、各種の取締り、教会訓練を実施し、異分子を排除する」などといった活動を展開した〔踊 2011：112〕。

このようにして、宗派化は、「自宗派」の「教義・世界観・人間観・道徳観」に従って民衆の日常生活に深く介入することを通して、民衆の「個人的差異や地域的偏差を平均化し、中央統制に服する同質的な臣民社会の形成」〔踊 2011：111〕を促したのである。

宗派化は、その取り組みの緻密さに見られるように、徹底したものであった。これに対して明治初期の神道国教化は、「神道」の「教義・世界観・人間観・道徳観」を人びとに植え付けるという課題を担う「教導職」に仏教僧侶をも動員して行なわざるを得なかったことに象徴されているように、混乱と不徹底を伴うものであった。しかし、「宗派化」と「神道国教化」は、政教一致の政治体制と民衆の均質化を目指したという点においてほとんど同じものであったと言えよう。

また、日本の神仏分離政策の際に起こった排仏毀釈と極めて類似した現象が当時の西欧で起こっていたことにもあらためて注意を向ける必要がある。それは、宗派化の前段階である宗教改革運動において起こった、プロテスタント諸派による「聖像破壊運動（イコノクラスム）」である。「旧来の信仰形態を否定する民衆の熱狂」の高まりは、「時には暴徒と化して聖堂を襲い、聖像を破壊したり、燃やしたりする行為に走り」、その結果、プロテスタントの聖堂からは、窓を彩るステンドグラスを始めとして、「絵画や彫刻が姿を消すという事態」〔藤原 2010〕へと発展していった。

これらの聖像破壊運動は、明治初期に神道国教化の露払いとして行なわれた神仏分離・排仏毀釈において、仏像の首が落とされ、谷底に投げ捨てられ、多くの仏教寺院が破壊され廃寺となったこととまさに同じ現象である〔佐伯 2003〕。

世界遺産「紀伊山地の霊場と参詣道」が世界遺産となった重要なポイントが、「神道と仏教のたぐいまれな融合」にあるとするならば、神仏分離・排仏毀釈、神社の祭神の差し換え、そして神道国教化への歩みは、この世界遺産の歴史を語る上でもっとも重要な悲劇的な出来事であるということになる。言い換えるならば、この世界遺産は、日本の近代国家形成過程において起こった悲劇的な歴史を象徴する「負の遺産」という側面をもっているということになる。

宗派化と神道国教化はほとんど同一の現象であるのだが、両者には大きな違いもある。それは、前者が16～17世紀の出来事であるのに対して、後者は、19世紀の出来事であるという点である。そこには、およそ300年という大きな時間のズレがある。このズレがもたらしたものにはさまざまなものがあるが、一つだけ取り上げるならば、それは、神道国教化が「信教の自由」という欧米諸国の一つの重要な理念によってその実現を阻害されたということである。

以下では、神道国教化を日本における宗派化として捉え、文脈に応じて適宜、「神道国教化（宗派化）」あるいは逆に「宗派化（神道国教化）」、さらには「神道国教化という名の宗派化」などの表記を用いることとする。

2　日本の近代国家形成と神道国教化（宗派化）

（1）　ナショナリゼーション論の可能性

近代における国民国家をめぐる議論において、特にナショナリズム論において注目されてきたのが「国民の均質化」とそれらを達成するためのメカニズムである。

ナショナリズム論の文脈において、「国民の均質化」を構築主義の立場から論じた論者として知られているのは、「想像の共同体」としての国民文化を論じたB・アンダーソン［Anderson 1991］であり、「伝統の創造」を論じたE・ホブズボウム［Hobsbawm 1983］等である。前者は、国民文化の創出に出版産業が果たした役割に注目し、後者は、国民を引きつける王室の儀礼などの「伝統」の近代における「創出」に注目した。

一方、すでに1970年代にG・モッセは、ナチズムを主題とする研究において、「ナショナリゼーション（国民化）」という概念の下に、神話やシンボル、儀礼や祝祭を介してのナショナリズムの高揚を論じていた。

以下、本章では、近代に起こった「国民の均質化」を、モッセに倣ってナショナリゼーション（nationalization）と呼ぶことにする。一つには、モッセの議論がホブズボウム等の「構築主義的ナショナリズム論の先駆」［佐藤 2002：210］であると位置づけることが可能であり、なおかつこのナショナリゼーションという概念が「想像の共同体」や「伝統の創造」が表現している現象を包摂できる抽象性をもっているからである。また、二つには、ナショナリゼーションという概念が、「国民の均質化」という意味だけではなく、後述するように、近代の国民国家形成過程における重要な諸契機（全国規模化や国内地域分業、階層・階級分化など）を意味する概念として現実に用いられているからである。そして、それゆえに、ナショナリゼーションという概念は、それらすべての意味を包括する概念、理論的に広い射程をもった概念として用いることができるからである。

(2)　神道国教化（宗派化）と「均質化としてのナショナリゼーション」の同時性

「ナショナリゼーション」が、なぜ国民国家形成における諸契機（「国民の均質化」や全国規模化、国内地域分業化、階層・階級分化など）を含んだより包括的な概念として用いることができるのかを論じる前に、なぜ「神道国教化という名の宗派化」が19世紀日本の明治維新期に起こったのかを論じておこう。

西欧諸国においては、「宗派化」は、近代国家形成期における「均質化としてのナショナリゼーション」に歴史上先行するそのプロトタイプであったと位置づけられる。しかし、西欧諸国においては、市民革命の段階においては宗派化は起こらなかった。「均質化としてのナショナリゼーション」は、市民革命以後、新聞などのマスメディアの発達や近代教育制度の普及などによって進行していったのである。なぜ市民革命の段階において宗派化は起こらなかったのか。それは、宗派化の歴史そのものが語ってくれる。

宗教改革に引き続いて起こった宗派化（16～17世紀）は、他宗派への宗教的迫害や流血の衝突を引き起こし、また亡命者を大規模に発生させるという渾沌とした状況を生み出した。そして、領邦国家間の引き続く戦争が混乱をさらに助長させてもいた。しかし、他宗派の人びとをその領邦国家から完全に追放することはできず、他宗派の「黙認」、そして他宗派への「寛容」へという変化が徐々に起こり、17世紀オランダの諸都市では「西欧でもっとも多宗派的な世界」［踊 2011：136―38］が生み出されていた。その結果として、西欧では「個人の良心の自由」「信教の自由」さらには「政教分離」といった考え方が生まれていった［踊 2011：136―38］。そして、「市民革命」の時代には、西欧諸国では「信教の自由」が理念としてすでにかなり定着していたのである。これが市民革命の際に宗派化がおこらなかった理由である。

ところが、日本では、宗派化（神道国教化）が「均質化としてのナショナリゼーション」の出発点において起こったのである。それは、端的に言えば、「信教の自由」という理念が当時の日本ではまったく育っていなかったからである。

近世西欧における領邦国家をめぐる戦争は、シュマルカルデン戦争（1546～1547年）、ユグノー戦争（フランス宗教戦争1562～1598年）、三十年戦争（1618～1648年）といった戦争がそうであるように、プロテスタントとカトリックとの「宗教戦争」という形を取り、これが先に述べたような経緯を辿って「信教の自由」という理念を生み出した。

日本においても、近世西欧における領邦国家の叢生に比せられる状況、すなわち、日本各地に守護大名や戦国大名が群雄割拠する状況（分国化）が近世初頭に起こった。しかし、キリシタン大名の下での宗派化（キリスト教化）の徹底という例外があるにしろ、それらの「分国」（守護大名・戦国大名の領国）では宗派化は起こらなかった。当時の仏教は数多くの宗派に分裂し、相互に対立してはいたが、その対立は守護大名や戦国大名を巻き込んでの対立、そして戦争へとは発展しなかった。これは、西欧諸国のように、カトリックの宗教的権威と強大な政治権力にプロテスタントが挑み、その対立が領邦国家を巻き込み戦争に至るという形にはならなかったからである。守護大名や戦国大名たちの戦争はあくまでも領地をめぐる武力抗争であり、武士と宗教という対立の側面（諸大名と一向宗や比叡山、高野山との戦い）があったにしろ、宗派間の宗教戦争という側面をもたなかった。仏教における宗派分裂の激しさは、むしろ武士勢力につけ入る隙を与え、彼らによる「分断と支配」の格好の餌食にさえなっていた。(1)

こうしたことから、日本では戦国時代の戦乱を契機として「信教の自由」という考え方が生まれる可能性はなかった。その結果、日本では、19世紀の段階において均質化としてのナショナリゼーションが神道国教化（宗派化）を伴って行なわれる可能性が生まれたのである。均質化としてのナショナリゼーションと宗派化の同時進行がみられたのである。

19世紀の段階で均質化としてのナショナリゼーションと宗派化（神道国教化）が同時進行し、神仏習合の典型である修験道への宗教的迫害が行なわれたという状況は、西欧諸国の市民革命と比べればたしかに特異である。しかし、近世西欧においても宗教的迫害が宗派化の過程において起こっていたことを考えれば特殊ではないということになろう。ただ、日本においては、均質化としてのナショナリゼーションと宗派化（神道国教化）の同時進行が、数千万人もの日本国民を対象として近代化の過程において起こったことは非常に特異なことであると言えよう。日本国民は近代教育制度を通して国家神道体制に組み込まれていったのである。(2)

3　全国規模化と国内地域分業（機能特化）、階層・階級分化

(1)　全国規模化としてのナショナリゼーション

ところで、国民の均質化としてのナショナリゼーションは、これを空間的に把握すると、「国境の内側に住む多様な人びととその文化の均質化」ということになる。「国境の内側に住む」という表現は、「国民（人びと）」［小川 2000］（傍点部引用者）をたんに修飾する表現に過ぎないというわけではない。たとえば、全国規模での鉄道などの交通網（国有鉄道など）の発達という要因を考慮に入れるならば、「国境の内側に住む」ということとそれらの人びとの均質化の度合いが密接に関係してくることがイメージできるであろう。

鉄道は全国規模での人の動きを生み出し、異なった地域に住む人びとの接触や交流の可能性を高めることによって人

びとの均質化を促進する。そして、鉄道網に限らず、新聞などの全国版の登場、標準語の制定、全国共通の貨幣の流通、法制度などの各種の制度の全国一律化等々が国民の均質化を高めるであろうことは容易に想像できるであろう。

均質化としてのナショナリゼーションは、さまざまなものの「国境内部での空間的な拡大」を意味する「全国規模化」によって促進され、徹底されるのである。人、モノ、カネ、情報の国境内部での自由な移動が、「国境の内側に住む」の人びとの均質性を高めるのである。この空間的な拡大を意味する「全国規模化」を「ナショナリゼーション」と表現している研究者がいる。アメリカの政治学者のE・シャットシュナイダーとその理論の後継者たちである［Claggett et.al. 1984：Caramani 2004］。

彼は、国民国家内部に形成された社会階級という社会的亀裂（social cleavages）の「全国規模化」と投票行動との関連を考察し、地方政党（**local party**）の中央政党（**national party**）への系列化（inclusion of **local** party into **national** party）を意味する「政治のナショナリゼーション（全国規模化）」（**nationalization** of politics）を論じている［Schattschneider 1960：邦訳131］[3]（太字引用者）。

彼が、ローカル（local）に対するナショナル（national）という空間的対比の下でナショナリゼーションという言葉を使っていることに如実に現れているように、彼が「政治のナショナリゼーション」と言うときの「ナショナリゼーション」は、決して「均質化」や「国民化」を意味するわけではなく、やはり「全国規模化」を意味すると考えるのが妥当であろう。[4]

（2）差異化（国内地域分業と階層・階級分化）としてのナショナリゼーション

近代における国内地域分業（機能特化）の進展

国民の均質化と全国規模化は、ほとんど必然的にその国家内部にさまざまな形で国内地域分業（機能特化）や階層・階級分化などといった形の「差異化」を生み出していく。

身分制の廃止を伴う民主主義的な国民国家の成立は、政治的には、人々や各地域に国民国家のメンバーとして法的に平等な地位を与え（均質化）、経済的には、人々や各地域を国民経済という自由な経済システムの一要素とする（均質化）。その平等な機会の付与（機会の平等）を出発点として、人々や各地域は市場において相互に激しい競争を展開し、その結果として、階級・階層間格差、産業間格差（農業と工業の不均等発展など）、地域間格差などが生まれ、また、独占的大企業も生まれる（差異化―結果の不平等）。国民国家の理念・理想によって与えられた機会の平等（均質化）が、競争を通して人々や地域の政治的・経済的不平等を生み出す（差異化）。言い換えれば、国民国家形成以後、身分制の下での王や貴族・僧侶などと平民との身分的対立とは異なる、新たな対立・矛盾が蓄積されていくのである。

まずは国内地域分業（機能特化）の展開について日本の場合を見てみよう。近世の幕藩体制下における各藩は、基本的には一つの政治的共同体として自給自足的経済を営んでいた。理想的に言えば、一つの藩の中ですべてのものが賄えるという体制である。当然、藩内部には農産品や農機具など道具類の生産やそれらが集められる市場などといった地域分業が必要となる。それらの藩内部の地域分業（機能分化）は、はじめは藩の方針として行なわれる（城下町への商工業者の集住）が、後には、たとえば農村部に市場機能をもつ町（農村市場）が形成されるといった具合に、自生的に形成されていく。

しかし、明治維新以後、藩という政治的な壁がなくなり、中央集権的な政治体制が出来上ると、道府県や市町村といった地域は国家全体のなかで特定の政治的・経済的あるいは文化的な機能をもつ地域へと変貌していく（国内地域分業）。裏返して言えば、藩内部の従来の地域分業体制は崩壊していくということである。藩内にあった産業の多くが、他地域のより大きく成長した産業によって駆逐されていく。

たとえば、意外かもしれないが、世界遺産「白川郷・五箇山の合掌造り集落」に指定されている白川地区や五箇山地区は、江戸時代には火薬製造を主要産業とし、加賀藩に火薬を納めていた［馬路 2009］。あの大きな合掌造りの民家は火薬工場だったのである。しかし、明治以後は、東京の板橋火薬製造所や群馬の陸軍岩鼻火薬製造所に火薬生産の中心が移り、白川地区や五箇山地区の火薬産業は衰退し、両地区は養蚕を主産業とするようになっていった。

幕藩体制下でも全国規模の地域分業（機能特化）がさまざまに存在した（たとえば江戸の台所としての商業都市・大坂）が、近代的産業の欠落ゆえに、その地域分業（差異化）は自然環境に強く規定され、白川や五箇山における火薬産業のような例外が当然あるにしろ、第1次産業（農林水産業）内部の地域分業にほぼ止まっていた。

近代以降で国家内部における地域分業を促進させる駆動因となったのが鉄道網と近代産業の発展であり、政治的中心都市の形成・発展である。東京は、中央集権国家の政治的中心として国内・海外に提示される「帝都」として発展した。一方、近世に商業都市として繁栄していた大阪は、戦前には阪神工業地帯の中心地域として重化学工業化がもっとも進んだ都市となっていった。このように明治以降の日本では、政治的あるいは経済的中心地域と農山漁村地域という周辺地域が生まれ、それが中心と周辺という地域間格差を生み出していった。

近代における階層・階級分化の深化

近代以降の階層・階級分化についてはあまりにも多くのことを語らないといけないが、土地の私有化にともなう階層・階級分化を一つの事例として取り上げておこう。土地の私有化は、農村の村落共同体内部に市場経済原理の侵入を許し、土地所有を流動化し、明治期には地主―小作関係が大幅に拡大していく。江戸時代にも町人請負新田の開発などを契機として地主―小作関係が生まれており、1873（明治6）年の小作地率はすでに27％であったが、1907（明治40）年には45％に上昇し、1929（昭和4）年には、小作地率はその最高値である48％を記録している［木村 2010：273］。明治期は地主―小作関係の拡大期、「農民層の分解と土地保有の集中」［玉城 1976：94］の時期として特徴づけられる。

(3) 均質化・全国規模化・差異化の総体としてのナショナリゼーション

以上に述べたように、国民の均質化は、全国規模化という契機と相携えることによって、国民国家内部に地域分業や階層・階級分化を生み出していた。すなわち、本章では、これらの諸現象の総体をナショナリゼーションという概念の下で包括的に捉えるという立場を取る。すなわち、本章は、「国民が均質化され、国内の各地域も同じ法や制度の下に置かれることによって、ヒト・モノ・カネ・情報が全国規模(nation-wide)で自由に移動する(全国規模化)ようになり、その結果として、国民の均質化がいっそう進むと同時に、国内地域分業が進行し、人々が階層・階級分化するといった形で差異化される過程」としてナショナリゼーションを捉えているのである。

国民の均質化と全国規模化、そして国内地域分業や階級・階層分化などの差異化をナショナリゼーションという一つの概念の下に包括するという考え方は馴染みのあるものではない。ナショナリゼーションという概念は、やはりナショナリズム論においてのように「国民化(国民の均質化)」か、経済(学)の分野での「国有化」かのいずれかの意味で用いられるのが普通なのである。しかし、上記のような考え方を共有する論者がいる。ノーベル経済学者J・スティグリッツの19世紀のアメリカとグローバリゼーションが進行する現代との比較対照がまさにそれである。

輸送と通信のコストが下がってローカルだった市場が拡大すると、全国を網羅する新しい経済の形ができあがった。そして、この新しい国民経済(new national economy)とともに、アメリカ全土(throughout the country)で事業を展開する大企業(national companies)が生まれた。だが、市場が一人歩きで発展を許されることはなかった。政府(government)が経済の進化をしっかりと舵取りをしたのである。

(中略)

今日はどうか。輸送と通信のコストが下がり、産品、サービス、資本の流れをはばむ人工的な障壁も減少している。これを見るかぎり、かつて国民経済が生まれたのと同型(analogous)のプロセスである「グローバリゼーション」が進行しているといえよう。ただ残念ながら、そこには世界政府がない。すべての国の国民に責任をもち、中央政府（national government）がかつてナショナリゼーション（nationalization）のプロセスを導いたのと同じような手法で、グローバリゼーションのプロセスを監督してくれる存在がないのである［Stiglitz 2002：21＝2002：42］（傍点部引用者）。

スティグリッツは、前半の引用部分で示されている過程の全体をナショナリゼーション（nationalization）と呼び、後半の暴走するグローバリゼーションと対比させているのである。これは、まさに本章と同じ発想である。(5)

以上に述べたことから明らかなように、国民の均質化、全国規模化、差異化（国内地域分業、階層・階級分化）といった相互に密接に結びついた社会現象をナショナリゼーション（nationalization）という一つの概念の下で包括することは可能であり、なおかつこの概念は近代社会を理解する上で大きな理論的可能性をもっていると言えよう。

4　ナショナリゼーションと近代化との相互関係

ところで、19世紀までに近代国家への歩みを進めていった西欧諸国では多くの場合、近代化とナショナリゼーションが同時進行した。この経験は、いまだにわれわれのパースペクティブを限定し、両者の区別を困難にしている。この両者を明確に区別する必要がある。従来、社会科学において部分的にしか理解されてこなかった「ナショナリゼーション」という現象の総体と社会科学において主要なテーマとなってきた「近代化」とをどのように区別し、相互にどう関係づけるのかということが課題となる。

（1）近代化のメカニズム――駆動因としての〈存在に対する行為の優越〉

しかし、たちまちにしてその障害となるのが近代化とは何であったのかという問題である。近代化は、社会科学において産業化や都市化などを包括する多義的な概念として用いられてきたが、いまだに確定した捉え方はない。そうしたなかで、Giddens［1990］は近代化を「脱埋め込み」、つまり「社会関係を相互作用の局所的な脈絡から引き離し（脱埋め込み）、時空間の無限の広がりのなかに再構築する」［Giddens 1990：邦訳 35］（括弧内引用者）ことであると考えている。彼の分析の焦点は、後者の、「社会関係」が「時空間の無限の広がり」のなかに「再構築」されるということがどのような現象として現れるのかを分析することにある。

しかし、「近代」というものを理解するためには、分析の焦点を、人々が埋め込まれていた「相互作用の局所的な脈絡」をどう概念化するかにも当てるべきである。なぜならば、近代というものを分析的に明らかにするためには、近代以前の人びとや社会との比較が不可欠となるからである。

人々は近代化される以前には一体何に埋め込まれていたのか。それを本章は端的に「存在」であると考えている。アニミスティックなあるいはトーテミスティックな世界、それは木や森、岩や川、そして動物や精霊などのさまざまな「存在」（聖なる存在、絶対的な存在）によって人間の行動が決定されていた世界である。

大航海時代の西欧の人々は、まさにそうした世界を生きていたアフリカの人々の「存在」の捉え方をフェティシズム（宗教フェティシズム）と呼んだ［de Brosses 1988］。存在に物神性を見出す生き方である。西欧の人びとは、これを侮蔑的にフェティシズムと呼んだのであるが、人間は、まさに永きにわたってそれらの「存在」に埋め込まれて生きてきた。それら多種多様な「聖なる存在」、「絶対的な存在」が人間の「行動」をほとんど自動的に決定する時代が人類の歴史のほとんどすべてを覆い尽くしている。

本章では、「脱埋め込み」を、人間が長い間埋め込まれてきたさまざまな「絶対的な存在」からの人間の引き離しと捉え、近代への道をそれらの「存在」が「行動」を決定するのではなく、「行為」がすべての「存在」をその道具や手段あるいは条件として位置づけ、「相対的な存在」へと変化させる過程であると考える。

近代へと到る道は、それらの存在を物神（フェティッシュ）としてではなく「脱聖化」し、行為のたんなる手段や条件として対象化・客体化していく過程である。絶対的な存在による行動の決定から、（存在の相対化を伴った）行為による存在の対象化・客体化、言い換えれば、〈存在に対する行為の優越〉が起こったのである。「聖なる存在」に対する人間の「行為」の優越、これが近代へとわれわれを導いたのである。[6]

より具体的に表現するならば、宗教や伝統あるいは身分や性別などによって選択の余地なく取るべき「行動」が決定されているという状態から、価値の多元化・多様化の下で個々人がそれぞれに自由に目標や目的を設定してその達成に向けてそれぞれに最適な手段を選択するという形で合理的に「行為」する状態への移行である。

ここで一つ注意しておかなければならないのは、選択の余地なく決定されている「行動」は消極的であるというわけではないことである。この「行動」は、たしかに受動的ではあるが、積極的でもありうる。熊野詣にしろ、西国巡礼（西国三十三カ所巡り）にしろ、人びとをそれらに誘うのは「聖なる存在」（西方浄土や熊野権現、観音など）なのであるが、それらの巡礼は何度となく繰り返されることに価値があると信じられ、西国巡礼（西国三十三ヵ所巡り）などでは、それを三十三回おこなうことが理想とされるといった具合に、まさに積極的に取り組まれていたのである。[7]

（2） 近代化の諸相

〈存在に対する行為の優越〉が近代において進行することによっていったい何が起こったのか。〈存在に対する行為の優越〉という視点から近代化を捉えるならば、以下の5点を挙げることができよう。①契約の論理の優越、②資本主義の発達、③科学・技術の進歩、④近代産業の発展である。

①身分を剥ぎ取られた個人は、身分関係ではなく相互の「契約」を頼りに社会関係を安定化させるしかなくなる。これは〈存在に対する行為の優越〉の必然的結果である。この変化を、19世紀のイギリスの歴史法学者のH・J・S・

メイン［Maine 1861］は、「身分から契約へ」と表現した。N・ルーマン［Luhmann 1983］は「手続を通しての正統化」を論じたが、その正統化の基盤となっているのがこの「契約の論理の優越」である。②契約の論理の優越は、身分制社会の下での支配者の「恣意性」（M・ウェーバー）を排除することによって市場と貨幣の活動を活発化させ、「資本主義の発達」を促す。そして、それと同時に、③存在の相対化や対象化・客体化が「科学・技術の進歩」を生み出し、また、④科学・技術の進歩が資本主義の発展と相まって「近代産業の発展」をもたらす[8]。

これらの目眩く変化は、すべて〈存在に対する行為の優越〉の結果として起こったのであり、メインが主張するように、「停滞的社会」（stationary society）を「進歩的社会」（progressive society）へと導いていったのである。

（3）ナショナリゼーションと近代化との相互補完性

これらの近代化と呼べる現象は、近代国家が一つのシステムとして一定のまとまりをもったものとなる諸現象（均質化、全国規模化、差異化）、すなわち「総体としてのナショナリゼーション」と密接不可分に結びついて近代社会を形作っている。

全国規模の均質化された教育によって工場内での規律的行動（エストライヒの「社会的規律化」）が可能となるように、国民の均質化（ナショナリゼーション）は産業化（近代化）の進展の土台となる。また他方で、科学技術の発展や近代産業の発展（近代化）は、たとえば鉄道網の発達や鉄道の高速化を促進させることによって全国規模化（ナショナリゼーション）を徹底させる。特に、国内地域分業（機能特化）は、近代産業の発展（近代化）によって著しく進展することになる。

このようにナショナリゼーションと近代化は相互補完的・相互促進的に働くのである。そして、近代社会は、この両者の密接な相互補完的・相互促進的関係によって生み出されてきたのである。

熊野を例に取ってみると、国内地域分業（ナショナリゼーション）という観点から見ると、熊野川流域は、その豊富な流量と落差の存在から、特に戦後、電源開発地帯へと機能特化していくのであるが、そうした機能特化を可能にした背景には、遠距離送電技術の確立と100メートルを越える巨大ダムを建設する土木技術の確立という科学技術の進歩（近代化）がある（第4章田中論文参照）。

また、熊野詣や西国巡礼の拠点として、中世以降、巡礼者で賑わっていた地域が、戦後、南国イメージに誘われて多くの観光客が訪れる観光地となっていった背景には、紀勢線の開通や白浜空港の開設（近代化）があった。また、世界遺産区域からははずれたが、国立公園設置の頃にもっとも賑わいを見せた瀞峡は、地質学という科学の眼差しによって脚光を浴び、プロペラ船やジェット船の発明が陸路が困難な僻地へのアプローチを可能にしたことで一大観光地へと押し上げられた。観光地化という機能特化は、科学の眼差しの普遍化や科学技術の進化（近代化）と手を携えて進展したのである（第2章寺田論文参照）。そして、その影では、中辺路町のように、かつての熊野詣や西国巡礼による賑わいが去り、交通不便な過疎に苦しむ山村へと変貌していった地域があるというわけである（第11章柴田論文、第12章井戸論文、第13章井田論文参照）。

ナショナリゼーションと近代化の相互に密接な関係は、両者の識別をわれわれに困難にさせてもきた。しかし、両者は、これまでに述べてきたことから明らかなように、あくまでも異なった現象なのである。

社会学に限らず戦後の社会科学は、近代における個人と社会の関係をいかに理解するのかという根本問題をめぐって展開してきた。近代化に対してナショナリゼーションという概念を対置することは、この問題に対する一つの解を提供しているとも言えよう。個人を〈存在に対する行為の優越〉の下での近代化に、そして社会を「総体としてのナショナリゼーション」に、それぞれ対応させて考えるのである。

近代に生まれたあるいは近代が生み出した社会科学にとって、近代化とナショナリゼーションが同時進行する近代内部に身を置きながら両者を区別することは困難であった。両者の分析的な区別がその困難を乗り越える可能性を生み出している。

5　世界遺産化とベクトルの錯綜

（1）グローバリゼーションとしての世界遺産化

グローバリゼーションはまさに現在進行中であり、グローバリゼーションをどのように捉えるのかについて統一された見解が存在するわけでもなく、また、グローバリゼーションを肯定する見解や否定する見解が錯綜している。否定的見解に関して注目すべきことは、それが「反グローバリゼーション運動」としてそれこそグローバルに展開していることである。

こうした状況の中で本章が取り上げるのは、ナショナリゼーションを論じた際のJ・スティグリッツの分析である。その理由は、彼がグローバリゼーションをナショナリゼーションと「同型的（analogous）」［Stiglitz 2002：21］なものとして捉えるという明快な視点をもっているからである。彼のナショナリゼーションについての記述［Stiglitz 2002：21＝2002：42］をグローバリゼーションの記述に置き換えてみよう。

> 輸送と通信のコストが下がり、産品、サービス、資本の流れをはばむ国家が設けた障壁も減少し、国民経済（national economy）に限定されていた市場が地球規模に拡大すると、地球規模で展開する新しい経済の形ができあがった。そして、この新しいグローバル経済（new global economy）とともに、地球規模で事業を展開する巨大なグローバル企業（global companies）が生まれた。ただ残念ながら、そこには世界政府（world government）がない。すべての国の国民に責任をもちグローバリゼーションのプロセスを監督してくれる存在がないのである。

スティグリッツの発想は明快である。彼はナショナリゼーションとグローバリゼーションとを「アナロガス（analogous）」なもの、すなわち構造上「同型的」なものとして捉えているのである。

そうであるならば、「総体としてのナショナリゼーション」が国民の均質化・全国規模化・差異化（国内地域分業と階層・階級分化）によって構成されているように、グローバリゼーションも地球市民とその文化の均質化、地球規模化、差異化（国際分業と階層・階級分化）によって構成されるプロセスであると捉えることができよう。言い換えれば、グローバリゼーションも、地球規模化は当然として、やはり均質化と差異化という矛盾した側面をもっているのである。

（2） 世界遺産化とベクトルの錯綜
ナショナリゼーションと世界遺産化の矛盾・相克

世界遺産は、文化財、景観、自然など、人類が共有すべき「顕著な普遍的価値」をもつと認定されたものを指すが、世界遺産制度は、それが人類が「共有」すべき「顕著な普遍的価値」を「基準（グローバル・スタンダード）」としているという意味においては文化のグローバルな「均質化」に志向していると言えよう。世界遺産制度は「文化領域」における「均質化としてのグローバリゼーション」の所産なのである。

そうであるならば、世界遺産「紀伊山地の霊場と参詣道」は、当然、「グローバルな価値」をもっているということになる。そして、「グローバルな価値」として認められた核心的価値が、「日本古来」の「神道」と「伝来した仏教」の「融合」、すなわち「神仏習合」なのである。ところが、この核心的価値は、明治初期の神仏分離と排仏毀釈によって否定されていた。この矛盾を、世界遺産登録に関わった文化庁（ナショナル・レベルの省庁）はどのように捉えているのか。

『推薦書』では「仏教」が「中国大陸や朝鮮半島から伝来した」ことや「神仏習合」が「東アジアにおける宗教文化の交流と発展」の結果生まれたことが明記されていた。しかし、文化庁『世界遺産・文化遺産オンライン』[9]における「紀伊山地の霊場と参詣道」の紹介では、「東アジア」における「宗教文化の交流」という視点は明記されておらず、逆に、「神仏習合」が「日本固有の思想」として紹介されている。「日本」が強調され、「東アジア（中国大陸や朝鮮半島）」は隠されている。また、この「神仏習合」も「青岸渡寺」及び「補陀洛山寺」といった一部の「寺院」にのみ見られる現象であるかのように表現されている。

さらには、この世界遺産が「日本の近代国家形成過程において起こった悲劇的な歴史を象徴する『負の遺産』という側面」をもつことを先に指摘したが、このサイトでは、「神仏分離や排仏毀釈」はまったく言及されていない(10)。

これらは何を意味しているのであろうか。それは、グローバルな価値（世界遺産）がナショナルな価値（日本の遺産）へと「再回収」されているということであろう。世界遺産化にともなう「再文脈化」については、本書第7章中井論文が明らかにしているが、「文脈化」という概念にこだわるならば、「再回収化」は「再々文脈化」ということになろう。こうした現象ついては、本書第8章湯川論文を参照していただきたい。

ローカリゼーションの可能性――地域社会と世界遺産化の親和性

すでに述べたように、スティグリッツはナショナリゼーションとグローバリゼーションとを「アナロガス（analogous）」なもの、すなわち構造上「同型的」なものとして捉えていた。この同型性は、ローカリゼーションにおいても見出せる。

ローカリゼーションという概念は、宗派化を論じた際に言及したキリスト教的ヨーロッパ世界の「領邦国家」への分裂や近世日本における守護大名や戦国大名の乱立という「分国化」の現象にも適用可能な概念であり、現在では、EU統合後にEU加盟国内部で起こっている自治権獲得運動や独立運動（バスク、スコットランド、カタルーニャなどの各地方）にも適用可能である。

なお、ナショナリゼーションやグローバリゼーションが均質化・全国規模化（地球規模化）・差異化によって構成されているように、ローカリゼーションも均質化・地方規模化・差異化によって構成されるプロセスであると捉えることができよう。

しかし、ここで注目したいのは、こうした同型性ではなく、地域社会がナショナルなコントロールから大なり小なり自立・独立して行なう活動である。

本書のコラム3「『日本の秘境』にインバウンドを呼び込む――田辺市熊野ツーリズムビューローの先進的取り組み」（中井治郎）に紹介されているように、「田辺市熊野ツーリズムビューロー」は、インバウンド観光客誘致など観光振興に貢献したとして2018年に「第10回　観光庁長官表彰」を受賞している。その取り組みは、このコラムによれば、①海外への情報発信、②外国人客受け入れに不慣れな地元の宿泊業者などへのサポート、③実際に海外から熊野を訪れてみようとする旅行者をサポートする「歩く仕組み」の整備の三つに要約できるであろう。

まず注目すべきことは、これらの取り組みが観光庁というナショナルな組織を介することなく行なわれていることである。世界遺産化が熊野をグローバルな観光地へと押し上げたことで、熊野というローカルな地域は世界に直接アプローチすることがより容易になった。グローバルなものとローカルなものの直接的な繋がりが生まれたのである。

次に注目すべきことは、③「歩く仕組み」の整備に関わる。すなわち、「外国人向けの宿の予約と決済の代行」、「24時間のホットライン」が、外国人客の飛躍的伸びに大きな役割を果たしたことである。しかし、このシステムは、山伏や熊野比丘尼たちが参拝客を熊野へと誘った「御師」のシステムとまったく同じと言っていいほどに似ている。彼ら修験者たちは、平安末期に上皇たちを熊野へと導いて以来、営々とこのシステムを維持してきた。彼らは、戦国時代の大名領や幕藩体制下の藩というローカルな壁を乗り越え、全国の人びとを熊野詣へと導いた。「田辺市熊野ツーリズムビューロー」は国家という壁を乗り越え、グローバルに活動し世界の人びとを熊野へと誘っているのである。

「田辺市熊野ツーリズムビューロー」の取り組みは、地域社会がナショナルなコントロールから自立・独立して行なう活動の一つのモデルを提示している。グローバリゼーションの時代には、こうした地域の活動が可能でもあり、また求められてもいるということであろう（第9章寺田論文参照）。個人や地域の「自己責任」が声高に叫ばれる新自由主義の時代にこうした活動を評価することにはためらいもあるが、グローバリゼーションが生み出す現実はこうした活動を加速化させているのである。

第11章柴田論文が取り上げている二つの事例（中辺路町と本宮町）も、世界遺産化が、熊野詣、西国巡礼が盛んであった時代の賑わいを、参拝客ならぬ観光客の来訪によって取り戻しつつある。二つの地域は共に田辺市域にあり、「田辺市熊野ツーリズムビューロー」のネットワークが及んでいることが大きく影響していると言えようが、前者の中辺路町の取り組みは同ビューローの影響だけで語れるものではない。そこにはIターン移住者を含む地域の人びとの活発な活動があり、地域の賑わいが復活しつつあると言えよう。明治初期の神仏分離という宗教政策（均質化としてのナショナリゼーション）によって壊された賑わいがグローバリゼーションの時代に蘇りつつあるというわけである。

おわりに

しかしながら、上記の事例は地域社会とグローバリゼーションとの極めて稀な「幸福な結婚」であるとも言えよう。それは、世界遺産化が文化のグローバリゼーションであったことと関係している。経済のグローバリゼーションの場合、それは地域社会の多くを全世界的に衰退へと向かわせていると言っても過言ではなかろう。経済のグローバリゼーションは、差異化（国際分業と階層・階級分化）と直結しているからである。

日本の山村地域は、ナショナリゼーション（国内地域分業）の過程において、林業地帯へと機能特化したが、その後安価な木材の輸入（経済のグローバリゼーション）によって主要産業である林業が衰退し、山村は人口減少と過疎で苦しむことになる。国内地域分業がグローバリゼーションによって破綻したのである。こうした地域社会の衰退は、山村地域ばかりではなく、酪農地域や鉱山地域などにおいても起こった。それらの地域では、特定産業への機能特化と、その後のグローバリゼーションによる破綻というほとんど同じ経過を辿っている。これらの地域は、ナショナリゼーションからもグローバリゼーションからも取り残された地域なのである。

こうした地方経済の衰退への処方せんの一つとして策定された政策の一つが総務省の「地域おこし協力隊制度」であ

る。この制度は、地方へのIターン移住者が各地の地域おこしに活躍したことを受けての政策であると考えられるが、[11] Iターン移住者の活躍は、彼らが「都会の消費者」であったことを活かせる観光産業の振興に偏してきたのではなかろうか。

しかし、観光産業は、今回のコロナ禍がまざまざと見せつけたような脆弱性をもっている。パンデミックに限らず、国家間の対立や紛争は、観光産業を直撃する。まさにグローバリゼーション（地球規模化）がもつ脆弱性である。

本書第12章井戸論文と第13章井田論文は、地域おこし協力隊制度が隊員たちに「よそ者」でありながら「地域住民」でもあることを求めるという矛盾の中で、隊員たちがいかにその制度と対峙しているのかを描いたものであるが、観光産業の脆弱性を考えると、地域おこし協力隊の課題は、彼らが「よそ者」であることを活かしつつ基幹産業の復興や創造に関わるということであろう。この課題は、ナショナリゼーションからもグローバリゼーションからも取り残された地域にとってあまりにも重い課題ではあるが、基幹産業の復興や創造は、彼らが「地域住民」となることを容易にもするはずである。

注

（1）仏教の多宗派への分裂が武士勢力による宗教勢力に対する「分断と支配」を容易にさせたことについては、本書第1章田中論文を参照。

（2）第2次世界大戦以後に独立を果たした国々においては均質化としてのナショナリゼーションと宗派化の同時進行がしばしば見られた。インド、パキスタン、イランなどである。また、１９９０年代の社会主義体制崩壊後の諸国家においてもこうした同時進行が見られた［Hann（ed.）2010］。宗教的ナショナリゼーションである［Aydıngün 2013］。

（3）翻訳者の内山秀夫は、nationalizationを「国民大にする」と翻訳している。

（4）語源的に言えば、ネーション（nation）という言葉は、ラテン語の血筋、生まれ、家柄あるいは種族、民族などを指す *natio* に語源をもち、それが、16世紀頃までには政府や臣民あるいは市民などが構成する政治的ユニット、すなわち「政治的共同体（political society)」を指す概念ともなった。そして、この政治的共同体が一定の境界（国境）内に限定されることから、ネーションという概念に「全体」という空間的なニュアンスが加わっていったという歴史的経緯がある。ローカル（local）の対概念としてのナショナル（national）が用いられるようになったのはこの結果である。シャットシュナイダーが論じている nationalization は、「全国規模化」と翻訳するのがふさわしいことになっている。

なお、経済（学）の分野で、ナショナリゼーション（nationalization）がもっぱら「鉄道や産業の国有化」などの「国有化」を意味するようになっているのは、この政治的共同体を代表する政府が鉄道などをその管理下に置くことから生じている。この用語法は、フランス革命以後のことである。そして、ここから、「国有化」と「私有化（privatization）」が対概念として現れることにもなる。

このように nation という概念が多義的であることから、nationalization もおのずと多義的な概念となっているのである（"ONLINE ETYMOLOGY DICTIONARY" https://www.etymonline.com/word/nation#etymonline_v_2309　2020年9月1日閲覧）。

（5）この本の日本語版（2002年）ではナショナリゼーションは翻訳されていない。ナショナリゼーションは、日本ではもっぱら「国有化」を意味しており、訳出することがかえって読者を混乱させると翻訳者が考えたからであろう。

（6）M・ウェーバーは、こうした過程を「脱魔術化」と「合理化」という二つの概念を相互互換的に使って表現している。ウェーバーは、合理化が進展するためには、存在による行動の決定からの脱却、すなわち脱魔術化が必要であると考えていたと解釈できる。

（7）「聖なる存在」や「絶対的な存在」が人間の「行動」をほとんど自動的に決定する時代における「行動」の特徴の一つとして、行動への「没頭」が挙げられる。われわれは、これを「オーソプラクシー」という概念で表現している。オーソプラクシーについては、田中・吉田［2011］を参照。

（8）近代化の一つの側面としてしばしば取り上げられる「都市化」は、商業と生産の中心となった都市に人びとが集まることによって起こるのであるが、これは、ナショナリゼーションの国内地域分業（差異化）の一つの形態として考えられるべきである。また、都市と農村への分化や都市の巨大化も同じである。

（9）「世界遺産　文化遺産オンライン」紀伊山地の霊場と参詣道（https://bunka.nii.ac.jp/special_content/hlinkA　2020年9月1日閲覧）。

（10）『推薦書』においても、「神仏分離」はいくつかの箇所で言及されているが、「排仏毀釈」については、いっさい記述がない。

（11）本書の執筆メンバーとほぼ同じメンバーが執筆者となっている田中滋編［2017］『都市の憧れ、山村の戸惑い――京都府美山町という「夢」』（晃洋書房）は、Ｉターン移住者の観光地化への貢献を一つの大きなテーマとしている。

参考文献

〈邦文献〉

洗建［２００８］「国家神道の形成」、洗建・田中滋編『国家と宗教――宗教から見る近現代日本 上巻』、法藏館。

踊共二［２０１１］「宗派化論――ヨーロッパ近世史のキーコンセプト」『武蔵大学人文学会雑誌』42（３・４）。

小川英文［２０００］「ナショナリズム」、安斉正人編『用語解説　現代考古学の方法と理論Ⅲ』同成社。

木村茂光編［２０１０］『日本農業史』吉川弘文館。

佐伯恵達［２００３］『改訂版　排仏毀釈百年――虐げられつづけた仏たち』鉱脈社。

佐藤卓巳「２００２」「Ｇ・Ｌ・モッセ『大衆の国民化』」、大澤真幸編『ナショナリズム論の名著50』平凡社。

柴垣聡［２０１６］「Patrona Bavariae――近世バイエルンにおける宗教政策と聖母マリア崇敬」『パブリック・ヒストリー』13。

田中滋・吉田竜司［２０１１］「祭りのオーソプラクシー化と社会変動――曳山祭を事例として」『龍谷大学国際社会文化研究所紀要』13。

田中滋編［２０１７］『都市の憧れ、山村の戸惑い――京都府美山町という「夢」』晃洋書房。

玉城哲［１９７６］『風土の経済学』新評論。

藤原えりみ［２０１０］『西洋絵画のひみつ』朝日出版社。

文化庁［２００３］『世界遺産一覧表記載推薦書・紀伊山地の霊場と参詣道』。

馬路泰藏［２００９］『知られざる白川郷――床下の焔硝が村をつくった』風媒社。

〈欧文献〉

Anderson, B. [1991] *Imagined Communities*：*Reflections on The Origin and Spread of Nationalism*, 2nd ed., London：New York：Verso（白石さや・白石隆訳『想像の共同体』ＮＴＴ出版社、１９９７年）.

Aydıngün, A. [2013] "The ethnification and nationalisation of religion in the post-Soviet Georgian nation-state building process：a source of discrimination and minority rights violations?" *The International Journal of Human Rights*, 17.

de Brosses [1988] *Du culte des dieux fétiches, ou, Parallèle de l'ancienne religion de l'Egypte avec la religion actuelle de Nigritie*, Paris: Fayard（杉本隆司訳『フェティシュ諸神の崇拝』法政大学出版局、２００８年）.

Caramani, D. [2004] *The Nationalization of Politics*, Cambridge University Press.

Claggett, W. et al. [1984] "Nationalization of the American Electorate," *American Political Science Review*, 20.

Giddens, A. [1990] *The Consequences of Modernity: Modernity and Utopia*, Cambridge: Polity Press（松尾精文・小幡正敏訳『近代とはいかなる時代か？——モダニティの帰結』而立書房、１９９３年）.

Hann, C. ed. [2010] *Religion, Identity, Postsocialism*（Halle/Saale: Max Planck Institute for Social Anthropology）.

Hobsbawm, E. J. [1983] "Mass-Producing Traditions: Europe, 1870–1914," in Hobsbawm, E. J. and Ranger, T. O. eds., *The Invention of Tradition*, England: Press of the University of Cambridge（「伝統の大量生産——ヨーロッパ、１８７０—１９１４」、前川啓治・梶原景昭訳『創られた伝統』紀伊國屋書店、１９９２年）.

Luhmann, N. [1983] *Legitimation durch Verfahren*, Frankfurt am Main: Suhrkamp（今井弘道訳『手続を通しての正統化』風行社、２００３年）.

Oestreich, G. [1980] *Strukturprobleme der frühen Neuzeit. Ausgewählte Aufsätze*, hg. von Brigitta Oestreich, Berlin: Duncker & Humblot（阪口修平・千葉徳夫・山内進訳『近代国家の誕生——新ストア主義・身分制・ポリツァイ』創文社、１９９３年）.

Maine, H. S. [1861] *Ancient Law: Its Connection with The Early History of Society and Its Relation to Modern Ideas*, 10th ed., London: Oxford University Press（安西文夫訳『古代法』信山社出版、１９９５年）. 刊行年は、訳書のコピーライトおよび解説で確認。

Mosse, G. L. [1975] *The Nationalization of The Masses: Political Symbolism and Mass Movements in Germany from The Napoleonic Wars through The Third Reich*, New York: Howard Fertig（佐藤卓己・佐藤八寿子訳『大衆の国民化——ナチズムに至る政治シンボルと大衆文化』柏書房、１９９４年）.

Reinhard, W. [1977] "Gegenreformation als Modernisierung? Prolegomena einer Theorie des konfessionellen Zeitalters," *Archiv für Reformationsgeschichte* 68.

——— [1997] "Sozialdisziplinierung-Konfessionalisierung-Modernisierung. Ein historiographischer Diskurs," in Die Fru¨he Neuzeit in der *Geschichtswissenschaft. Forschungstendenzen und Forschungserträge*, hg. von Nada Boskovka Leimgruber, Paderborn/München/

Wien/Zürüch : Ferdinand Schöningh.

Schattschneider, E. E. [1975] *The Semisovereign People : A Realist's View of Democracy in America*, Wadsworth（内山秀夫訳『半主権人民』而立書房、１９７２年）.

Schilling, H. [1988] "Die Konfessionalisierung im Reich. Religiöser und gesellschaftlicher Wandel in Deutschland zwischen 1555 und 1620," *Historische Zeitschrift*, 246.

Stiglitz, J. [2002] *Globalization and Its Discontents*. Academic Internet（鈴木主税訳『世界を不幸にしたグローバリズムの正体』徳間書店、２００２年）.

（田中　滋）

第Ⅰ部　激動の近代

――排仏毀釈の嵐から近代観光と電源開発へ――

第1章　神仏の〈交流〉から分離へ
――修験道政策から観る〈国家と宗教〉の関係史――

はじめに

2004年の世界遺産登録後、熊野詣の舞台となっていた熊野古道では欧米からの外国人観光客が徐々に増加し、中世の小栗判官の伝説で有名な湯ノ峰温泉では、宿泊客の大半が今では外国人観光客によって占められている。湯ノ峰温泉は世界遺産化で息を吹き返したのである。

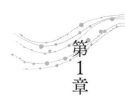

熊野詣は、平安時代におけるその誕生以後、何百年にもわたって修験者たちによって支えられてきたが、明治維新政府による神仏分離政策や修験道禁止令（1872年）によってその命脈を完全に断たれた。ところが、世界遺産への登録（2004年『紀伊山地の霊場と参詣道』）を期に130年ほどの空白期間を経てグローバルな文脈で、熊野詣は再評価（再文脈化）され、「復活」を遂げたということになろうか。

明治維新政府の宗教政策が熊野詣を消滅させた。そうである以上、熊野三山や地域社会が受けた衝撃を論じるためには、明治政府の宗教政策自体を論じることがなによりも重要となるはずである。しかし、その明治政府の宗教政策は、後述するように、意外にも彼らがまさに打倒した江戸幕府の宗教政策や当時の民衆の宗教意識の延長線上にあったと考えられる。これは、明治維新を遂行した倒幕派の武士たちが近世の諸思想の下でそれぞれの思想と行動を育んだと考えれば、当然のことである。

本章では、熊野詣や熊野三山、そしてこれを支えてきた修験道が明治維新に至るまでどのような歴史を辿ってきたのかを、以下の三つの視点から明らかにしたい。一つは、天皇という宗教的権威と武家との関係を考える上で重要となる武力（暴力）論の視点から、二つには、中央集権的な統治あるいは分権的な統治と宗教との関係という視点である。そして、三つ目の視点は神仏習合あるいは神仏分離といった宗教間の関係や人びとの宗教意識の変化（浄土信仰から現世利益へ）の視点である。

1　宗教から武力へ
——中央集権的な律令制の崩壊——

（1）　宗教と武力の対立——「承久の乱」の意味

古代から中世への移行は、宗教（天皇の宗教的権威）から武力（武家政権）への権力の移行によって特徴づけられる。そして、その移行を象徴するのが、後鳥羽上皇が鎌倉幕府に敗れた「承久の乱」（1221年）である。律令体制下の国軍がすでに廃止されていたにもかかわらず、後鳥羽上皇が鎌倉幕府に対して武力行使に踏み切ったのは、天皇の宗教的権威と天皇家の大規模な荘園の領有を背景とする武力に自信をもっていたからであろう。

しかし、後鳥羽上皇は敗れ、その経済的基盤である荘園を没収され、隠岐（島根県）に配流される。この院政政権の崩壊によって、上皇たちの熊野御幸は終焉に向かうことになる。承久の乱は、まさに宗教から武力への主役交代を象徴する事件となったのである。

そして、「承久の乱」百年後の後醍醐天皇による「建武の中興」（1333年）は、宗教（天皇の宗教的権威）による武力（武家政権）に対する最後の抵抗であったということになろうが、それも3年の短命で終わっている。

（2）コミュニケーション・メディアとしての武力（暴力）

ところで、承久の乱で後鳥羽上皇を力でねじ伏せた武力というものが何であるのかについては、改めて問う必要もない自明なものに見える。社会学においても、武力や暴力がもたらす悲惨について論じられることはあっても、武力や暴力が何なのかについての理論的研究は皆無に等しい。しかし、武力や暴力が歴史を動かすまさに大きな力となってきたことを考えるならば、その理論的分析を改めて行なう必要が是非ともある。

「武力（military force）」は暴力（violence）が組織化されたものであり、武力は一個人が行使する暴力とは区別される。中国においてはその文明の初期において、武力行使の戦略が『兵法』（孫武）として体系化されているが、孫武が、「武力に訴えず戦わずして勝つこと」を基本に据えていたことを考えれば、暴力の単純な論理と武力のより複雑な論理はおのずと異なることは明らかである。しかし、武力が破壊という物理的作用をその本質としている限りにおいて、武力と暴力はその本質を共有している。

暴力はたしかに倫理的には非難されるものである。しかし、暴力は、他者との相互作用において誰でもが採用できる普遍的な相互作用戦略である。すなわち、暴力は普遍的なメディア（コミュニケーション・メディア）なのである。しかし、暴力は人やモノを破壊する物理的作用であるがゆえに、特定の誰かが特定の誰か（あるいはモノ）に対して暴力を振るうという形でつねに個別具体的な関係・場面において行使される。すなわち、暴力はその行使における個別具体的関係への限定性に特徴がある。これは武力の場合にも当てはまる。その特徴ゆえに、武力による支配は、後述するように基本的には「分断と支配」という戦略が中心となる(1)。

（3）宗教の普遍化可能性と武力（暴力）

宗教を民族宗教と世界宗教とに区分し、前者が特定民族の構成員以外を排除するのに対して、後者はすべての人びとに開かれた普遍的宗教であるとする見方が存在する。しかし、どのような宗教であっても、それが一つの意味体系である限りにおいて（意味の普遍化可能性）、民族宗教も、その意味体系の部分的あるいは大幅な変更によって、すべての人に開かれた普遍的宗教、言い換えれば、民族という個別具体的な関係を超越した宗教となる可能性をもっている。意味体系としての宗教は、その布教活動などによって全国規模化やグローバル化するという形でその宗教を信仰する人びと（信者）を拡大させる可能性を常にもっている。

宗教の普遍化可能性は、武力や暴力の個別具体的関係への限局性と好対照をなしている。それゆえに、宗教は、暴力や武力に依拠する支配層にとって、その「分断と支配」の戦略（後述）を無効化しうる厄介な存在であり、宗教をいかにコントロールするのかは、暴力や武力にもとづく支配にとって最重要課題の一つとなってきた。

承久の乱の際して北条正子が天皇との戦いに怯まないように武士たちを鼓舞したとの逸話は、それが真実かどうかは別にして、武士たちにとって宗教（天皇の宗教的権威）がいかに大きかったのかを物語っている。

2　律令制の揺らぎと神仏習合

（1）　荘園公領制と神仏習合

古代の律令制においては、「神孫―現御神としての天皇」［佐藤 2018：158］の宗教的権威の下で天皇の支配が全国に及んだ。すなわち、権力が一元的に天皇に収斂する強力な統一政権の下で、「国郡制」による「国土の分節化」［佐藤 2018：98］がなされ、それぞれの国には官吏としての国司が派遣され統治にあたった。中央集権的な官僚機構による全国統一である。

宗教の面では、「膨大な数の神々とそれを祖神とする諸氏族が天照大神と天皇家の系譜に結びつけられる」ことによって「神々と氏族の序列化」がなされ、「神祇体系」が整えられた。そして、「国々の主要な神社は官社として登録され、二月に行われる祈年祭の折には幣帛（神への供物）」が下賜された［佐藤 2018：34―35］。この祈年祭や月次祭は、国々の「基層信仰としての呪術的な共同体神祇祭祀を律令国家の制度として編成したもの」〔義江 1996：41〕である。

しかし、奈良時代後半になると、幣帛の受け取りを義務づけられている祝部が神祇官への出仕を怠るようになる。その当時、日本各地では、祝部をも兼ねていた地方豪族（私営田領主）〔義江 1996：72〕が実質的な支配者となりつつあり〔義江 1996：64―75〕、その豪族たちがみずからの直接的な支配を権威づけるために新しい「外来の神祇」〔義江 1996：61〕である「仏教」を持ち込み、神社に併設して神宮寺が建立されるようになる。ここに地方における神仏習合が始まった。律令体制下で全国に展開していた神祇体系に陰りが見え、中央集権的な律令体制が揺らぎ始めたとき、まさに仏教が各地に持ち込まれて神仏習合が始まったのである。

こうした神祇体系の揺らぎや過酷な課税に苦しむ民衆の逃亡などによって律令体制は解体へと向かうことになり、「十世紀にはほとんど機能不全」〔佐藤 2018：36〕に陥ることになる。そして、律令制の解体の結果、律令制に依存してきた有力貴族や大寺院は、競って「領地（荘園）の集積に乗り出し」、平安時代後半には、有力貴族や寺院による「荘園獲得競争が繰り広げられた」。そして、「本来そうした私的な争いの埒外にあるべき天皇家もその競争に積極的に参加し、膨大な荘園を領有する」に至る。こうした「国土の再分割」によって、「12世紀頃には、国家の所有する土地（公領）」と「私的所有地（荘園）」とが「モザイクのように」入り乱れる「『荘園公領制』と呼ばれる中世的秩序」〔佐藤 2018：36〕が成立した。すなわち、大規模な荘園を領有する貴族、宗教（有力寺社）、武家の三者が並び立ち、「権力の分散と多元化」の中世秩序が形成される。

また、神仏習合は、末法思想の流行の下で「本地垂迹」の思想として体系化され、「仏教を背景とする中世の神々の秩序」〔佐藤 2018：77〕が生まれる。言い換えれば、遠い彼岸浄土の観念（浄土信仰）の下、超越的な存在である仏の「垂迹」（インカーネーション）としての神が「人間を他界浄土へと誘う」という構図、つまり「他界と現世を結ぶ三次元世界」〔佐藤 2018：184〕での神仏関係が生まれる。日本の神々は、超越的世界の仏（本地仏）の「垂迹」あるいは「権現（仮の姿）」として、本地仏の意向を日本という「末法辺土」（恐ろしい末法の世の僻地）において実現してくれるありがたい存在として再定位されたのである。ここでは、荘園や信者の獲得をめぐって争う寺社を調停する超越的な存在として仏が位置づけられている。

これは、近世における「現世を舞台とする二次元の平面世界での神仏関係」［佐藤 2018：184］という発想、すなわち吉田神道などによる神仏関係の水平化の発想、さらに言えば神優位の神仏関係（神本仏迹）の発想とは大きく異なるものである。

（2）上皇たちの熊野詣の盛衰

熊野詣は、1116年の白河院の熊野詣以降に恒例化し、院政期には歴代の上皇が頻繁に行なうようになり、後白河上皇は34回、承久の乱を起こした後鳥羽上皇も28回と盛んに熊野詣を行なっている。

こうした熊野詣の隆盛は、「熊野では神仏が習合するのも早く、12世紀前半には熊野の神々が本地垂迹思想によって説明される」［小山 2000：8］ようになっており、熊野は多様な浄土思想（本宮の阿弥陀仏の「西方浄土」、那智の観世音菩薩の「補陀落浄土」、新宮の薬師如来の「東方瑠璃浄土」）［小山 2000：9］の舞台となっていたからである。また、浄土を彷彿とさせる熊野の重畳たる山々、広大無辺の海、荘厳な滝は、「末法の到来が恐れられ、浄土思想が人びとのこころを捉え、「熊野へのあこがれ」が深まっていたからである［宮家 1973：65—66］。

この上皇たちの盛んな熊野詣を経済的に支えたのが、天皇が所有する数多くの荘園であったが、その参詣の旅を直接に支えたのは修験者たちである。熊野には、奈良時代から山林修行者が訪れており［宮家 1992：8］、10世紀には宇多法皇（907年）や花山法皇（992年）が熊野に参詣し、花山法皇は那智山において数カ月の籠山修行を行なっている。また、修験者の中には熊野から吉野の金峰山まで奥駈道を抖擻《とそう》（山中で修行すること）する者が現れるようになり、11世紀頃には「熊野は我国の代表的な修験霊山として広く知られる」［宮家 1992：11］ようになる。

また、白河上皇の熊野御幸の際に先達（道案内と宗教儀礼の指導）を務めた園城寺（三井寺）の増誉が熊野三山の検校職（熊野を統括する最高位）に任じられ［小山 2000：25］、熊野三山には領地が寄進され［宮家 1992：15］、三山の社格も上昇している。これを契機として熊野は、中央の寺社勢力の秩序に組み込まれていく［小山 2000：25］と同時に、熊野三山の仏教化が進行していくことになる。

（3）分国化と分国法

鎌倉幕府は、その当初、律令制をベースとする国割りの下での中央集権体制を敷いた。しかし、鎌倉幕府が守護や地頭として国々に送り込んだ御家人たちは武力によって統治を行なう武士であった。その意味するところは、武力の論理によっていずれは鎌倉幕府の土台を掘り崩す可能性をもつ勢力に成長の機会を与えたということである。そして、その可能性は承久の乱によって拡大する。承久の乱後に、鎌倉幕府は、東国ばかりではなく、朝廷が統治していた西国をも統治する全国政権となり、武力による統治を全国化させた。しかし、武力による支配の全国化は、武力による争いを全国化させるものでもあった。すなわち、建武の中興による鎌倉幕府の崩壊、南北朝と室町時代の混乱、下克上の戦国時代へと、まさに武力が中心的コミュニケーション・メディアとなる時代が進行していくことになる。そして、この武力による支配の深化の過程において、貴族や寺社が保有する荘園は、武家によって解体され、その支配に呑み込まれていった。その結果、寺社はその経済的基盤を失い、庶民信仰に依存するようになっていった［小山・笠原 2003：170］。

こうした武力の時代が生み出したものが、「分国（下位国家）」である。それは、守護大名の誕生、そして戦国大名の誕生という形で進んでいく。言い換えるならば、律令制的な全面的ナショナリゼーション（支配の全国規模化）から武力を基盤とするローカリゼーション（分国化）へと歴史は進んでいったのである(2)。このような歴史を振り返るとき、地方での神仏習合の始まりは分国化の始まりを「予兆」させるものであったことになる。

分国化の結果、戦国時代の各分国（大名領国）において、律令体制下での律令（法令）に代わってそれぞれに独自な「分国法」が成立することになる。そして、その分国法は、「争いごとの自力解決の禁止と喧嘩両成敗」［安丸 1979：21］を特徴としていた。この「争いごとの自力解決の禁止と喧嘩両成敗」は、後述する「分断と支配」という武力の戦略をまさに体現したものである。その意味において、分国法は、武力の論理の下で生まれた武士の時代の法であり、それは江戸幕府の法体系へと接続されていくことになる。

3　幕藩体制の支配システム

律令制が政治と宗教の両面において天皇を中心とする全面的ナショナリゼーションによって特徴づけられるのに対して、幕藩体制は、限定的ナショナリゼーションによって特徴づけることができる。幕藩体制をここで限定的ナショナリゼーションと呼ぶのは、各藩の自立性を一定範囲内で認めるという限定（限界）の下で、幕府の制度を全国に及ぼす体制であるからである。関ヶ原の戦いが東軍の西軍に対する有無をも言わせない圧倒的勝利でなかったことに象徴的に現れているように、江戸幕府は各藩の武装解除までには到らず（暴力の独占の失敗）、武力による天下統一（全国支配）を不完全にしか実現することができなかったからである。

（1）分断と支配――幕藩体制下の限定的ナショナリゼーションの下での政策

武力は、対抗する両者が作り出す個別具体的な関係における破壊力の差異の考慮によってその行使の可否・是非が決定される。勝利する可能性が高い側に加勢する（勝馬に乗る）という戦国武将たちの選択は、それが裏切りとしていかに倫理的に非難されるとしても、パワーバランスの考慮という武力の原理からすれば当然の選択であるということになる。

支配的地位にある武力の保有者が対抗勢力に対してどの範囲までその影響や支配を及ぼすことができるのかは、基本的に両者の武力がもつ破壊力の差異（兵器や兵力などの差異）によって決定される。

武力は、宗教のような意味（価値）による「統合」を実現することができないがゆえに、支配の安定化（秩序維持）のために「分断」を利用する。[3] それは、対抗勢力を分断・分割することによって対抗勢力が保有する武力（暴力）を小さくし、それぞれに対してパワー・バランス上で優位に立つことが極めて有効であるからである。それゆえに、「分断と支配（分割支配）」が武力による支配の基本型となる。ただし、パワー・バランスが圧倒的に一方に優位なものとなった場合には、武力の視点から見れば、分断という手法は必ずしも絶対に必要なものではない。「暴力の独占」（M・ウェーバー）を果たした近代国家がその事例となろう。

「分断と支配」とは、支配者が被支配者間の宗教や身分、階層などにもとづく対立を助長して、支配を容易にすることである。言い換えれば、被支配者の側に水平的・垂直的な分断を恒常化・構造化させ、なおかつ分断されたもの同士の対立をも恒常化・構造化させることによって支配を安定化させるのである。もっとも有名なのが、イギリスのインド植民地支配における「分断と支配」である。イギリスは、インド国内におけるヒンドゥー教とイスラム教の水平的分断とカースト制による垂直的分断を利用して植民地統治を行なった。

「分断と支配」と言った場合、「分断」されたもの相互の「対立」に重点が置かれがちであるが、「分断」と分断されたもの相互の「対立」はあくまでも別のものである。対抗勢力を分断し、分断された個々の勢力に対してパワー・バランス上で優位に立つことがまずは第一義的に重要である。そして、その上で分断されたもの相互が「対立」することは、支配にとってより好都合であるということである。

宗教的権威も、「分断と支配」を支配の戦略として活用する。後白河法皇が平家と源氏、そして頼朝と義経を「分断と支配」の術を駆使して翻弄し、わが意のままに動かそうとしたことはつとに有名である。しかし、宗教による支配においては、たとえば「破門」によって相手を屈服させるという形で宗教的権威（意味や価値）を用いた支配を行なうこともできる。かの有名なカノッサの屈辱（11世紀）は、その典型的な事例である。これに対して、武力にはそうした他の選択肢がない。武力は、「分断と支配」という戦略にもっぱら依存せざるを得ないのである。

江戸幕府がその支配の安定化のために行なった手法も、まさに「分断と支配」であった。身分制（士農工商）や親藩・譜代・外様大名の区分などによって水平・垂直的分断を作り、横のつながり（連帯）を抑止し、分断されたもの同士の争いがあれば、当事者による自力解決を禁じ、幕府の裁定に委ねさせるというものである。

(2) 幕府の諸法度と武力の個別具体的関係への限定性

すでに述べたように、武力は人やモノを破壊する物理的作用であるがゆえに、特定の誰かが特定の誰かあるいはモノに対して武力を振るうという形でつねに個別具体的な関係において行使される。武力はその行使における個別具体的な関係への限局性に特徴がある。それゆえに、各種団体や組織間の水平的・垂直的な関係、すなわち分断的な関係を幕府が個別具体的に決め、それが個別具体的なままに制度化されることになる。

普遍性ではなく、個別具体性が重視されるのは、その方が「分断と支配」には好都合であるからである。近代的な普遍主義に対する近世的な法制度の個別主義的傾向は、その「分断と支配」にとっての機能性にあり、江戸幕府の初期に制定された各宗派・寺院を対象とした「寺院諸法度」に典型的に現れている。また、それは、同じく初期に制定された「武家諸法度」（1615年）が各藩の大名同士の婚姻関係を特別に規制していることにも現れている。婚姻関係が大名同士の繋がりを生み、幕府の大名に対する分断政策を揺るがすことになりかねないからである。

先に述べた分国法の「争いごとの自力解決の禁止と喧嘩両成敗」という特徴も、「分断と支配」の論理で説明することができる。「争いごとの自力解決の禁止」については、当事者間での交渉による自力解決が両者間のなんらかの繋がりを生んだり、それがより一般的なルールへと発展することによって、それが「分断と支配」の戦略を無効化する可能性をもっているからである。また、「喧嘩両成敗」については、連帯責任の論理で争い自身を禁止する。それは、争いが武力によって解決されることになれば、勝者が生まれ、その勝者の勢力が増大し、分断の効力を減退させる可能性をもっているからである。このように考えれば、江戸幕府の法制度は、戦国時代の大名領国制の下での分国法の延長線上にあると言うことができよう。

(3) 儒教と武家政権

儒教が生まれたのは、中国の春秋戦国という群雄割拠の時代、すなわち武力（暴力）がその主たるコミュニケーション・メディアであった下克上の時代であった。儒教はこうした時代状況を批判し、身分秩序の回復と支配者の徳による統治を主張した。しかし、その倫理体系は、普遍的な人間関係のあり方ではなく、より個別具体的な社会関係（親子、君主と臣民など）のあり方を律するものであった。

儒教は、たしかに武力による統治を批判し、徳による統治を主張しているのであるが、それが身分という上下関係による分断を肯定しているという点において、「分断と支配」を倫理化する思想であったとも言える。すなわち、儒教とは、「分断と支配」という武力の支配戦略が恒常化した時代に生まれたがゆえに、その制約の下で武力による支配を正統化する倫理体系としての性格を帯びることになったと考えられる。

豊臣秀吉、徳川家康の時代に君臣忠義の「儒教倫理の浮上」［佐藤 2018：182―184］が見られるようになるのは、秀吉の天下統一とその後の大坂の陣によって戦国時代が終わり、支配戦略としての「分断と支配」が社会構造として固定化し、安定的に作動するようになったからである。儒教は、当時の日本においても、「分断と支配」が生み出した社会構造を正当化する倫理体系＝意味体系として評価されたのである。

4　幕藩体制下の宗教政策
――神仏の分離へ――

(1)　本末制度――寺院諸法度における「分断と支配」

幕府にとって、全国規模のネットワークをもつのは幕府だけでよく、藩を含め各種の集団や組織が全国規模のネットワークをもつことは「分断と支配」の戦略上望ましくない。しかし、仏教にしろ、キリスト教にしろ、幕藩体制の開始期においてすでに全国展開していた。キリスト教については「禁制」とし、仏教については、その存在を認めた上で、まさに「分断と支配」の戦略にもとづいて個別具体的に対応しようとした。

すなわち、幕府の個別主義的な法制度の典型となったのが、仏教各宗派の本末関係を幕府がその初期に個々別々に規定した「寺院諸法度」である。武力を存立基盤とする藩は各地域に地理的に分断されて配置されているのに対して、仏教各宗派は全国規模に展開している。そこで、幕府は、一方では、真宗を東西両本願寺に分割し、修験道の本山派に対抗する当山派にてこ入れをするといった形で教団の弱体化を図り、他方では、各宗派の本末関係（本山―末寺関係）を個別具体的に規定し、宗派内部のヒエラルヒー（垂直的関係）の厳格化を計った。

宗派内部の統制を強化させることは、その宗派の結束力を強め、幕府と対立関係に入る危険性をもってはいる。しかし、一つには、宗派の統制を逃れ幕府のコントロールが及ばない宗教者（遊行僧など）が民衆を惹きつける魅力的な宗派を創始することを回避できるし、二つには、宗派の結束力は、対立・競合関係にある宗派との対立のエネルギーとなり、幕府にその矛先が向かないということが期待できるからである。まさに分断と支配の手法である。

また、「諸宗寺院法度」（1665年）においては、教義の新しい解釈が生まれることを禁じた（新義を立て、奇怪の法を説くべからず）。それは、その新しい解釈が宗派の分裂を生み、本末制度を揺るがせ、幕府による統制を困難にすることを危惧したからであろう。この法度によって、仏教諸宗派の宗学は訓詁学に終始するようになり、その発展を大いに阻害されることになる。

こうした幕府の宗教統制にとって、仏教における宗派の林立は絶好の機会を与えたと言えよう。これは、キリスト教が「異端 heterodoxy」審問制度をもつことによってその分裂を最小限に抑えることに成功していたのとは大きな違いがある。それゆえにキリスト教は武力の保有者である国王などに対して長期にわたって優位に立つことができた。

本末関係の幕府による個別具体的な設定は、本寺が幕府によって統制されていることを考えれば、〈幕府―本寺―末寺〉という関係を通して幕府が宗派に対して全国的な統制のチャンネルをもつことを意味している。〈幕府―本寺―末寺〉という関係の設定によって藩を飛び越えて民衆に対して幕府が影響力を及ぼすことも一定程度可能になるというメリットが幕府にあったとも言えよう。

(2)　寺請制度と仏教批判の噴出

江戸幕府は、しかしながら仏教に対して特別に重要な役割を付与した。それが寺請制度である。民衆をそれぞれに特定の寺院の檀家とさせ、その寺院に管理させるという制度である。

この寺請制度は、キリスト教禁制に実効性をもたせるために設けられたが、それは民衆の信教の自由を奪い、一定の地域内に縛るという形を取ることによって、民衆を管理する権限を寺院に付与することになった。それは、一方では、寺院経営を安定化させたが、他方では、寺院に信者獲得の努力を不要にさせ、宗教活動の停滞や寺院の腐敗を招くことになった。なお、この寺請制度が、法的な強制力こそ当然のことながら失ってはいるものの400年後の現代においても「家の宗派」という観念の下で生き永らえていることは驚異的なことである。

幕府によって付与された権限を背景にして、寺院は戒名の出し渋りなどで民衆を困らせることが相次いだという。その結果、「世間では『坊主丸もうけ』『坊主にくけりゃケサまでも』という俗諺」がささやかれ、「民衆の仏教に対する反感」〔若月 1971：37〕が募っていった。このような寺請制度の弊害に対して、「国学者、儒学者、洋学者などは異口同音に排仏論を唱え出した」〔若月 1971：37〕。

一方、幕府は1665（寛文5）年に「諸社祢宜神主法度」を制定し、位階・装束などの許状発行権を吉田神道に与えた。その結果、吉田神道の勢力が伸長し、「反本地垂迹」説、すなわち「本地垂迹」説を逆転させた「神本仏迹」説が影響力を増大させることになる。

こうした状況から、近世の宗教思想は、先にも述べたように「本地垂迹の三次元」から「日本内部の神と仏の二次元関係」〔佐藤 2018：184〕へと変化し、神仏の対立が激しくなると同時に、平田篤胤等の「復古神道」が台頭することになった。

こうした排仏論の隆盛を背景として、幕府は、18世紀前半の「享保改革を境に、いままでの仏教保護政策を大幅に修正して、財政建て直しを理由に寺社の新築禁止、寺院への田畑寄進を厳禁する政策を打出した」〔若月 1971：38〕。

神道や国学の排仏論には「自国中心主義的ナショナリズム」〔佐藤 2018：185〕がみられ、その核となっていったのが、天皇であった。すなわち、「天皇の再中心化」が起こったのである。しかし、近世の排仏論は、「思想・学問の宗教からの分離」〔佐藤 2018：186〕を背景とした「世俗主義と自尊意識」〔佐藤 2018：187〕にもとづいていたがゆえに、その発想の「多様」性〔佐藤 2018：186―187〕を特徴としている。排仏論は皮肉ではあるが、近世思想に多様な展開を可能とするエネルギーを与えたと言うことができよう。

これは、明治期の中央集権体制の下で天皇制をめぐる思想が多様性を失い、一元化していったのとは好対照をなしていると言えよう。なお、平田等の国学による仏教批判が、キリスト教による仏教批判を参考にしており、その結果、明治期の天皇制は一神教的性格（現人神としての天皇）を帯びることになったことは注目に値する〔加藤 2015〕。

武力は、なんらかの意味体系（ナショナリズムや宗教など）と接合すると、その意味体系によって正統化され、支配を安定化せることができるし、場合によっては、既存の支配者からその支配権を奪取することも可能となる。

幕末には、幕府の弱体化とともに、幕府が天皇の宗教的権威に頼らざるを得ない状況が生まれ、天皇の再中心化を背景に幕府とその対抗勢力との間で天皇の奪い合いが展開された。そして、そうした状況自体が幕府の弱体化を加速させた。公武合体論を例に取れば、「幕府中心の公武合体から天皇中心の公武合体へ」と変化し、幕府は崩壊へと進んでいった。

5　熊野詣の衰退と現世利益化

はじめに述べたように、熊野詣は明治維新期の神仏分離令やそれに続く排仏毀釈、そして修験道禁止令などによって衰退したというよりも、幕末にはすでに衰退への道を歩んでいた。本節ではその歴史的経緯を明らかにしておこう。

（1）　分国化と「里修験」

すでに述べたように、律令制の解体の結果、律令制に支えられていた有力貴族や大寺院は、競って「領地（荘園）の集積に乗り出し」、平安時代後半には、有力貴族や有力寺社による「荘園獲得競争が繰り広げられた」が、有力寺社は信者の獲得競争をも繰り広げることになった。そして、分国化の進展とともに武士たちに荘園を奪われていった寺社は、その経済的基盤をよりいっそう参拝者に求めることとなり、参拝者の獲得競争が過熱化することになる。それは、国家の護持の下で超然としていたはずの伊勢神宮をも巻き込んだ競争となる。各寺社の由緒が語られている「縁起」が大量に流通するようになるのもまさにこの時代である。「縁起」は、現代で言うならば、「宣伝広告」の役割を担っていたのである。社寺参詣曼陀羅の一つである「那智参詣曼陀羅」〔小山・笠原 2003：170〕もそうである。しかし、そうした各寺社の競争の結果、熊野詣も選択肢の一つとなり特権的地位から転げ落ちることになる。

修験道本来の特徴は、それぞれの修験者たちが自由に全国各地を「遊行」「斗藪」するというかたちで全国展開しているという点にある。それゆえに、修験の本山（本山派の聖護院と当山派の醍醐寺三宝院）にとっても修験者の統制はむずかしかった。

これに対して、幕府は、「修験道法度」（１６１３年）を定め、本山派（聖護院）と当山派（醍醐三宝院）の両派に修験者を分属させるという政策を取り、「山伏法度」（１６１３年）においては、山伏の活動内容を具体的に規制するという政策を取っている。しかし、これでは不十分であったということなのか、１６６２年に御触書を公布し、修験者の「定住化」を図っている。

ここに、修験者の定住化による「里修験」化が進行することになる。しかし、この「里修験」化は、先に述べた「分国化」とともに実はすでに始まっていた。守護大名や戦国大名の下での「分国化」によって、修験者の移動への規制が厳しくなり、修験者たちの定住化が進んでいたのである［宮本　２０１０：２０］。

（２）現世利益と物見遊山へ――民衆の宗教意識の変化

現世利益志向の高まり――脱浄土（来世）信仰

古代から中世への転換期に生まれ、中世前期まで続いた「彼岸表象の肥大化と浄土信仰の流行」の時代は、中世後期14世紀には終わり、「彼岸世界の縮小」が起こる。そこでは、「本地垂迹は受容はされてはいたが、本地仏の観念の縮小」が見られるようになる［佐藤　２０１８：１７８―１７９］。超越的な存在である仏の垂迹（インカーネーション）としての神が「人間を他界浄土へと誘う」［佐藤　２０１８：１８４］という構図、つまり「他界と現世を結ぶ三次元世界」の下での神仏関係が崩れ、来世の浄土よりも現世が重要であると見なされる「現世利益」の時代が訪れたのである。地獄への恐怖よりも現実生活の安定や充実の方が大事になったということである。

また、浄土信仰そのものは、本地垂迹を否定し「神祇不拝」を旨とする真宗によって引き継がれ、民衆の間で大きな影響力をもった。真宗の神祇不拝は、「専修念仏批判」［佐藤　２０１８：７２］に見られるような体制仏教からばかりではなく、政治権力者からも激しい反発を引き起こしたが、念仏宗においても「浄土よりもこの世の充実した生」［佐藤 2018：180］が求められていたという。

一方、定住化した里修験者たちは、民衆の現世利益の実現に深く関わることになる。「病気などの災厄をのぞく救済」などに祈祷、卜占、託宣、憑きものおとしなどによって対処したという［宮家 1996：214―215］。

また、熊野三山との関係で言えば、現世利益との結びつきが強い観音がまつられている熊野那智山（如意輪観音）は、平安末期には、熊野詣の盛行の影響を受けて観音巡りの西国巡礼（三十三ヵ所巡り）の一番札所となり［吉井 1996：55］、近世に庶民の信仰を集め、明治以降も現在に至るまで人びとが参詣を続けている。

物見遊山とお伊勢参り

江戸時代の物見遊山と言えば、なんといっても「お伊勢参り」であり、そのハイライトは伊勢における御師による接遇である。出迎えや名所見物、そして参宮に至るまで御師が駕籠を用意し、さらには御師の宿での贅を尽くした食事や夜具が参宮者たちを大いに満足させた。そして、お伊勢参りは、本来は参宮後は帰路につくはずであるが、それでは終わらず、「伊勢から諸国めぐりの旅へと向かっている」［鎌田 2010：52］。すなわち、「各地の名所旧跡をめぐり、日本各地のさまざまな地域文化を、自分たちの目で見、話を聞き、異文化体験」をし、「精神的な喜びや知的な満足感」を感じ、「各地の情報を故郷へと持ち帰る旅」がお伊勢参りの旅であった［鎌田 2010：51―52］。だからこそ、「お伊勢参り、お伊勢さんにもちょっと寄り」ということにもなるのであろう。

四国の遍路旅や、西国巡礼などの霊場めぐりなどの旅も、近世庶民の代表的な旅ではあるが、これらの聖地・霊場めぐりの旅は、やはり「誓願や祈願などの信仰性」が強く、たとえ「旅の途中に娯楽的要素が一部入り込む」ことがあったにしろ、「伊勢参りのような解放的な旅になりきることはなかった」［鎌田 2010：33］という。

近世における民衆の旅がこのように物見遊山の要素を大なり小なり含んでいたの対して、中世を代表する熊野詣は、後白河法皇が編んだ『梁塵秘抄』の今様に「くまのへ参らむと思へども、かち（徒歩）より参れば道とをし、すぐれて山きびし、馬にて、登れば苦行ならず、空より参らんはねたべ（羽賜べ）若王子」と謡われているように、あまりにも厳しいものであった。この厳しい「行」に耐える力は、浄土信仰の下で極楽往生を切望する信仰心が生み出したのであるが、現世利益志向が強くなった近世においては厳しい「行」は回避される他なかったと言えよう。そして、熊野詣の際には本宮、速玉、那智の熊野三山すべてへの参拝が中世においては当然であったものが、近世ではお伊勢参りの後や西国巡礼の際に「各地の名所旧跡」の一つとなり、訪れる人もあれば、訪れない人もいるという状況になってしまった。

6　明治維新以降の熊野三山

（1）明治新政府の宗教政策

西欧列強諸国のプレセンスの下での鎖国から開国への転換は、強力な中央政府の下での全面的ナショナリゼーションの展開を必要とさせた。国家を総動員して戦争に取り組むいわゆる「総力戦体制」は、西欧諸国ならば第一次世界大戦以降ということになるが、日本は、被植民地化の恐怖の下に近代国家としての出発時点からすでに「総力戦体制」の構築を求められていたとも言えよう。

薩長を中心とする反幕府軍は、戊辰戦争の勝利を経て武力による政権奪取に成功し、「全面的ナショナリゼーション」の基盤を獲得した。幕藩体制下での「限定的ナショナリゼーション」（各藩独自の政治と経済、各藩の武力保持を認めた上での全国統一）の対外的危機への脆弱性から脱却する機会をえたのである。

しかし、それは、かつては各藩に向けられていた民衆の不満が中央政府としての新政府に向けられるという内政上のリスク（分断と支配の下では回避されていたリスク）を抱え込むことをも意味する。新政府は、その武力による政権奪取を、

「王政復古の大号令」の下に天皇の宗教的権威によって正当化し、内政上のリスクに対処すると同時に、官民一体（五箇条の御誓文）となって列強諸国の圧力に対峙していこうとした。すなわち、近世における「天皇の再中心化」をベースとした新しい天皇制の下で内外の諸課題に取り組もうとしたのである。

新政府が、その最初期に行なった主要政策をみると、神仏分離令が１８６７年、キリスト教禁制は１８６８年３月、延喜式にもとづく近代社格制度の制定と寺社領の没収を定めた「上知令」は１８７１年、修験道禁止令が１８７２年といったように、そのほとんどが宗教に関するものとなっている。すなわち、特定宗教（神道）への教化（均質化としてのナショナリゼーション）をめざす政策が真っ先に新政府によって具体化されたのである。特定宗教（神道）によって国民すべてを教化（均質化）しようとしたのである。(4)

国と地方との関係や徴税などの制度の全国共通化（全国規模化としてのナショナリゼーション）に関しては、廃藩置県と府県制度の制定（１８７２年）や地租改正（１８７３年）、田畑永代売買禁止令の廃止（１８７１年）などが挙げられる。田畑永代売買禁止令の廃止は、土地の私的所有を認めることによって、資本主義への第一歩を踏み出すという意味で「近代化」の土台を構築する政策である。

しかし、これらの政策の一般性と宗教政策の個別具体性は著しく対照的である。たとえば、神仏分離令では、「権現」や「牛王」などの修験道で頻用される呼称の使用禁止までもが掲げられている。新政府の最初期の政策が宗教政策に偏っていたこと、そしてまた、それらが詳細な個別具体的な規程を伴っていたことを考えると、それらの政策の原形が徳川幕府によってほとんど準備され、その延長線上で行なわれた政策であったと考えるのが妥当である。また、新政府の宗教分類（神道、仏教、修験道、キリスト教）が徳川幕府の分類を踏襲したものであることも、そう考えることの妥当性を傍証していると言えよう。

しかし、両者には大きな違いもある。それは、徳川幕府が「分断と支配」によるパワー・バランスの上に成り立っていた限定的ナショナリゼーションを政治構造の柱としていたのに対して、明治新政府は、全国を武力統一し、中央集権制にもとづく全面的ナショナリゼーションを進めることができたことである。それが、幕府が進めてきた宗教政策（「天皇の再中心化」の下での神道化と排仏）を徹底化・先鋭化させていくことを可能にしたのである。

なお、明治維新は、その「王政復古」という言葉に象徴されるように律令制的な全面的ナショナリゼーションへの「回帰」として当時は認識されていたし、また現在に至るまでもそう認識されてきた。たしかに、両者は天皇を中心とする全面的ナショナリゼーションを目指したという点においては「回帰」と言えよう。しかし、明治政府が打ち出した宗教政策は、すでに述べたことから明らかなように、徳川幕府の宗教政策の「継承」であったのだ。

（2）神仏分離令・修験道禁止令の衝撃と神社の「国有化」

修験道禁止令（1872年）は、修験道の二つの宗派（本山派と当山派）を仏教宗派とは認めず、本山派は天台宗に、当山派は真言宗に帰属させるという厳しいものであった。両派の末寺は、その多くが廃寺となり、神社ともなった。また、末寺では戦後に信教の自由が認められた後も、天台、真言両派に残った寺院も多い。

しかし、熊野三山にとってもっとも大きな打撃となったであろうことは、熊野三山に熊野詣の参詣者を送り込む組織が各地の修験者の還俗によって崩壊したことである。こうして熊野詣はその命脈を断たれることになる。

この修験道禁止令以前に熊野三山が神仏分離・排仏毀釈によって蒙った被害も甚大であった。特に西国巡礼の第1番札所であった那智の青岸渡寺は、焼却処分寸前にまで至っている。焼却を免れたのは、那智大社の社殿と近接しており、延焼のリスクがあったからにすぎない。

新宮と那智には、堂舎の建立や修繕を任とし各地の修験者を束ねる「本願所」が数多く存在した［太田 2008：豊島 1990］が、それらのほとんどが神仏分離・排仏毀釈の際に破却されたという。本宮の場合もかつてはそうした本願所があったはずであるが、それが神仏分離・排仏毀釈の際に破却されたということではなさそうである。これには、三山の中でも本宮でもっとも神道化が進んでいたことが関係していると思われる。次のような18世紀半ばの宝暦年間の出来事がある。聖護院門跡が本宮大社を訪れることになったが、本宮では仏像を売却してしまっていた。紀州藩は慌てて仏像の買い戻しを申し付けた、というものである〔山﨑 2017：57〕。

熊野三山はこのように神仏分離・廃仏毀釈と修験道禁止令によって大きな打撃を受けたのであるが、一方では、1871年の太政官布告「官社以下定額・神官職制等規則」で制定された近代社格制度によって、本宮大社は国幣中社（1915年に国幣大社に昇格）、速玉大社は県社（1915年に国幣大社に昇格）、そして熊野那智大社は県社（1921年に官幣中社に昇格）となった。神道国教化政策の下、熊野三山は、社格こそ違うがいずれも「国有化（官有化）」されたのである。

本宮大社は、江戸時代に何度も火災や水害の被害に遭い、その都度再建されているが、その再建には多大な費用と勧進の努力、そして時間を必要とした。

本宮大社は江戸中期の1770年にも焼失したが、再建は1810年である。再建に40年を要したということである。その後、1889年の紀伊半島大水害によって、それまでは水害の度になんとか流出を免れていた社殿がいくつも流出することになる。もはや元々の大斎原（十津川の中州）での再建は困難となり、本宮大社は近くの小高い山の上に移転の上、再建されることになった。しかし、その再建は2年後には終わっている。江戸時代における再建の遅さとは比べものにならない速さである。これは、本宮大社が紀伊半島大水害の時点ではすでに「国有化（官有化）」されていたからに他ならない。

明治期のその後の歴史において神仏分離、廃仏毀釈に関わる出来事として注目されるのが、南方熊楠の神社合祀反対運動である。神社合祀は各地の夥しい数の神社を整理・統合しようとした明治末の政策である。京都、大坂から熊野に至るメイン・ルートであった中辺路には、その数、九十九とも言われる王子が点在していたが、それらも整理・統合の対象となった。これに対して、熊楠は鎮守の森の自然の重要性を訴え、合祀反対の論陣を張った。現在、中辺路においても多くの観光客を集め、熊野古道ビジターセンターも置かれている滝尻王子もその対象となったが、熊楠の反対運動によって辛うじて残された(5)。

意外かもしれないが、神社合祀の宗教政策上の意図は必ずしも大きくはなく、むしろ財政負担上の問題がその動機となっている。すなわち、これも神社が「国有化（官有化）」されたことにともなう問題なのである。しかし、こうした神社の国有化にともなう問題は、日本の敗戦とともにＧＨＱの「神道指令」によって終わる。

おわりに

本章のタイトルを「神仏の〈交流〉から分離へ――修験道政策から観る〈国家と宗教〉の関係史」としたが、熊野三山における神仏習合の歴史はまさに複雑な歴史である。その複雑さを生み出しているのが国家の存在である。しかし、国家と言っても、それは日本の歴史に限ったとしてもまさに多様な形態をとってきた。そして、その多様性が神道と仏教の関係に影響を及ぼし、また神仏習合によって生まれたとされる修験道のあり方にも影響を及ぼしてきた。

本章が描いた神仏関係や修験道の歴史からどんなメッセージを受け取るのかは人それぞれであるが、私自身が受け取ったものの一つは、近代国家がその形成過程において特定の宗教と結びつくことの危険性の高さである。その武力の強大さを基盤として近代国家はそれまでとはまったく異なるスケールと深さをもって人びとをコントロールすることができる。その近代国家が特定の宗教を国家の宗教とすることの危険性である。言い換えれば、「宗教のナショナリゼーション」の危険性である。

仏教寺院や王子社の破壊とそれにともなう文化の破壊、修験道禁止令のような他の宗教への迫害、信教の自由の欠落、近代教育制度を基盤とした宗教教育の徹底、その結果としてのテロリズムの横行（5・15事件や2・26事件など）等々である。

もう一つは、特定宗教を国家の宗教とするわけではないが、「分断と支配」の手法を用いて国家が宗教（宗派）間の対立を煽ることとの危険性である。この「分断と支配」の手法は、その手法を用いる国家が強力である限りにおいて有効性を維持できるが、その国家が弱体化したとき、「分断と支配」によって植え付けられた宗教（宗派）間の対立は、宗教・宗派の武装化とテロリズムの応酬に帰着する。明治初期の排仏毀釈はそうしたテロリズムの暴発であったとも言えよう。

暴力（武力）を擬人化するならば、テロの応酬は暴力（武力）とその代理人である「死の商人」の思う壺である。暴力は、信頼ではなく憎しみを好み、平等ではなく格差を好む。国家間の武力による対立は、ナショナリズムという美しい装いを纏っているだけにより危険である。

「神仏の〈交流〉から分離へ」という流れは、ふたたび、〈交流〉へと引き戻せられる。それは、国家の宗教への不介入、言い換えれば、「政教分離」の徹底によって果たせるはずである。各宗教、各宗派は、中世末期と同じように参詣者獲得競争を展開し、対立も起こるではあろうが、その過程で神仏が交流することによる相乗効果も認識されるはずである。聖地・熊野の世界遺産化はその始まりとなる可能性をもっている。

注

（1）暴力論については、田中［２０１７］を参照。

（2）ここでは、ナショナリゼーションを近代における現象に限定せず、「政治システムとして一つのまとまりをもったものとなる」ことをさす概念として使用している。ナショナリゼーションとローカリゼーションという二つの概念ついては、本書の序章（田中論文）を参照。

（3）社会学では、１９５０年代にその主流となったT・パーソンズの構造・機能主義は、「秩序」の成立をほとんどもっぱら社会的価値などの意味体系に依拠した「統合」によって考えてきたが、暴力はその理論の射程外に置かれてきた。

（4）この宗教的ナショナリゼーションと西欧近世の宗派化との関係については、本書の序章（田中論文）を参照。

（5）「田辺から本宮まで二十数社あった王子社で廃社にならずに済んだのは、なんと、八上王子と滝尻王子のみ」であった「み熊野ねっと」（https://www.mikumano.net/keyword/jinjagosi.html　2020年9月1日閲覧）。

参考文献

太田直之［2008］『中世の社寺と信仰――勧進と勧進聖の時代』（久伊豆神社小教院叢書6）、弘文堂。

加藤喜之［2015］「国家・宗教・文化――キリスト教と日本の出会い」『ことば・文化・コミュニケーション』7。

鎌田道隆［2010］「近世的旅観の形成――伊勢参りの旅」『奈良史学』27。

小山靖憲［2000］『熊野古道』岩波書店。

小山靖憲・笠原正夫編［2003］『南紀と熊野古道（街道の日本史）』吉川弘文館。

佐藤弘夫［2018］『「神国」日本――記紀から中世、そしてナショナリズムへ』講談社。

田中滋［2017］「暴力論から社会学の革新へ（1）――〈存在と行為の社会学〉の構想の下で」『龍谷大学社会学部紀要』52。

豊島修［1990］『熊野信仰と修験道』名著出版。

宮家準［1973］『山伏――その行動と組織』評論社。

――［1992］『熊野修験』吉川弘文館。

――［1996］『修験道と日本宗教』春秋社。

宮本袈裟雄［2010］『里修験の研究』岩田書院。

安丸良夫［2019］『神々の明治維新　神仏分離と廃仏毀釈』岩波書店。

山﨑泰［2017］「明治維新前後の熊野信仰――神仏分離令と廃仏毀釈」『熊野誌』63号。

吉井敏幸［1996］「西国巡礼の成立と巡礼寺院の組織化（講座日本の巡礼　第1巻）」真野俊和編『本尊巡礼』雄山閣出版。

義江彰夫［1996］『神仏習合』岩波書店。

若月正吾［1971］「江戸時代における幕府の宗教政策とその背景」『駒沢大学仏教学部研究紀要』29。

（田中　滋）

第2章　明治から昭和初期における熊野地方の観光対象の変遷
――瀞峡と那智の滝を中心として――

はじめに

2004年に、「紀伊山地の霊場と参詣道」として世界遺産に登録された熊野古道は、その指定の前後から、観光対象として大いに注目されている。それは、単に観光客の増加というばかりではなく、例えば、

「旅行でメタボ解消」・JTBが社員旅行を投入
JTBは関西医科大学や大正製薬などと組み、5月からメタボリック・シンドローム（内臓脂肪症候群）対策をテーマとした旅行商品を企業や健康保険組合向けに発売する。まず和歌山県の熊野古道など全国10地域への社員旅行ツアーを投入する。6月には父親の健康増進を支援する家族向け商品も発売する。2008年4月10日『日本経済新聞』朝刊（http://health.nikkei.co.jp/news/top/index.cfm?i=2008040910331h1　2008年9月23日閲覧）

というように、健康に対する関心の高さと組み合わせて、旅行代理店が新たな商品を開発したり、また、

紀南の社寺　33カ所巡りを企画

NPO法人「熊野曼陀羅」（長谷明理事長）は4月から、紀南33カ所の社寺を参拝してまわる「熊野曼陀羅33カ所巡り」を始める。（中略）世界遺産に登録された熊野地域の歴史や文化を全国に発信するのが目的。2004年6月にNPO法人化し、準備に取り組んできた。熊野地方を何度も訪れてもらう方法として、社寺巡りを企画した。熊野古道沿いで、協力が得られた33社寺を選んだ。2007年3月20日『紀伊民報』（http://www.agara.co.jp/modules/dailynews/article.php?storyid=121691　2008年9月23日閲覧）

というように、地元NPOが、世界遺産に登録された社寺を含む、新たな観光コースの企画を創り上げたりする契機ともなっている。

そもそも、熊野地方は、近代観光が成立する以前から、霊場と参詣道が世界遺産の対象となったように、熊野速玉大社（和歌山県新宮市）、熊野本宮大社（同田辺市本宮町）熊野那智大社（同東牟婁郡那智勝浦町）の熊野三山は、古代末期において上皇を中心とする支配者層の信仰をあつめ、中世期において、熊野詣が、「蟻の熊野詣」と称されるほど興隆を極めた。また、近世期においても、青岸渡寺（近世においては那智大社と同じ）が、西国三十三所巡礼の一番札所として、巡礼の対象となっていた。

このように、前近代において巡礼対象、現代においては、世界遺産として観光対象となっている熊野三山を含む熊野地方が、近代観光の成立期においてどのように扱われたのかを本章は調査し、考察する。現在、世界遺産観光において、最終目的地となっている熊野三山は常に観光対象であったのであろうか。

1　観光について

熊野地方の観光について考える前に、観光という現象そのものについて考察したい。

フーコーのまなざし概念を観光研究に適用したアーリによれば、観光は余暇活動として、「規則化され組織化された労働」の対照物であり、「観光のまなざし」は、「賃労働と直接結びつかない対象」に向けられるものであり、労働とは明確に対比されるものであるとしている。そして、その観光のまなざしは、「社会的に構造化され組織化されている」ものであり、「記号を通して構築され」、「日常体験から区分されるような風景や町並みへの様相へと向けら」れるのであるが、「映画とかテレビとか文学とか雑誌とかレコードやビデオなどの非観光的な活動によって作り上げ」られ、強化されて、「写真や絵はがきや映画や模型などを通して、通常視覚的に対象化され把握されていく」ことによって、再生産と再把握をくりかえされているものであり、観光の専門業者が、観光のまなざしの再生産を後押ししているとしている［Urry 1990］。

人類学における観光研究の嚆矢となったスミスは、観光活動を成立させる三つの要素として、「観光活動＝余暇時間＋可処分所得＋地域に根づいた道徳観」という公式を示し、旅行に対する道徳観が、「その動機付けとその結果とられる旅行形態に密接なつながりをも」［Smith 1977］つとして、ヨーロッパでは大学生がヒッチハイクをしながらユースホステルを泊まり歩く旅行形態が当たり前であるが、アメリカではそうではないなどという例を示しているが、アーリの論をふまえるならば、旅行の形態だけではなく、当然「何を観るべきか」についても社会文化的に規定されているものと考えられる。そして、それは、社会的に常に構築され続けているものであるといえるだろう。

そして、観光概念についての再検討をおこなった加太宏邦［加太 2008］も、「体験や買い物や食などが主である行為は、（中略）慰安になったり観光に付随する行為の一部になることがあっても、このことを協調しすぎると、観光施策は拡散」するとし、「観光の要件の中で、もっとも重要なのは、視覚依存の諸慣行であ」り、「『見る』ことが中心になる」と述べている。つまり、「日常生活から区分される」場所に移動し、観るべき価値のあるものに対してまなざしを向けることは、観光という現象において欠くべからざる構成要素であると考えられる。

また、人類学者の橋本［1999］は、「さまざまな要素が介入して形成される観光の今日的な問題を明確にするという戦略的な目的」のために、観光を「異郷において、よく知られているものを、ほんの少し、一時的な楽しみとして、売買すること」と定義づけ、この「一時的な楽しみ」のために、「本来の文脈から切り離され、集められ、あらたな『観光文化』」が形成されるとしている。加太の述べるように「見る」ということが、観光の重要な要件とするならば、見られる対象は観光客にとって（そして、観光客が所属するゲスト社会においても）、「よく知られた」ものであるということになる。そして、それは、橋本が研究の中心的な対象としている、民族文化だけではなく、例えば、自然景観においても、「本来の文脈から切り離されて、集められて」、新たな「観光における見るべき価値」が形成されると考えられる。

もちろん、橋本の述べる民族文化の本来の文脈というものが固定的に措定できるのであろうか、という疑問も成り立ちうると思われるし、自然景観においてはよりその傾向が高いであろう。ただ、観光という社会現象のなかで、ホスト社会の文化にしろ、自然景観にしろ、観光対象となったものが、一時的な楽しみのために訪れた観光客のために、それまでとは異なる文脈の中に置かれ、新たな解釈をなされるということであり、そして、観光とは、観光客が、実際は見たことはないが、情報としてはすでに見るべき価値があることを知っているものを見るということが大きな特徴としてあげられるということになる。

前人未踏の地に分け入り、これまでの人類が発見し得なかったものを見つけ出すような探険とは異なり、観光客は、全く知らない場所を訪れるわけではない。このように考えるならば、観光客（ゲスト）と観光対象のある場所（ホスト社会）をつなぐ、とくにゲスト社会における、ホスト社会の情観光情報——何が見るべき価値があるのか、そして、それは何故価値があるのか——は、観光を観光たらしめる大きな構成要素としてその研究対象として浮上する。

2　ガイドブックについて

アーリは、観光のまなざしは、「映画とかテレビとか文学とか雑誌とかレコードやビデオなどの非観光的な活動によって作り上げ」られるとしている。事実、例えば、韓国のドラマが日本社会においてブームとなることによって、それまで観光客が訪れることのなかったそのドラマのロケ地を観光ルートとする企画が、いくつもの旅行会社によって創られ〔遠藤 2004〕、また、48作ものシリーズ映画となった「男はつらいよ」の舞台となった柴又は、ガイドブックにも、

柴又には、映画『男はつらいよ』で使用された撮影セットが見られる葛飾柴又寅さん記念館をはじめ、寅さんファンならずとも行ってみたいスポットがいっぱい。柴又駅から歩くルートがおすすめだよ。

として、柴又駅から、映画のモデルとなった団子屋、寺院などを巡るルートが紹介されている（『マップルマガジン東京』昭文社、2008年）。

しかし、遠藤は、韓国のドラマのロケ地が観光ルートとなったことについて、単にドラマがヒットしたからだけでなく、そうした視線を強化・再生産しようと、観光業者、メディア制作者、行政、地域住民、さらにはツーリストを含めた、実に多くの錯綜する利害関心をもつ立場がポリフォニカルな関係性の中で結びつき、一定の視線からの風景をくりかえし提示しているからなのである〔遠藤 2004〕。

と分析するように、テレビドラマや映画、あるいは文学などが、――それらがいかに人気を博し、影響を与えたとしても――単独で、それが観光対象となるわけではない。

観光研究の初期において、すでにコーエンが、今日の制度化された観光について、「ツアーの前に、旅行資料に出ていたり、旅行エージェントによって示されたりしているいくつかの基本的なアトラクションや設備に、主に注意を払うように条件付けられ」ており、これによって、観光客には、「独特の選択的認識が生じている」〔Cohen 1972〕と、ガイドブックと観光業者が、観光客が何を見るべきであるかを選択し、観光に影響を与えていることに言及している。ま

た、観光を疑似イベントと論じたブーアスティンも、「近代の観光案内書は、観光客の期待を増大」させ、「その土地の人々に観光客がいつ、何を期待しているのかの詳細な項目別リストを提供」していると論じ、とくに、ベデガーのガイドブックの「スターシステム」について、

ベデガーを持って旅行した人ならば誰でも、星の付いている名所を全部見物した時の満足感と、逆にたいへんな苦労と費用をかけてわざわざ見に行った名所が、後で一つの星も付いていない場所だったということを発見した時の失望をしっている［Boorstin 1962］

とし、ガイドブックを「観光客が見物する芝居のための最新の脚本」であるとしている。また、彼らの指摘から何十年と経った現在においても、例えば、日本交通公社がおこなった、「旅行の計画を立てる際の情報収集源」のトップは「旅行ガイドブック」であり、63・4％の回答者がガイドブックを情報源とするとしている。

これらから、たとえ観光のまなざしが、映画やテレビドラマなどから創り上げられることがあったとしても、「観光の専門業者による後押し」によって、それらは見るべき対象となるものであり、ガイドブックは、観光情報の検証において重要な対象であると言うことができる。

コーエンのツアーガイドの分析［Cohen 1985］おいて指摘したツアーガイドの4つ機能をガイドブックに適用し、考察したバッタチャリヤ［Bhattacharyya 1997］は、「『ツアーパーティの凝集性と気力に対する責任』に関する社会的リーダーシップ」は、ガイドブックには認められないが、残る3つの機能は認められるとしている。すなわち、先導者として地域をナビゲートし、「現在進行中の社会的活動としてのツアーの円滑な達成に対する責任に関連する」道具的リーダーシップ機能を詳細な地図などを掲載することによって果たし、また、「泊まるべき場所」や「食べるべき場所」を掲載し、評価することによって、「観光客が様々なサービスや設備を獲得できるように地元民との相互行為を仲介」する機能であるツアーガイドの「相互作用媒介」も持っているとしている。そして、「地域の環境の中にある対象を、観

光客が注目すべき価値があるして有徴化」し、その選択した対象を描写し、背景などを説明し、評価することによって、観光客と観光地を媒介する「コミュニケーション的媒介」も認められるとしている。

これらの、ガイドブックの機能についてのバッタチャリヤの指摘の中で、これまでの考察を踏まえるならば、最も注目したいのは、ホスト社会の中から、見るべき価値のある名所を選択し、その価値を説明し、読者（＝潜在的、あるいは現実の、そして、かつての観光客）に伝えるコミュニケーション的媒介機能である。ガイドブックには、社会における見るべき価値を収集し、再構成しそれを読者に伝える、観光情報のアリーナとしての機能があるということができるだろう。このように考えるならば、ある地域における観光現象を調査するときに、その地域を対象とした観光ガイドブックをその対象とし、何が選択され、なぜ見るべき価値があるとされているのか、その選択された対象の語られ方を調査することは重要であると思われる。本章においては、熊野地域のガイドブックを、近代観光が成立した明治期から調査したいと思う。ただし、その対象期間は、紙幅の関係上、対象地域が、吉野・熊野国立公園がとなった昭和初期までをその中心とする。

3　明治期の熊野地方のガイドブック

日本におけるガイドブックは、英文で書かれた外国人向けのものは1880年代より出版されていたが〔里居ほか 2003〕、日本人向けのものとしては、1892（明治25）年、野崎左文によって『東海東山　漫遊案内』が出版され、ベストセラーになり、夥しい数の類書が出版されるようになってからであるとされる〔五味 2000〕。

それらのガイドブックについて五味は、1903（明治36）年に出版された坪谷水哉の『日本漫遊案内』の京都の記述が、まず歴史を5ページにわたり記された後、概観・交通機関・旅館などの情報が記載されていることを例としながら、当時のガイドブックを「旅という水平の糸をたどると、歴史というタテ糸が手繰り寄せられてしまう媒体」であり、「〈学ぶ〉ことが旅の重要なテーマとして前景化されている」としている。

本研究の対象地である熊野地方も、このような明治20年代後半からのガイドブック出版ブームの中で、取り上げられていった。

例えば、１８９６（明治29）年に出版された松本謙堂編の『日本漫遊案内　旅行錦嚢』では、南海道の部のなかで、「那智瀑は那智山に懸り本邦瀑布中第一の壮観にして其高さ八十四丈、幅、十八間餘あり」などと取り上げられているが、この書は、畿内と七道に北海道と台湾を加えた章立ての中で各地域の山岳や河川をそれぞれ列挙していくという形式であった。この中で、後のガイドブックにも記載されて、なおかつ、この書の中で、名前を上げられるだけではなく、何らかの説明をされているものは、河川では、熊野川、温泉では、湯ノ峯温泉であり、後の白浜温泉は取り上げられておらず、また、名所・旧蹟・神社・仏閣において熊野三山のいずれも取り上げられてはいない。熊野川は、「源を河内の金剛山に發し十津川と稱し紀伊の南隅より諸流を合し熊野浦に注ぐ其流程三十五里」と地理的説明だけであるが、湯ノ峯温泉については、「湯の峯鑛泉は崇神天皇の時發見せられ天皇屡々此地に行幸し玉ひしと云ふ故を以て今日に至るまで浴客頗る多し」と歴史と現在を簡潔ではあるが記している。

続いて、１８９９（明治32）年、遅塚麗水著の『日本名勝記』においても「那智の瀧、瀞八町」として熊野地方が取り上げられるが、題名の通り、その記述は那智の滝と、瀞峡が中心であった。那智の滝は、「那智の山は紀州の東牟婁郡に在りて……一路林を穿つて行くこと數丁、平地あり、屋を作て觀瀑のところとなす、仰いで見れば、淙々として大瀑布懸る」から始まるが、その記述の大部分は、江戸時代後期の医者、橘南谿の紀行文『西遊記』（全体の約半分）と那智の滝が舞台となっている『平家物語』の「文覚荒行の条」の引用からなっている。瀞峡についても、前人の記すところの瀞八町の記として、儒学者の藤沢南岳が、１８８６（明治19）年に著した、『探奇小録』の引用が75％を占めている。

また、同年には、中山昇三編によって、『紀伊国旅の友』という和歌山県のみを対象地域としたガイドブックも出版されているが、その中で、熊野地域は、西牟婁郡が、田邊城趾・湯崎温泉・白良の濱。東牟婁郡は、熊野速玉神社・佐野松原・熊野夫須美神社・青岸渡寺・那智瀑布・熊野座神社・湯の峰温泉・熊野川が取り上げられている。この中で、那智の滝が、全体の約40％の分量を占め、「扶桑第一の名瀑といふモ虚言にあラざるなり」とされている。また、各名所は、その場所が読み込まれた和歌が引用されており、那智の滝は5首が引用され、熊野川は2首が引用されている。ただ、熊野川は「本宮より此川を下ると九里餘にしテ新宮に達す其間水流急ニして船の行コと矢の如く奇巖両崖に聳え風景頗ぶる佳なり俗に之れを九里八丁と云ひて其名世に知らる」とされ、本宮から新宮の間、現在、川の熊野の古道として世界遺産に指定されている区間が九里八町として選ばれており、瀞峡への言及はない。同じ年に出版された野田文六編の『和歌山名所案内及附近名所』においても、熊野川では、九里八丁が「風景頗る佳なリ熊野第一の奇觀」として選ばれ、瀞峡は言及されていない。

1902（明治35）年には、探勝会編により、全国の避暑旅行のプランと旅の心得からなる『避暑旅行案内』が出版されている。熊野地方では鉛山温泉（現在の白浜温泉）と那智の滝が取り上げられており、那智の滝は、移動手段や交通費と共に、「仰ぎ見れば海内無雙の大瀑布は截然八十餘丈の絶壁より直下す」として、江戸時代後期の商人であり数多くの紀行文を残した小津久足の紀行文を引用しており、その引用が全体の半分以上を占めている。

このように、19世紀まで、あるいは20世紀初頭までの熊野地方におけるガイドブックの記述は那智の滝がその中心であり、熊野川については、取り上げられないことも多く、またその取り上げられる場所は、瀞峡と九里八丁のどちらかであり、必ずしも瀞峡ばかりではなかった。そして、取り上げられた場所は、文学―紀行文、和歌、あるいは物語の中のエピソードを引用することによって語られ、価値付けられていたと言えるだろう。

だが、この那智の滝を賞賛する記述が変化を見せる。1905（明治38）年に、坪内善四郎の編によって出版された『日本漫遊案内』では「熊野地方及其附近」という章が立てられ、潮見峠・近露村・湯峯温泉・本宮町・熊野座神社・熊野川・瀞八町・新宮町・熊野速玉神社・那智山・那智瀑・樫野浦の紀念碑・木の本町・尾鷲町が選ばれ、全体で84行が費やされているが、那智の滝は4行にすぎず、熊野川が14行、瀞峡が19行にわたって記述され、瀞峡が最も詳しく述べられている。そして、那智の滝は「日本第一の瀑として其名甚高けれど、日光の華嚴瀑などに比して、高さも、美しさも、雄大壯嚴なる點も皆劣りたるは惜しむべし、殊に、山の淺きと、瀧の岩に傳りて落つるとは、この瀑をして雄大の趣を欠かしむ。されど海内有數の名瀑たるは勿論なり」として、名瀑ではあるが、雄大さに欠け、華厳の滝に劣るとされている。それに対し、瀞峡は、「其風景は娟麗にして中に無限の寂寞を籠めたる、天下又この奇景ありやと驚かるゝばかりなり」として、水戸藩の儒者であった青山延寿が1886年に著した紀行文『大八洲遊記』が引用されている。この那智の滝を雄大さがないとし、瀞峡を天下の奇勝とする評価は、続く大正期以降より顕著になり、定着していく。

4　大正期以降の変化

1914（大正3）年に田山花袋編として出版された『新撰名勝地誌』は、熊野地方について、田邊町・田邊城趾・鬪鷄神社・海藏寺・湯崎温泉・白良濱・蟾蜍岩・中邊路、大邊路日置・周參見村・二色港・串本町・橋杭岩・大島・古座・古座川諸勝・柏鄕銅山・勝浦港（赤島温泉）・南平邊鑛山・那智鑛山・那智瀧・熊野夫須美神社・青岸渡寺・本宮村・熊野坐神社・湯峯温泉・東光寺・熊野川・瀞八町・松澤炭田・音川炭田・奥谷炭・宮井炭田・濱宮・補陀落寺・三輪崎町・新宮町・熊野速玉神社・阿須賀神社・神倉山・徐福墓・布引瀧の項目が選ばれ、661行費やされている。その中で、那智の滝は、93行と最も多く割かれてはいるが、

瀑布は那智山腹流紋岩の絶壁に懸り、直下すること八十餘丈と稱するも、大日本地誌編者の空盒晴雨計により實測する時には百五十米突（五十餘丈）にすぎずといふ・從來本邦第一の瀑布と稱せられたるも、水量多からず、瀑壺甚大ならず、加山淺く、谷深からず、壯絶と云ふよりも、纎巧と云ふべき、雄大豪壯の風に乏しきは瀑布の爲に惜

しむべきなり

と、実際に計測してみたらところ、それまでの言い伝えられてきた高さよりも低かったとし、「雄大ではない」という『日本漫遊案内』と同じ評価を下している。そして、滝の岩の種類を紹介している。

これに対し、瀞峡は、那智の滝に続く52行が費やされており、「當國の絶勝として世に名高き瀞八町」とされ、

奔流此處に至りて淀みをつくり、水面鏡の如く滑らかにして、兩岸の絶壁は屏風を立てたる如し。渓流の深きところ十五尋、舟を此處に泛べて遊ばんか、赤壁の勝もまた□ならず。此の渓或は山崩れの爲め河流閉塞せられて生じたるものとせば、水餘りに深きに過ぎ、兩岸數十丈の絶壁はまた閉塞湖として説明する能はざる所なり。蓋し思ふに往古茲に一瀑布ありて浸蝕作用の爲めに漸次退却したる遺跡ならんか。地は山間に偏し交通不便の處にあるに拘らず、旅人の杖を曳くもの多き、また其の如何に風光の優絶なるかを知るに足らん

と記されるように、「絶勝」であるとか、「赤壁の勝」より勝れているとの評価以外に、滝の浸食作用によって瀞峡ができたという地質学的な説明を加えている。これは、この本が出版される9年前に、『地質学雑誌』という学術専門誌に、東京師範学校教授であった佐藤傳藏が、「紀州名勝瀞八町に就きて」という文章を寄せ、その中で、「閉塞湖」説を否定し、

余は此の瀞八町を以て瀑壺の遺跡ならんと考ふる者なり。（中略）山間の渓流に種々の事情に起因する瀑布が存在し得ることは當然の事にして、此の瀑布が一方に於ては垂直的に其の浸蝕力を逞ふして深淵なる瀑壺を遺り、一方に於ては水平的に其の浸蝕力を逞ふして其の懸崖を削り、斯くして瀑布の位置は彼のナイアガラ若くは、華厳の瀑の如く漸次に退却すると同時に、瀑壺の位置も亦此と伴ふて次第に移動し、遂に浸蝕力は瀑布の原因たる懸崖をば全く打破して瀑布なる現象は殆と全く之を見るべからざるに至らしめたゞ其の名殘として長き瀑壺と、削れるが如き

絶壁とを残すに過ぎざるに至りしならんか

と、滝の浸食作用による後退説を唱えたことをそのまま採用したのだと思われる。そして、この滝の浸食作用による瀞峡の成立という言説は、この『新撰名勝地誌』の刊行以降、長くガイドブックに記載されることになる。

西田［2004］は、古代から中世期にかけて、自然景は、「宗教のまなざしで捉えられた信仰の地、神話のまなざしで捉えられた伝説の地、文芸のまなざしで捉えられた歌枕の地で編成」されていたとし、江戸時代に知識人層によって自らが風景を発見する「好奇のまなざし」が生まれ、明治時代の後期に入り、志賀重昂の『日本風景論』にみられるような「科学のまなざし」によって自然景を捉えるようになっていたとしている。また、小泉［2002］も、江戸時代の前期においては、日本三景などのように海景を名勝としていたものが、後期において、「山が美しいもの、素晴らしいものとみなさ」れるようになり、明治期後半から「文学や歴史に登場する名所旧跡を重んずるようなものから、（中略）自然の風景そのものを素晴らしいとみなす風景観に変わ」ったとしている。

これらの議論をガイドブックの熊野地方の記述にあてはめるならば、明治三十年代半ばまで、西田の述べる文芸のまなざしと奇勝のまなざしは、区別されずに、両者とも先人の残した文学として、その中で記述された風景が選択され、それらを引用する形で風景の価値が提示されていたということができるだろう。このように考えるならば、熊野川において、瀞峡とその下流の九里八丁がどちらを掲載するかというレベルでばらつきがあることも理解できる。なぜなら、瀞峡が賞賛されるようになったのは、「藤沢南岳の『探奇勝録《ママ》による』とされるので、1886年以降であると考えられる、地方の出版社から出された『紀伊国旅の友』やその『和歌山名所案内及附近名所』の編者にはその情報が十分には行き渡っていなかったのではないかと考えられるからである。それが、明治30年代の半ば以降、小泉の述べる「自然の風景そのものを素晴らしいとみなす風景観」が広がることにより、「雄大さ」が大きな基準となり、ガイドブックの選択、――どの対象を選択するかというレベルではなく、どの対象に大きなスペースを割くかというレベルで――が変動したと見ることができるだろう。

そして、この「科学のまなざし」は大正期以降、「動物、植物及び地質鉱物で我が国にとって学術上価値の高いもの」を保護する史蹟名勝天然紀念物保存法が1919年に成立し、その選定方針に「我が国の代表的な自然の大風景地」であることと「社寺、史蹟、天然記念物等に豊富なこと」が含まれる国立公園法が、1931年に成立したように国家によって公認される。そして、国家にオーセンティシティが付与されたことそれ自体と、それがメディアを通して広められたことにより、より多くの人を引きつける観光のまなざしとして変換されていったと言えるだろう。

学術的価値の高いものを保護する天然記念物の指定だけではなく、国立公園の選定においても、その調査は、「理学系の学者が担当」〔黒田・小野2004〕し、「原始的なスケールの大きい山岳風景」〔田中1981〕が選ばれることになった。その中で、熊野地方は、「日本は世界屈指の火山國であるが故に、國立公園中全然関係を有しないものは、僅かに吉野及び熊野國立公園あるのみである」〔綱島1933〕として、唯一の水成岩主体の風景地である「吉野・熊野国立公園」となった。

吉野・熊野国立公園は、例えば、

「陽光に滿ちた樂園　大和アルプスと紀南の祕境瀞八丁」

大げさに云へば冬のない國、この紀伊半島南端の地の自然は、多角的な日本の風景の中で、あの瀬戸内海などと共に最も和やかな一面を代表したものと云へる。一歩陸地を離れゝば、命知らずの船乗さへ恐れる暗礁と怒濤に名高い熊野灘だが、その潮流のお陰を蒙つた紀南の地は北側を山地に圍まれて、自然の温室をなして居る（『アサヒグラフ臨時増刊　國立公園號』朝日新聞社、1932年）

と紹介されるように、その気候について、「潮流のお陰」と科学的な説明を加えられ、温暖さが強調された。そして、この『アサヒグラフ』で吉野・熊野国立公園のなかで、具体的に取り上げられた対象は、大峰山と大台ヶ原・瀞峡・勝浦海岸の４つであり、那智の滝は取り上げられなかった。熊野地方で取り上げられた瀞峡と勝浦海岸がどのように描写されたというと、瀞峡は、

何故この瀞峡のやうな、深淵がこゝに出来たかといふと、まづ第一がこの流域の地質が硬いためだ。殊に中世層層の地域は堅くて水の浸食少く、曲折が多い、第二はこの地方の降雨量の豊富なこと何しろ、年六〇〇〇《ママ》粁を越えるといふ雨のため。第三は地盤の隆起のため河底の浸食が旺盛になつたこと。そしてこの深淵に、南國の森林がよく繁茂するため水ます（ます）碧い幽境が出来上がつたわけだ

と、地質学的な地形の由来がその描写の中心となっている。一方、勝浦海岸も、

日本三景の古典的な松島を思ひ出させると同時に、海近く温泉が湧き出て居るのだから大したものである。勝浦港の紀の松島など土地の陥没と海波の浸食で盆景のやうな島々がぽつかりと浮かんで居りしかもその島に温泉が湧くあたりのどやかな眺めである

というように、やはり、地質学的な説明が加えられている。

その国立公園の指定と前後して、熊野地方の天然記念物指定も進んだのであるが、瀞峡の下流部、瀞八丁が、1928年に天然記念物と名勝の指定を受けたのに対し、那智においては、滝ではなく、その背後の那智原始林が天然記念物の指定となった。

そして、国立公園指定以降の、ガイドブックは、1937（昭和12）年、大阪鐵道局運輸部旅客課が発行した『熊野めぐり』でも、翌年、日本旅行協會が発行した、『紀伊・熊野地方』でも、表紙は瀞峡が飾り、また、本文内で掲載された写真でも、『熊野めぐり』では、瀞峡が見開き2ページであり、那智の滝は1ページ弱の大きさであり、『紀伊・熊野地方』では、那智の滝は青岸渡寺の境内の遠景として掲載されるのみである。

また、文章部分については『熊野めぐり』では、那智の滝は7行に対し、瀞峡は21行が使われている。そして、『紀伊・熊野地方』では、那智の滝は32行。瀞峡は48行に渡る文章と渓谷内の岩の名前を記した地図が掲載されている。

このように国立公園制度の成立期においては、明治期に熊野地方の中心的な観光対象として取り上げられていた那智の滝が後退し、瀞峡が熊野地方の代表的な風景地として取り上げられるようになった。そして、その記述も、『新撰名勝地誌』を引き継ぎ、瀞峡については、「この峡谷の成因は太古こゝに一大瀑布があつて浸食作用によつて漸次後退した瀧壺の遺跡であらうと云はれてゐる」(『熊野めぐり』大阪鐵道局運輸部旅客課、1937)というように、地質学的な説明がまず冒頭に加えられている。そして、那智の滝についても、

一ノ瀧は普通一般に那智の瀧としてしられてゐる所で、那智川の上流海抜三百米の絶壁に懸り、幅廣き流紋岩の岩壁を斫つて直下すること凡そ一三〇米、幅十三米(瀧壺の深さ二米)で、古來扶桑第一の瀧と稱せられ、晴天の比は遠く海上より望見し得ると云ふ。然し近年、上流國有林の伐材により水量は昔時に比し著くし減じたと云はれ、(中略)華嚴の壯絶極りなきに比し寧ろ女性的に感ぜられる(『紀伊・熊野地方』日本旅行協會、1938年)

というように、岩石の種類の記述と華厳の滝のような壮絶さはなく女性的であるという評価を受け継ぎ、その原因として、上流部の森林の伐採が上げられている。

おわりに

これらの熊野地方に対するガイドブックの、選択と記述の変化をみてみると、明治期においては「文学的価値」に支えられた伝統の中の場所が選択されており、その中では、那智の滝に注目が集まったと考えられる。その滝は、言い習わされてきた高さである「八十四丈」とされ、先人の描写を引用し、「此の記善く那智の瀑布の景致を盡せり」とする

ように、先行する文学によってどのように表現されてきたかがその解釈の中心となっている。

そして、大正期から、天然記念物や、国立公園が制度として成立していった時期には、自然科学的価値に支えられた地質学的な岩の造形美に注目が集まったといえるだろう。この時期には、「浸食作用によって漸次後退した遺跡」である瀞峡が風光優絶として、「ぜひ見たい」場所であり、那智の滝も、実際に高さを計測し、文学的描写よりも前に、岩の種類が紹介されていた。

もちろん、文学的描写の記述が、大正・昭和期においてガイドブックから消え去ったわけではない。例えば、日本旅行協會の『紀伊・熊野地方』の瀞峡の記述は、

明治の文豪田山花袋先生は「瀞八丁は私の見た渓谷の中で最も優れたものであつた」と紀行文に書かれ俳井泉水先生も「瀞の月を見てゐると、あらゆるもの、感情がすーっと蘇つて來やうだ」と賛美され、畫家の方々には日本畫、洋畫の區べつなく、いづれも絶賛の言葉を戴いて居ります

という、瀞峡の「プロペラ船案内嬢の説明」をそのまま紹介しているように、風景を賛美するにおいて勝れた文学作品や、小説家の文章の引用は、引き続きおこなわれている。

しかし、それらの記述の前に、自然科学的説明が加えられているということとともに、限られたスペースであるガイドブックの中で、どの対象にどれだけのスペースを与えるかというレベルにおいて、すでに、自然科学的な価値による選択が働いていると考えられる。

以上のことをふまえるならば、「社会的に構造化され組織化されている」観光のまなざしは、近代国家の成立という社会変動の中で成立し、その変動の中で変容していったと言えるだろう。そして、その変容を捉えるときに、ガイドブックによる観光対象の選択と記述は有効な指標となる。

参考文献

〈邦文献〉

遠藤英樹［２００４］「観光空間・知覚・メディアをめぐる新たな社会理論への転回」、遠藤英樹・堀野正人編『「観光のまなざし」の転回――越境する観光学』春風社。

加太宏邦［２００８］「観光概念の再構成」『社会志林』（法政大学）、54（4）。

黒田乃生・小野良平［２００４］「明治末から昭和初期における史跡名勝天然紀念物保存にみる『風景』の位置づけの変遷」『ランドスケープ研究』67（5）。

小泉武栄［２００２］「日本人の風景観と美的感覚の変遷――万葉時代から現代まで」『東京学芸大学紀要３部門』53。

五味信［２０００］「書を持て、旅に出よう――明治三〇年代の旅と〈ガイドブック〉〈紀行文〉」『日本近代日本文学』63。

里居真一・羽生冬佳・十代田朗・津々見崇［２００３］「明治中期に刊行された外国人向け英文観光ガイドブックの記述内容の特徴」『ランドスケープ研究』66（5）。

田中正大［１９８１］『日本の自然公園　自然保護と風景保護』相模選書

綱島定治編［１９３３］『日本の国立公園』日本国立公園図書刊行会。

西田正憲［２００４］「自然観光における観光のまなざしの生成と発展」『「観光のまなざしの」展開』春風社。

橋本和也［１９９９］『観光人類学の戦略　文化の売り方・売られ方』世界思想社。

〈欧文献〉

Bhattacharyya, D. P. [1997] "Mediating India：An analysis of a guidebook," *Annals of Tourism Research*, 24（2）.

Boorstin, D. J. [1962] *The Image*, New York：Atheneum（星野郁美・後藤和彦訳『幻影の時代　マスコミが製造する事実』東京創元社、１９６４年）.

Cohen, E. [1972] "Towards A Sociology of International Tourism," *Social Research*, 39.

――― [1985] "The Tourist Guide：The Origins, Structure and Dynamics of a Role," *Annals of Tourism Research*, 12（1）.

Smith, V. L. ed, [1989] Hosts and Guests：The Anthropology of Tourism, 2nd ed., Philadelphea：The University of Pennsylvania Press

（三村浩史監訳『観光・リゾート開発の人類学――ホスト&ゲスト論でみる地域文化の対応』勁草書房、１９９２年）.
Urry, J. [1990] The Tourist Gaze: Leisure and Travel in Contemporary Societies, Lodon: Sage（加太宏邦訳『観光のまなざし――現代社会におけるレジャーと旅行』法政大学出版局、１９９５年）.

（寺田憲弘）

第3章　濫伐される熊野
――繁栄と災害のパラドックス――

はじめに

江戸幕府は、「天竜川流域・大和・飛騨を領有し、木曽・紀伊・常陸北部を御三家に与えた」が、そこには、「他に軍事上または政治上の理由はあったにしても、森林政策の意味を含んでいたことは否定できない」〔萩田 1982：337〕。すなわち、「徳川氏が紀伊にその親藩をおいたことの一因は、紀州木材の統制にあった」〔新宮市史編さん委員会 1972：228〕のである。熊野の歴史を語ろうとするならば、「木材」そして林業について語らなければまったく無意味でさえある。紀州は「木の国」なのである。

林業は、日本に限らず長きにわたって基幹産業中の基幹産業であり続けた。林業は近現代における鉄や石油に匹敵する重要産業であった。そうであるからと言って、その基幹産業によって支えられてきた熊野が、それゆえに安定していたと言うわけではない。国内外から移輸入される木材との競合は激しく、熊野の林業は浮き沈みを繰り返してきた。

明治以後、強力な中央政府が生まれることによって、その影響は社会の隅々にまで及ぶようになり、熊野も木材生産地域へと機能特化していく。それは、熊野川流域の濫伐を招き、1889年の紀伊半島大水害を生み出すことになる。熊野川上流の十津川村では、被災規模のあまりの大きさに村人の一部は村を捨て、北海道への移住を余儀なくされる。

この北海道移住も、国家による北海道という未開の地の開発へと水路づけられたものであった。

1　近世熊野における林業の発展と水害

（1）幕藩体制下の森林政策

古代・中世においても都や寺社の造営などによって森林の荒廃は進んだが、近世においては、安土・桃山時代や江戸初期における築城ラッシュなどによってやはり森林の荒廃が進み、17世紀前半には水害が頻発するようになる。たとえば、淀川水系の水害は、「推古帝時代から大正までの約1300年間に250件を数え、淀川本川だけでも135件が分かっている。ことに江戸時代の元和4年から万治3年前の約45年間に14回もあった」［辻田 1978］。江戸初期に水害が頻発したのである。

そこで幕府は「山川の掟」（1666年）を発布し治山に努めるが、18世紀末の「安永・天明の頃から山林保護の取締りは緩み、そのうえ幕府晩年から明治維新にかけて国内騒擾し、山林保護の取締りがますます緩んだ結果、山林の乱伐による崩壊が絶えず、山野ははなはだしく荒廃してしまった」[1]という。

紀州藩の山林保護政策は、他の藩の山林政策と同様に、留山・留木制度をその基本としていたが、その山林保護政策は、まさに「周到」［新宮市史編さん委員会 1972：229］であった。「奥熊野山林相応の御定書」（1636年）は、その「ほとんどが留林・留山・留木に関する条項」であるが、たとえば、「みだりに山焼きすることを禁じ」、山焼きに際しては、「庄屋・肝煎・小百姓立会い」で、「その指図を受けて焼く」ようにすること、また「楠・栢・槻の三木は大小を問わずたとい枯木でもいっさい伐り出してはならぬ。また、杉・桧・松の立木も目通り七、八尺廻り以上は伐採してはならぬ」などと厳格に定められていた［新宮市史編さん委員会 1972：229］。

しかし、山村民にとっては山の利用は不可欠であり、「山川藪沢之利公私共之」の律令制の遺制と彼らの林野利用の慣習とは、厳重な取締りのもとにおいてもなお続けられた。山林保護制度は農民の慣習との間に矛盾をはらみ、現実の必要性から「緩和の策をとらざるを得なかった」[薹田 1982：344]。

これら制度の緩和に拍車をかけたのが商業の発達である。しかし、熊野地方では、「土地が険阻なため産物の売出しに困難をきたし、商人の独占する」ところとなり利益は収奪された。そこで、藩では救済策として「御仕入方役所」という専売制度を設けた。これにともなって「林業は原始産業から生殖産業へ」と向かい、積極的な植林造林も行なわれるようになった[薹田 1982：345]。

このような林産業の発達は、おのずから木材問屋、運送問屋などの発達をうながし、林産物はもっぱら川を利用し、流木筏流によって新宮におろされた。そのため新宮は集散地として発達したが、民衆の「山林の利用の欲求はかりたてられ、濫伐がつづくという悪循環」が続いた[薹田 1982：350]。

(2)　江戸取引による新宮の繁栄と水害規模の拡大

新宮出身の詩人佐藤春夫が「山青し、海青し、空青し」と唱ったように、熊野は、山と海に恵まれ、海は舟運によって江戸と繋がり、山から得られる豊富な森林資源は江戸へと出荷されていった。しかもその繋がりは、「明暦13年(1657)の大火が契機となった」[新宮市史編さん委員会 1972：233]という。江戸はその火事の多さで有名であるが、大火の度ごとに新宮から多くの木材が搬出され、紀州材の中でも新宮材は、「江戸市場に不動の地位」を築いたという[新宮市史編さん委員会 1972：233]。

たしかに新宮は熊野川上流から筏で運ばれてくる木材の集積地として繁栄した。しかし、その繁栄とは裏腹に熊野の山は荒廃していった。その荒廃の結果が、熊野川流域における19世紀前半の水害の多発である。「本宮町域では(天文十年1541)の水害後、江戸時代末までに起こったことがはっきりしている記録だけでも10回ぐらいの水害があった」[本宮町史編纂委員会編 2000：549—51]という。

水害は、1815年、1816年、1829年、1836年、1848年、1850年、そして1852年と幕末期に増加しているが、その度ごとに熊野川中流域に立地する熊野本宮大社の被害は深刻なものになり、堤防が流され、本殿も辛うじて流出を免れるといった状態になる。そして、1848年の水害の後、実現はしなかったが、社家たちの評議において社地の山手への移転も検討されている。

2　林業への機能特化と紀伊半島大水害

(1)　明治初期の濫伐

明治政府は、1873年に「官林払下の令」を出し、これまで官林として伐木を禁じられていた山林は、すべて入札で払い下げる方法がとられ、落札した山は自由勝手に処分することができるようになった。和歌山県も1874年に「六木の禁」を解くことになる［新宮市史編さん委員会 1972：405］。

東京との取引は、維新後の混乱で多くの木材問屋が離散していたところに、新宮藩最後の藩主である水野忠幹が木材問屋を東京で開業し（1869年）、新宮材をもっぱら販売したことによって、西南の役後の好況下、新宮材は東京市場で優位な地位を占めることになる。しかし、全国的な鉄道網の整備によって安価な東北材が東京市場に流入するようになり、日清戦争（1894〜1895年）後、新宮材は新たな市場を台湾や阪神地区に求めることになる［新宮市史編さん委員会 1972：409―410］。

こうして明治初期の熊野の山々は、官林払い下げにともなう濫伐と東京市場との取引の拡大によって荒廃していくことになる。そして、1889年8月に紀伊半島一帯を襲った台風による豪雨は、奈良県南部と和歌山県を中心に大水害を発生させた（紀伊半島大水害）。なお、この水害は「十津川大水害」と呼ばれることも多いが、その被害は幅広く紀伊半島全域に及んでいる。

官林払い下げにともなう濫伐は、熊野に限ったことではなく全国で起こった。明治期の三大水害と呼ばれる水害は、「明治29（1896）年、40（1907）年、43（1910）年に発生」している。1896年の水害は、「水害被害額／国民所得」が「史上最高の11・4％を記録」〔末次 2018：77〕している。『水害統計』によれば、明治期の水害のピークは、1890年代であり、1896年の水害はまさにそのピークで起こった水害ということになる。これに対して、紀伊半島大水害（1889年）は、それよりも数年早く起こっている。この差だけをもって熊野における明治初期の濫伐が特に酷いものであったとは言えないであろうが、熊野における濫伐が官林払い下げだけではなく、東京取引が加わったことによって増幅されていった可能性は否定はできない。

（2）　熊野本宮大社の被災

熊野本宮大社は、元々は十津川（熊野川支流）・音無川が合流する「大斎原（おおゆのはら）」と呼ばれる中州に上四社・中四社・下四社があったが、上四社を残し他はすべてが流失してしまった。水害後、残された上四社を現在の社地である小高い山の上へと移転することになった。

1848年の大水害では、先にも述べたように、「社家の一同からも、『近年来のように年々危きことに出合うようでは、もはや御宮は、おそれながら山手の方へ御場所替えを願い奉るべき哉』と移転の意見」が出ていたが、「往古から熊野川・音無川の中洲にあって」、「『万代』を経てきている」のであるからいまさら遷座もできないとの結論になっていたが、その危惧が現実のものとなってしまったのである〔本宮町史編纂委員会編 2001：690〕。

ここで注目すべきことは、この遷宮の費用に関しては、熊野本宮大社が官幣大社となっていたことから「国費」が「当時の金額で一万二千一百万円」〔和歌山県立文書館 2003：6〕充てられたことである。工事の完了は1891年で約2年で移転作業を終えている。これは幕末期の水害からの復旧が遅々として進まなかったのに比べて、まさに速やかな移転であった。明治政府による国家神道化への歩みがそれを可能にしたのである。

3　十津川村民の北海道移住と国内植民地

熊野川上流域の十津川村周辺での1889年災害の状況を見てみよう。「崩壊箇所の大きさが縦横それぞれ50間（90m）以上の土砂災害が1147件発生し、245名が犠牲」になり、また、「大規模な崩壊により天然ダムが53箇所」できている。たとえば「小川新湖はダム湖の長さ4㎞、湛水量約4000万㎥に達し、そのダムを作った崩壊の規模は、縦横それぞれ約1600m×約650m」という巨大なものであり、その崩壊が水害被害を著しく増幅させている。また、「地形図で確認できた天然ダム27箇所の形成要因となった大規模崩壊の原地形等から推定した土砂の総量は約2億㎥である」という［牧原 2012：11］。

このあまりの壊滅的な災害規模ゆえに生活の基盤を失った十津川の人びとは、およそ2600人で北海道滝川近郊のトック原野へと移住している。この移住は、「明治期において非常に大規模な移動であること」に加え、「移住先である北海道の原野への『植民』」が「1886（明治19）年の北海道庁の設置以降にすすんだアメリカ合衆国の『植民』の学知を受容するなかで実施された実験的なケース」［番匠 2017：117］でもあったという点において注目に値する。

「明治20年代は、日本人移民論」が大きく盛り上がり、「海外移民論と北海道への国内移民論の大きく分けて二つの潮流があった」［番匠 2017：120］という。「十津川村内でもハワイや北海道などが移住先として議論」されたが、結局、「東京在住の十津川出身者の働きかけもあり十津川村の移住先は北海道」［番匠 2017：120］となった。

明治維新以後の市場経済の急速な発展に伴って、木材需要は増大し、熊野川流域の山々からは大量の木材が伐り出された。木材の集積地となった新宮市は繁栄を極めるが、一方では、明治末期には「もはや伐り出す木もない」と言われるほどに濫伐が進み、熊野川流域は水害常襲地帯となっていった。流域全体が災害に対して脆弱な〈災害弱者〉となったのである。

江戸期には、各藩がそれぞれに持続可能性を配慮しながら木材生産をおこなっていたが、明治期以降に強力な中央政府が生まれると、熊野地方がまさにそうであったように、豊かな森林資源を擁する地方は、いわば「国内植民地化」されることになり、収奪的な木材生産＝濫伐がおこなわれたのである。

明治以降、熊野川流域は、林業（伐採林業）地帯へと機能特化し濫伐が進んだ。すでに江戸後期に林業の商業化で進んでいた濫伐に明治以降の濫伐がとどめを刺す形で大水害が発生したのである。

「国内植民地」という概念は、通常は、「一国内の文化的民族的特異性を持つ周辺地域が中央に対して植民地的状況に置かれていること」［西川 2006］を指す概念として使われる。たとえば、日本の場合ならば沖縄（琉球人）や北海道（アイヌ民族）が典型的な「国内植民地」ということになる。しかし、一つの国家内部には、そうした民族や人種の違いゆえに国内植民地に貶められている地域ではないにもかかわらず、「中心」の大都市に対して「周辺」に置かれているというだけで国内植民地として位置づけられる地域もある。不況時には雇用調整機能を担わされ、現在では過疎に苦しんでいる農山漁村はそうした地域である。国内植民地概念が、「世界的規模での中枢部・周辺部関係を、一国の先進地域と後進地域との関係へと転用することで成立している」［山崎 1982］ことを考えれば、そうした概念の拡張は妥当なものであると言えよう。そして、本章が国内植民地として主に念頭に置いているのも後者の国内植民地である。

先に十津川大水害は、十津川流域が伐採林業地帯へと機能特化するという形で「国内植民地」化されたと述べたが、十津川村民の北海道移住は、北海道という未開拓の地を「国内植民地」化させる先鞭ともなったといえよう。

おわりに

ナショナリゼーション（均質化・全国規模化・国内地域分業）は、近世において、政治面ではかなり限定的であった（限定的ナショナリゼーション）が、経済面でかなり進展していた。しかし、明治維新以後の中央集権化によって政治面でのナショナリゼーションが進展することによってナショナリゼーションは決定的なものになる（政治・経済・文化などの全面的ナショナリゼーション）。

この全面的ナショナリゼーションが、一方では、全国的にも濫伐を引き起こし、熊野においてはその東京取引の伸長によって木材集積地の新宮に繁栄をもたらすと同時に、濫伐が増幅され大規模な水害を引き起こしたが、他方では、「国有化」された熊野本宮大社の再建を早め、十津川被災者の北海道移住をも可能にしたのである。

なお、ここで注意しておきたいのは、熊野では江戸時代にも林業への機能特化（国内地域分業）が見られたが、幕藩体制下の各藩が自給自足経済をその基本としていたことによって林業への完全なるモノカルチャー化（単一商品生産への特化）は起こらなかったという点である。それが、近代以降では、全国市場の発展によって多くの地域がモノカルチャー化へと進み、またグローバリゼーションの時代である現代では、産業の空洞化地域が生まれることになっているのである。そして、熊野もその例外とはならなかったのである。

注

（1）東京大学大学院情報学環・学際情報学府廣井研究室「土砂災害と防災対策――法律・制度の変遷」（www.hiroi.iii.u-tokyo.ac.jp/index-genzai_no_sigoto-dosha_saigai-sabo-horitu-seido-hensen-pdf　2012年2月22日閲覧）。

参考文献

莖田佳壽［1982］「紀伊の林制と山林生活」『熊野〈増補新版〉』原書房。

新宮市史編さん委員会［1972］『新宮市史』新宮市役所。

末次忠司［2018］「明治時代の水管理技術」『水利科学』359。

辻田啓志［1978］『水争い』講談社。

西川長夫［2006］『〈新〉植民地主義論――グローバル化時代の植民地主義を問う』平凡社。

番匠健一［2017］「災害難民とコロニアリズムの交錯——十津川村の北海道移住の記憶と語り」『立命館言語文化研究』29（2）。

本宮町史編纂委員会編［2000］『本宮町史』第3巻（通史編2：近世）。

——［2001］『本宮町史』第3巻（通史編3：近現代）。

牧原康隆［2012］「平成23年台風第12号と1889年（明治22年）十津川災害」『天気』59。

和歌山県立文書館［2003］「明治22年8月大洪水と熊野本宮大社」『和歌山県立文書館だより』12。

山崎カヲル［1982］「国内植民地概念について」『インパクション——特集・独立をめざす国内植民地・沖縄』17。


（田中　滋）

第4章　電源開発と熊野の変貌
――ナショナリゼーションから省有化へ――

はじめに

戦前・戦後の熊野において忘れてはならないのが、熊野川の電源開発がもたらした地域社会の変貌である。熊野川はその豊富な水量と大きな落差ゆえに電源開発に適した河川であり、戦後の河川総合開発事業（全国15～16地点）の中でも「關東の只見川と關西の熊野川」が当初から「東西の兩横綱として斷然、群を抜」いていたという［熊野川總合開發期成同盟會 1951］。

戦前においても、熊野川支流の北山川ではいくつかの電源開発計画があった。しかし、それらの計画のいくつかは、地元の強力な反対に出会い中止に追いやられている。しかも、それらは現在のダムに比べればはるかに小規模なものである。それにもかかわらず、なぜ戦後には地元の人々の生活基盤となっていたはずの河川を死に追いやるような大規模なダム開発が地元に受け入れられていったのか。

こうした状況は、熊野川に限らず戦後の日本各地の河川で見られた。現在、日本には高さ15メートル以上のいわゆる「ダム」と呼ばれる構造物が2700近く存在している。自然環境保護が盛んに言われる現在、各地のダム反対運動がマスメディアにおいてしばしば採り上げられ、ダム反対運動が多数存在しているとの印象をもつ人もあろうが、その数は２７００という数字の前ではあまりにも少数であることが分かる。

本章は、戦前には存在した河川開発に対する強力な反対運動が、なぜ戦後には多くの場合衰退していったのかを、戦時体制下でのナショナリゼーションの深化と戦後のナショナリズムの、未来を語るナショナリズムへの変容の考察を通して明らかにすることを目的とする。

1　野心的企業家たちと水力発電事業

明治末期から大正期は、日清、日露戦争、そして第一次世界大戦を契機として日本の重化学工業化が急速に進展した時期である。この時期には、浅野総一郎、福沢桃介、小林一三などといった野心的企業家が輩出し、彼らは産業分野を軽々と乗り越えてみずからの事業を拡大していった。そして、彼らの多くが手掛けたのが水力発電事業であった。日露戦争後の急速な資本主義化によって電力需要が増大し、１９１１年の電気事業法の制定を契機として、水力発電事業は急速な発展を示すこととなる［建設省河川局 １９６３］。その後、第一次世界大戦後の企業統廃合、市場拡大競争を経て、五大電力会社（東京電燈、東邦電力、大同電力、日本電力、宇治川電気）」が形成されていく。立志伝中の彼らは、まさにこの激しい市場競争を生き抜いていった人物たちである。

東京電力（１９２５年設立）の創始者の一人でもある浅野総一郎は、１９１９年に庄川水力発電会社を設立し、富山県を流れる庄川に当時東洋一といわれた発電用ダム（小牧ダム）の建設に取り掛かっている。このダム建設事業と激しく衝突したのが地元の伐採林業者であった。ダム建設によって庄川での流筏が不可能となり、林業で成り立っていた流域の地域社会が危機的状況に追いやられることになるからである。そこで、当時日本有数の木材会社の一つとなっていた飛州木材が中心となり、流筏関係者ばかりか地元市町村をも巻き込んでダム建設事業に対する激しい反対運動が展開された。

庄川流木事件は、電源開発事業と伐採林業とが対立した典型的な事例であるが、ほぼ同じ構図の対立が熊野川流域においても見られた。しかし、その経過は庄川流木事件と比べてはるかに複雑なものであった。村串仁三郎は、北山川（熊野川支流）における戦前・戦後の電源開発問題の複雑さの原因について論じている。すなわち、開発計画の対象区域が、「3県にまたがり、開発地点が2市3町1村に分散し、また吉野熊野国立公園の内外にわかれ、開発地点および北山川の上流・下流の地域間の利害が著しく錯綜していた」ことによって、補償問題も複雑化し、なおかつ「電源開発会社の計画案自体が実に多様に変化してきた」［村串 2010：480］こと、すなわち複数の私企業が電源開発に関与し、それぞれに計画案をもっていたことによって問題の解決が長引いたというのである。

反対の理由となっていたのは、流筏が不可能となることがやはり最大のものであるが、他に、鮎漁ができなくなることや瀞峡などの景勝地が水没してしまうことが挙げられる［高嶋 1989：84］。しかし、和歌山県が反対していた理由は、三重県側に発電所が設置された場合、北山川水系の水が下流に流れなくなり、流筏や舟運に支障を来すこととともに、電源開発による新宮地域の発展を不利にするという点にあった。それゆえに、和歌山県は、戦後の電源開発においては熊野川本流でのダム建設を構想し、すべてのダムに反対というわけではなかった。こうした和歌山県と三重県との対立が大きな要因としてあり、北山川水系での電源開発は複雑化し、長期化したのである［高嶋 1989：84］。

2　利水競合問題と戦時体制下の「河水統制の思想」

庄川流木事件や北山川での事例はその代表的なものであるが、大正、昭和初期は、河川におけるいわゆる「利水競合」問題が次々と社会問題化していった時代である。発電のための取水（水路式発電）や貯溜（ダム式発電）が、潅漑（農業）水利、漁業、あるいは流筏といった伝統的な利水と競合することになったのである。このような利水主体相互間の競合は、治水に重点をおいて制定されていた旧河川法（1893年）に修正を迫ることになる。利水に関係する各省庁は、それぞれに法案（1919年内務省「水利法案」、農商務省「農業水利法案」、1935年逓信省「発電水力法案」）を提示するのであるが、いずれも日の目を見ないままに終わっている。

各省庁がそれぞれに提出した法案は、他省庁に受け入れ可能な法案を作成して協議するという意図をほとんどもたず、むしろ他省庁の法案を潰すことを目的としていたといってもいい［森 1990：321―25］。そうであるならば、いずれの法案も日の目を見ることがなかったのは当然であろう。組織の自己保存を目指したセクショナリズムだけがここにある。

こうした利水競合問題を解決するために1920年代に登場したのが、「河水統制の思想」である。河水統制の思想とは、「河川の流量を水系一貫の立場から効率的・有機的に調整し、もって治水、利水に総合的効果を発揮しようとするもの」［建設省河川局 1963］であり、具体的には「多目的ダム」建設によって従来からの治水問題と利水競合問題の双方を解決しようとしたものである。

この思想の下、1931年以降の戦時体制の始まりに伴って、「所管争いはやめて、河川の共同利用を考えた方がよい」ということになり、「河水統制事業」が1937年に「企画院の立案」の下、「各省寄り合い」［辻田 1978：125］で出発することになる。

そして、戦時中には、国策会社である日本発送電株式会社によって河水統制事業が遂行されることになり、多くのダム建設が計画され、その幾つかのものは建設が着手されたが、戦時体制の拡大によって、多くのものは中断を余儀なくされた。

しかし、中断したとは言え、この河水統制事業は、戦後の河川開発事業の展開に大きな影響を及ぼした。それは、「戦時体制」という大きな力によって、利水主体相互間の競合という厄介な問題が、その一部であるとは言え、いわば強引に解決されたという側面があるからである。たとえば、水力発電施設建設に伴う流筏に対する補償問題である。以前の民間の電力会社による補償と比べ、国策会社（日本発送電）によるそれは、流筏業者にとって非常に厳しいものであったという［静岡地理教育研究会 1989］。戦争遂行のための電力供給の至上命題化が、既存の社会秩序を変化させる大きな力となったのである。

戦時体制は、伝統的な弱小利水者（漁業、流筏等）を「排除」するという形で、厄介な利水競合問題を縮減・単純化するという機能を果したのである。調停・調整ではなく排除によって、利水競合問題が解決ではなく縮減されたことは、注目に値する。

戦時の総力戦体制の下、官僚たちは、戦争遂行のための「社会の機能主義的再編成」［山之内 1995］を計画的におこなおうとした、機能分化・機能分担のシステムを計画的に作り上げようとしたのである。しかし、機能分化・機能分担させられた組織単位が現実に機能するためには需要―供給を調整する市場経済メカニズムが働かねばならない。いかに価格統制などをおこなっても、当然のことながらその市場調整メカニズムそのものを国家統制の下で計画的におこなうことなどはできない。それが彼らの根本的な失敗なのである。

彼らの生産力拡充計画や物資動員計画は滞ることとなる。戦前から木材業を営み、戦後奈良県下北山村の村長となった三尾真一は、戦時統制経済の欠陥について次のように述べている。

「何しろ当時の政府や軍のやり方はなっていなかった。七里浜の松をきってくさらせときながら、北山へは〈出せ、出せ〉と督促してくるのだから、まるでお話にならない。山主に伐採命令を出せば話が早いのに、材木商ばかりにいうてくる。戦線ばかりひろげてあとの生産がついていかず、結局戦争に負けてしまったが、ちょうどそれと同じことを、材木についてもやっていたわけだ」［木村 1973：658］。

3 「自由な公共空間」の形成
――専門職者たちの未来と「夢」――

戦後混乱期は、政治制度、市場経済システム、学校制度、そしてまた人びとの日常生活など、これらすべてがまさにさまざまな意味において混乱した時代である。しかし、本章にとって注目すべきことは、戦時体制下で巨大化した国家権力の崩壊とそれによる権力の空白の発生である。

雨宮昭一は、山之内靖等と共に、戦前・戦中と戦後との間に決定的な断絶をみる立場ではなく、戦中と戦後との間の連続性に注目し「総力戦体制」の延長線上に現代社会を理解しようとする立場に立っている。

その雨宮は、１９５０年代という時代を、ＧＨＱが「電力、重工業、化学工業、精密機械工業などのように直ちに軍事産業に転換が可能な産業に対しては抑制政策をとっていた」ことがまだその影響を及ぼしていた時代であったと考えている。すなわち、「占領政策、特に初期占領政策」が、「工業化を進展させることなく〝強力な中間層を増加させ、安定した社会をつくる〟との方針で、それが財閥解体や農地改革として行われ」、その結果として「小作農の自作農への転化や、中小企業の復権として、すなわち中間層でも、そのなかの旧中間層の増大」〔雨宮 １９９５：２６０〕が生み出された時代であると考えている。

雨宮は、この「１９５０年代の数年間の時期」を「啓蒙権力としての占領が存在せず、かつ基本的人権を保障した民主主義の制度が存在し、かつ国家や資本から自立した多様な空間―多様なコミュニティーが存在する、近現代日本において以前にも以後にもなかった、固有な社会」、すなわち「多元的で分権的な社会」〔雨宮 １９９５：２６０〕が存在した時代であると考えている。

われわれは、雨宮のこの見解に同意すると共に、この権力の空白が１９５０年代前後の時期に知識人や専門職者たちにどのような影響を及ぼしたのかを検討してみることとする。

一つには、知識人や専門職者たちがまさに誰にはばかることもなく発言できる自由な空間が発生したことである。それを象徴するのが「戦後民主主義」である。戦前、天皇は国家神道体制の頂点に立つ「生き神」であった。天皇は生き神として日本の神話的世界との媒介者の地位にあることによってその神聖性を担保されていた。それがどのようなものであれ、宗教はみずからの神聖世界を作り大なり小なり未来をも独占しようとする。天皇を頂点とする国家神道もそうであり、「国体」の思想がそれを体現していたとも言えよう。そこでは、どのような分野の専門職者であれ、みずからの専門性にもとづいて未来を語ることは時として危険な行為となりえた。何が問題視されるかが不確定であるからである。戦後は、その国家神道という箍《たが》がまさに外れたのである。

専門職者たちはそれぞれの専門性にもとづいて未来を語り始めた。それは巨大な佐久間ダムが短期間のうちに完成されたことに象徴されるような近代科学や近代技術力の神話化（科学信仰）と相携えてのものであった。未来学の戦後における流行はそうした背景を持っている。手塚治虫の描いた2003年のロボット物語『鉄腕アトム』の世界が1950年代に子どもばかりか大人の心をも捉えたのはその事例である。日本の明るい未来を熱く語るナショナリズムをここに見出すことができる。

熊野川を舞台としたダムに関する「夢」を紹介しておこう。戦後まもない1947年、紀伊半島の熊野川を舞台として壮大なダム建設構想が石井頴一郎の手によって提示された［石井 1947］。この熊野ダム構想はまことに壮大なものである。熊野川河口（新宮市）から10㎞ほど遡った地点（旧熊野川町小鹿）に世界一のフーバーダムに次ぐ規模のダムを造り、70万キロワットの電力（最大）を起こそうというものである。ダム湖の面積は琵琶湖の約四分の一、貯水量は琵琶湖に匹敵する規模である。

石井の構想では、熊野ダムによって、「古來『出水さえなきや倉が建つ』と唄われたほど、毎年の出水に悩まされたその出水が電気に變じて損失から利益に轉じる」［石井 1947：17］、すなわち治水と同時に大規模な発電がおこなわれ、洪水時の材木流出による損害が「絶無」となり、ダム湖面を利用した河川運輸も発達し、大電力の所産として熊野沿岸一帯に各種の工場が出現する。さらには、「もっとも誇るべき点」として「碧潭に、くっきりと泛ぶ大小無數の緑の島々」などの「ダムに依ってえがき出される湖の一大景観」が出現し、「此の素晴しい大景観からみれば瀞八丁などはもののかづ」〔石井 1947：22〕ではないというのである。

そして、この「日本第一の大電力」の発生は、「熊野だけの問題」ではなく、「實に、之こそは日本の産業革命を意味」し、「茲に始めて日本の平和産業が確立せられ、真の民主的日本が建設されることになる」〔石井 1947：19〕というのである。

この壮大なる熊野ダム構想は結局は実現しなかったのであるが、ここに登場する石井こそ、庄川・小牧ダム建設事業において技師長として庄川流木事件の激しい闘争の洗礼を浴びたその人なのである。庄川流木事件のさまざまな記録の中に彼の名前はほとんど出てこない。彼は土木技術者としてダム建設にひたすら情熱を傾けていた一人の専門職者に過ぎなかった。それが、熊野川ダム構想という壮大な夢によって熊野川流域の人びとに期待と不安を抱かる人物になったのである。

また、権力の空白が生み出した自由な空間は、専門職者たちをその専門性を越えた活動へと導いていった。吉岡金市の仕事について述べておこう。彼は、農林経済学が専門で、戦前は大原農業研究所農業経営部長として直播機械耕作法の研究を続けた。戦後、彼はダム問題の研究をも行い、1963年時点では、「天竜川の佐久間ダムを作る」ときに「合理的総合開発を確立しようという主旨で作られた」〔吉岡 1963〕日本ダム協会の理事を務めている。彼のダム関連の仕事では、たとえば、吉岡金市『熊野川水系風屋・二津野・池原・七色・小森ダムが下流河口に及ぼす影響に関する調査研究報告書』（1963年）や吉岡金市・和田一雄『白屋地区の大滝ダム建設に伴う地すべり』調査報告書（1974年）などがあり、1963年時点では「最近十年に二十数冊書いて」いるといった具合に精力的に活動している。後者の地すべり問題についての報告は、40年後の2003年に大滝ダム（奈良県吉野川水系）で行われた試験貯水後に実際に起こった地すべりを予測したものである。また彼は、萩野昇医師等と共にイタイイタイ病研究にも取り組み、『イタイイタイ病研究』（1970年）、『カドミウム公害の追求（労働科学叢書54）』（1979年）を著している。

彼のこれらのほとんど超人的とも言える仕事は、もちろん彼の類いまれなる才能にその多くを負うているのであろうが、専門領域を越えておこなう活動へのこの時代の専門職者の考え方を表してもいるとも言えよう。それは、専門領域内部でもさらなる専門化が進み狭い専門領域にみずからの仕事を限定することを当然のこととする現在の専門職者とは大きな隔たりを示している。

それぞれの専門にもとづいて大胆に未来を語ろうとする志向性、みずからの専門を越えていこうとする志向性、これら二つの志向性は、まさに時代を映したものであると言えよう。そして、こうした個々の専門職者のこうした志向性を支えたであろうと考えられるのが、当時の知識人・専門職者たちが作り出していた「自由な公共空間」ではなかったか。

Bauman［1987］は、近代初期のフランスにおいて知識人たちの自由な公共空間が、僧侶や封建領主たちが歴史の舞台から去った後の権力のある種の空白期に形成された、との考えを示している。そして、彼は、知識人たちのこの自由な空間が Habermas［1962］がその復権を求めている公共空間・公共圏のいわばひな形となったと考えているようである。

戦後の日本と近代初期のフランス――この二つの社会、二つの時代にパラレルなものを求めることは本来無理なことかもしれない。しかし、国家神道体制の重圧から開放された知識人・専門職者が相互に類似の志向性をもち、ある種の公共的な空間を作っていたと言うことはできそうである。

そして、今度はそうした空間が基盤となって彼らの大胆な未来予測や専門性を越えての活動がさらに強化されるという循環がそこには存在したのではなかろうか。たとえば、水俣病事件には、医師、弁護士、文学者（石牟礼道子）、写真家（ユージン・スミス）、研究者（宇井純、宮本憲一、淡路剛久など）など多くの知識人・専門職者が集まり、〈生産の論理　対ヒューマニズム〉という対立の構図の下に患者に対するさまざまな支援活動（ヒューマニズム）が展開された［田中2005］が、これもこの時代を反映したものであると同時に、それが基盤となって知識人や専門職者の各地の公害被害者に対する支援活動が拡大していく重要な契機となったと言えるであろう。

この時期について最後に述べておきたいことは、ダム建設問題に対する知識人・専門職者たちの対応についてである。端的に言って、彼らは、吉岡金市のような例外があるにしろ、この当時のダム建設問題を明らかに軽視していた。それどころか、蔑視さえしていたとも言えるかもしれない。

それは、一つにはダム問題が地権者＝山林所有者にとっての問題である、言い換えれば、山林労働者と対立する山林所有者たちにとっての問題であると見られていたという側面が指摘できる。たとえば、『近代文学』同人の安部公房が書いた「事件の背景」（安部公房全作品14）は、筑後川上流の下筌ダム建設をめぐる有名な蜂の巣城闘争を素材としたものであるが、そうした前提でダム問題を扱った作品の典型である。もう一つは、反対運動を展開している人びとが立ち退き補償の釣り上げを狙っているという解釈である。これは、先に述べた庄川流木事件の時からすでに固定観念化していたとも言える解釈で、多くの人びとがダム問題を白眼視してきた大きな原因となっている。

ダム建設に対する反対運動を展開した山村の人びとに対して向けられた眼差しは、下筌ダム問題を安部とはまったく別様に描いた松下竜一『砦に拠る』（1977年）のような例外はあるものの、ヒューマニズムを喚起することはなく、ダム建設問題は知識人・専門職者からほとんど無視されたのである。

4　戦後の熊野川電源開発

先に述べた石井頴一郎のダム構想は、結局は実現しなかった。それはダム予定地の河床堆積層の深さが不明であるという技術的問題を主たる原因としている［新宮市史 1972：742］。近世末期以降に頻発した水害、そして1889年の紀伊半島大水害によって堆積したあまりにも大量の土砂が河床に堆積していた結果であろう。しかし、たとえ計画が実施に移されようとしても、この計画が日本自然保護協会によって「わが国に残された唯一の大渓谷」〔紀和町史編さん委員会 1993：482〕と称賛された瀞峡や世界遺産の熊野古道・熊野本宮大社等々といった数々の観光資源や宗教施設、広大な山林、そして、あまりにも多くの家屋やそこで営まれている人々の生活をすべて湖底に沈めてしまうものである以上、激しい反対運動が沿川一帯で巻き起こり、このダムは建設されることはなかったであろう。

「国破れて山河あり」は日本ではあまりにも有名な杜甫の詩であるが、敗戦後の日本の人々にとってその意味するところは、必ずしも感傷的なものだけではなかったのかもしれない。すなわち、植民地を失ない唯一残された資源としてその開発が目指されたものこそ、雨が多く川が滝の如く（デ・レーケ）に流れる日本の山河であったのだ。日本の山河は徹底的にナショナライズされていったのである。

巨大な熊野ダムはたしかに夢物語に終わった。しかし、熊野川にはその後いくつもの発電用ダムが建設されたばかりではなく、その水は、熊野川の二大支流の一つである十津川水系からは紀ノ川へと、また同じく北山川水系からは熊野灘へと分水され、それぞれに潅漑用水や発電用水として利用されていった。

先に述べたように、熊野ダムの構想は1947年に始まるが、熊野川全体の電源開発が加速化するのは、河川総合開発事業が国土総合開発法（1950年制定）の4つの開発計画の一つである特定地域開発計画の中核的国家事業として位置づけられて以降のことである。

そして、北山川水系の電源開発は、1965年には七色ダムの完成によってほぼ終わる。すなわち、ダム配置原案（A・K案）が1954年に提示されてから何回かの計画修正を経ながらも数年のうちに最初のダム建設が着工され（1957年坂本ダム）、1965年にはすべてのダム建設が完了した。こうして北山川、そして十津川は多くのダムの連結によって階段状の河川、河川とも言えない河川へと変貌してしまったのである。

5　セクショナリズムから省有化へ
――御用学者たちへの道――

知識人や専門職者が1950年代前後の時代に「自由な公共空間」においていかに活動したのかを先に述べたが、この時代は、同時に各省庁のセクショナリズムが再活性化・前面化していった時代でもある。

セクショナリズムは、一般的には、集団や組織内部の部署がみずからの権限や利害を守るために外部からの干渉を排除しようとする排他性を意味しているが、一般の集団や組織の部署間のセクショナリズムと異なり、官僚機構におけるセクショナリズムは、近代において国家が形成されていく過程において起こるナショナリゼーションという現象と深く結びついている。

ナショナリゼーションとは、「国家内部のすべてのもの（人、モノ、貨幣、法・制度、文化など）を全国規模で均質化させ、それを土台に全国規模でモノの生産あるいは人や文化などを差異化（水平・垂直的機能分化）させることによって、その国家を一つの固有の機能システムとして統合的に作動するようにする」ことである。より簡略化すれば、「国家内部のすべてのものを均質化させ、それを土台に差異化させることによって、国家を一つの固有のまとまりをもったものにする」ことである。

国家がこのナショナリゼーションを推進するとき、あらゆるものが大なり小なり国家の官僚機構によるコントロールの下に置かれることになる。そして、当然のことながら、国土を構成する森林や河川もいずれかの省庁に所管・管理されることになる。戦後ならば、林野庁が森林を、建設省河川局が河川を管理するという形である。そして、それは、戦前・戦後の利水競合問題で見たように、森林や河川に関わる人びとを省庁間の所管や管理のあり方をめぐる争い、セクショナリズムによる争いに巻き込んでいくことにもなる。

セクショナリズムという概念は、省庁間の相互排他的な関係に重点のおかれた概念であるが、各省庁とそのクライアントの関係において起こる現象は「省有化」という概念によって明快に説明することができる。省有化とは、「省庁に関係するもの（モノや自然、人や組織、法制度など）のすべてをその省庁の所管とし、省庁に好都合なものにする」［田中2016：278―310］ことであり、ナショナリゼーションの言わば「省庁版」であるとも言える。

日本は、C・ジョンソンの著作『通産省と日本の奇跡――産業政策の発展1925―1975』（2018年）に巧みに描かれているように、この省有化という現象が顕著に現れた国であると言えよう。その要因として、一つには、日本が後発国として官僚主導で近代化を押し進めたことが挙げられる。日本においては、西欧の近代技術・制度の導入に際して、国家（省庁）が大きな働きをした。民間企業は、西欧の先進技術の導入において、省庁に大きく依存していた。そして、これが、省庁と民間企業との結びつきの基盤となり、民間企業はそれぞれの関係分野の省庁に省有化されていくことになったのである。

もう一つの要因は、明治国家成立の経緯に求められる。明治国家は市民革命ではなく、薩長などの雄藩による政変の結果として生まれた。そのため薩長土肥といった雄藩は、廃藩置県が行なわれた後においても長らくその影響を日本の政治に及ぼし続けた。明治期の各省は、海軍や警察は薩摩閥、陸軍は長州閥といったように、旧雄藩がそれぞれに重要な省を支配下に置いたのである。雄藩は、廃藩置県以後、従来のような「土地（領地）」ではなく、省庁という国の「組織」にその居場所を見出したのである。片山［2009］は、こうした状況を廃藩置県ならぬ「廃藩置省」が明治維新期に行なわれたと論じている。そうなると、省庁間のセクショナリズムは、管轄分野をめぐる争いだけではなく、その背後に藩が存在するがゆえによりいっそう強くなる。日本は、明治初期の廃藩置県を経て中央集権的な国家となったが、そこには、「地方分権」ではなく、藩閥勢力を背景とする「省庁分権」がビルトインされていたのである。

（1）省有化の論理――特定多目的ダム法成立

河川に関する省有化が、戦後どのように進んでいったのかを、戦後の利水競合問題の展開の中で見てみよう。利水競合問題の切り札とされ、戦前の「河水統制の思想」の下で始まっていた「多目的ダム」の建設は、戦後の国土総合開発法（1950年）、電源開発促進法（1953年）の二法の成立によって、加速化していった。その過程で問題となったのが、治水や発電・灌漑などの利水などの複数の用途に供される「多目的ダムの管理」をどうするのかという問題である。結局、1957年に成立した「特定多目的ダム法」では、「ダム施設」の管理をめぐる利害対立（建設省、各利水事業者の利害対立）を建設省が征し、多目的ダムは建設省によって一元的に管理されることになった。

もともと、利害の相反する目的（治水と利水）をもつ多目的ダムの管理は、わが国の河川の特徴からして非常にむずかしい［土木学会日本土木史編集委員会 1973：1164］（括弧内引用者）。

この一文は短いものではあるが、そこに、二つの重要な主張を読み込むことができる。一つは、多目的ダムは、治水と利水という矛盾する二つの要請に応えようとする複雑なシステムであり、その安全管理は専門家に委ねられるべきこと。二つには、日本の河川を熟知している者が管理すべきこと。この二つの主張の行き着くところは、「河川管理者」すなわち建設省による多目的ダムの管理ということであろう。

さらに、同書は、多目的ダムの「共同管理方式」（発電などの利水目的の事業者との共同管理）についても触れて、次のように述べている。

多目的ダムの管理は非常に公共性の強いものであって、各種目的が平等に満足するよう管理しなければならないものであり、このような管理を行うためには水文の諸現象と河道状況に精通し、かつ、他の水利者との調整を図る必要がある。この点から見れば、多目的ダムの管理は河川管理者が最適であることはいうまでもない［土木学会日本

土木史編集委員会 1973：1166］。

ここでも、二つの重要な意味を読み込むことができる。一つは、公平性の確保のためには、個々の河川の水系全体についての科学的・専門的知見が必要であること。二つには、公平性という観点からすれば、利水目的の私企業などは言うに及ばず、それらの発電会社や農業関係者をクライアントとしてもつ通産省や農林省も管理者としてふさわしくない。そのようなクライアントをもたない建設省こそが管理者としてふさわしい、という主張である。「建設省は水を必要とする省庁ではなく白紙の立場で水を貯え、供給する省庁である。即ち水のメーカーであって、水の需要者ではない」（1961年度予算のために大蔵省に提出された建設省文書：「建設省の考え方」1960年8月［鮎川 1983：48］）というわけである。

（2）「水」資源開発と戦後における利水競合問題

その後の都市人口の増加に伴う上水道用水の需要の増大や産業発展に伴う工業用水の需要の増大は、「河川の水系における水資源の総合的な開発及び利用の合理化」［土木学会日本土木史編集委員会 1973：1139］を要請することになる。そして、それは、ダム施設という「河川の付属物」の管理といった「部分」的なものではなく、河川の「水系全体」を利害対立の焦点とさせるという事態を生じさせた。ここに至ったとき、それは、建設省や利水各省相互の激しい権限抗争として現象することになる。

建設省ならびに利水各省（通産省、厚生省、農林省）は、それぞれ水資源開発公団、工業用水公団、水道用水公団、水利用開発管理公団といった、河川の「水系全体」の開発のための事業案を提出し、激しい権限抗争を展開することになり（1960年8月）、この問題は新聞誌上を賑わすことになった［鮎川ほか 1983］。

戦時体制下においては顕在化していなかった省庁間のセクショナリズムが、戦後、河川をめぐって再び活発化するのである。そして、それは各省庁の省有化の活動に拍車をかけていったのである。

6　森林と河川の荒廃
――省有化のリスク――

このようにして各省庁がそれぞれに省有化を進めていったとき、相互に他省庁を排除するセクショナリズムはよりいっそう激しくなっていく。専門職者はそれぞれの省庁に囲い込まれ、その省庁の利害に反する研究は滞り、発言は封じられていく。また、研究者たちは「御用学者」化していく。そして、その結果、先に述べた「自由な公共空間」も崩壊していく。

ここではもう少し別の角度から省有化とセクショナリズムがもたらす問題について論じておこう。自然環境はそれを構成する諸要素（森林、河川、海、そして動植物）間の相互連関によって成り立っている。現在進行している地球気候変動は、従来のバンランスが地球規模で変化したことによって起こっている。

各省庁が自然環境をその管轄範囲に囲い込み、それぞれに他省庁とは連携せずにさまざまな事業を展開することはさまざまなリスクを生み出す。たとえば、林野庁の戦後の拡大造林政策では、全国各地で広葉樹などの自然林が伐採され人工林に変えられていった。その人工林が十分に管理されるならばいいが、放置された場合には、山からの土砂流出を招く。それは山の崩壊のリスクを高め河川を土砂で埋めることになる。そして山村の少子・高齢化によってそれが現実となっている。

河川が土砂で埋まり河床が上昇することは治水にとって問題である。また、降雨時の雨水の流出量の増大も問題である。しかし、建設省は、水害の危険性を高める山の荒廃については一言も触れずに、異常気象による集中豪雨の危険性の高まりなどを根拠としてただひたすらに治水を謳いダムをまた砂防ダムを作ろうとする。建設省にとっては、山はむしろ荒廃している方がみずからの事業を確保するためには都合がいいということである。そして、雇用機会の少ない山村では、その建設省の事業に依存することによって、地元の建設業者や住民の仕事が確保されるという構図となっているのである。

日本の官僚機構については、そのセクショナリズムとその結果としての縦割り行政の弊害がしばしば指摘され、各省庁はあたかも相互に無関係に行政を行なっているかのようにいわれているが、実は、リスクの産出とその顕在化の防止対策という形で相互依存関係を結んでいるという側面があるのである。もっと大状況的に表現すれば、国家は、みずからが政策的に引き起こしたリスクの顕在化の防止という目的のために予算規模を拡大させ、その結果として、みずからは巨大な行政国家となってきたのである。

そして、熊野の現在の姿も、同様のものとなっているのである。山の尾根まで人工林化された山は各所で崩落し、川は土砂で埋まっている。ダムもその堆砂率の増大が問題とされている。また、熊野川では、後述するようにダム下流部での濁水問題が議論の対象となっている。

おわりに

現代の日本では、第三次産業に従事する人びとが増大し、消費社会化が進行している。生産型社会から消費型社会への移行である。旧建設省、旧通産省、旧農林省などの省有化を特に強く進めてきた省庁は、第一次、第二次産業のインフラ整備に関わる省庁であり、第三次産業従事者の増大と消費社会化は、彼らの省有化から漏れ落ちる人びとが増大することを意味している。第一次、第二次産業とは違い、第三次産業に関わる人びとの組織化は進まない。これらの人びとは、政治においては「浮動層」を形成することになり、省有化のメカニズムは揺らぎ始めたのである。また、1990年代以降、グローバリゼーションの進展は著しく、既存の省庁の区分では対処できなくなる問題が多く発生するようになっている。内外から省有化の論理は脅かされつつある。

熊野の世界遺産化も、やはりこのグローバリゼーションがもたらした現象の一つである。その影響の事例として、熊野川の濁水問題を取り上げておこう。

2001年9月の和歌山県議会において質問に立った議員は、熊野川に数多くのダムが建設された歴史的背景に触れ、「日本の戦後復興に水力発電による電力確保が国家的な要請」としてあり、「地元は『建設中とその後二、三年は濁るが、やがてもとの清流に戻る』という説明を信じて受け入れて」きたが、建設以後、40年の間、ダムが「地域の産業・経済に与えたマイナス影響ははかり知れ」ないという。また、観光面においても、瀞峡を訪れた観光客から「清らかに澄んだ水が流れる瀞峡ではなく、汚い泥水が流れる泥水の泥峡だ」との不評を買ってもきた。こう議論を展開した後、議員は、十津川の一番下流のダムである二津野ダムを取り上げ、その発電量は今やわずかばかりであり、「その発電を目的とした歴史的使命はもはや終わった」と断じた上で、「二津野ダムの撤去」を知事に求めている。

ここで注目すべきなのは、彼が世界遺産を持ち出して知事にダムの撤去を求めていることである。「今、『紀伊山地の霊場と参詣道』の世界遺産登録を進めています。その中で熊野もうでの「川の道」として、熊野川が参詣道として利用されていたことから遺産登録を目指しておりますが、単に川の参詣道というだけではなく、熊野信仰や熊野文化を生み出し、はぐくんできた聖なる川です。その母なる川がダムによって汚され、犯されているのです」と知事に迫っている。(1)

また、ダムの濁水問題は、2017年の新宮市の熊野川濁水対策特別委員会でも取り上げられ、委員長は「熊野川が川の参詣道として世界遺産に登録されていることを強調」し、他の委員は、「ユネスコへ訴えることを提案」している。(2)

ここに見られるのは、「国策」としての電源開発（熊野の電源開発地帯への機能特化）によってもたらされた「地域の産業・経済」への計り知れない「マイナス影響」を国に対して訴える際に、世界遺産というグローバルな価値が持ち出されている点である。ナショナルな課題（電源開発）によって生み出されたローカルな問題の解決のために、グローバルな価値が持ち出されているのである。

グローバリゼーションが進行する現代は、まさに一面に過ぎないのかもしれないが、ＳＮＳの普及が戦後の「自由な公共空間」の成立と通底する状況を生み出しているといえるかもしれない。グローバルな世界を舞台に「自由な公共空間」が生まれるのかはまさに不確かなことであるが、確かなこととして言えるのは、ナショナルな価値の相対化が起こり、思考の自由度が上がったということである。そして、省有化の閉鎖的な論理も必ずこの洗礼をあびるはずである。

注

（1）「平成13年9月　和歌山県議会定例会会議録　第4号（金田眞議員の質疑及び一般質問）」（https://www.pref.wakayama.lg.jp/gijiroku/p040166.html　２０２０年9月1日閲覧）。

（2）「国への意見書案に同意／熊野川濁水治水対策特別委／新宮市」『熊野新聞オンライン』２０１８年11月24日（https://kumanoshimbun.com/press/cgi-bin/userinterfac　２０２０年9月1日閲覧）。

参考文献

〈邦文献〉

安部公房［１９７３］「事件の背景」（安部公房全作品14）新潮社。

雨宮昭一［１９９５］「既成勢力の自己革新とグライヒシャルトゥング――総力戦体制と中間層」山之内靖他編『総力戦と現代化』柏書房。

鮎川幸雄・日本河川協会［１９８３］『水三法』大成出版社。

石井穎一郎［１９４７］『日本の再建は熊野から』熊野ダム建設促進會。

片山徹［２００９］『解けた明治のなぞ』ｅブックランド。

木村博一編［１９７３］『下北山村史』下北山村役場。

紀和町史編さん委員会［１９９３］『紀和町史　下巻』紀和町教育委員会。

熊野川總合開發期成同盟會［1951］『熊野ダム白書』新宮市役所観光課。

建設省河川局［1963］『日本の多目的ダム』山海堂。

静岡地理研究会［1989］『よみがえれ・大井川――その変貌と住民』古今書院。

新宮市史編さん委員会［1972］『新宮市史』新宮市役所。

高嶋雅明［1989］「北山川発電計画と新日本化学工業株式会社――熊野川電源開発計画の一齣」『紀州経済史文化史研究所紀要』9。

田中滋［2005］「公害から環境問題へ、そして環境の商品化へ」宝月誠・進藤雄三編『社会的コントロールの現在――新たな社会的世界の構築をめざして』世界思想社。

――［2016］「解題：〈宗教と国家〉を読み解く」、相国寺教化活動委員会監修、田中滋編『国家を超える宗教』東方出版。

辻田啓志［1978］『水争い』講談社。

土木学会日本土木史編集委員会［1973］『日本土木史　昭和16年～昭和40年』土木学会。

松下竜一［1977］『砦に拠る』筑摩書房。

森實［1990］『水の法と社会』法政大学出版局。

村串仁三郎［2010］「吉野熊野国立公園内の北山川電源開発計画と反対運動（上）――戦後後期の国立公園制度の整備・拡充（8）」『経済志林』77（4）。

山之内靖［1995］「方法論序説――総力戦とシステム統合」、山之内靖他編『総力戦と現代化』柏書房。

吉岡金市［1963］『熊野川総合開発等諸問題について（吉岡金市先生講話）』新宮市役所。

――［1963］『熊野川水系風屋・二津野・池原・七色・小森ダムが下流河口に及ぼす影響に関する調査研究報告書』（吉野熊野総合開発研究第4報）。

――［1970］『イタイイタイ病研究――カドミウム農業鉱害から人間公害（イタイイタイ病）への追求』たたら書房。

――［1979］『カドミウム公害の追求（労働科学叢書54）』労働科学研究所。

吉岡金市・和田一雄［1974］『白屋地区の大滝ダム建設に伴う地すべり』調査報告書。

〈欧文献〉

Bauman, Z. [1987] *Legislators and Interpreters: On Modernity, Postmodernity and Intellectuals*, Cambridge: Polity press（向山恭一・奈良和重訳『立法者と解釈者――モダニティ・ポストモダニティ・知識人』昭和堂、１９９５年）.

Habermas, J. [1962] *Strukturwandel der Öffentlichkeit: Untersuchungen zu einer Kategorie der burgerlichen Gesellschaft*, Frankfurt am Main: Suhrkamp（細谷貞雄訳『公共性の構造転換』未来社、１９７３年）.

Johnson, C. A. [1982] *MITI and the Japanese miracle: the growth of industrial policy, 1925-1975*, Stanford, Calif.: Stanford University Press（佐々田博教訳『通産省と日本の奇跡――産業政策の発展１９２５―１９７５』勁草書房、２０１８年）.

（田中　滋）

第5章 「筏の終焉」と河川の近代化
――〈川と人々〉・〈筏と生活世界〉の近現代――

はじめに

(1) 川と人間社会

熊野川やその支流の北山川、さらに小さなその支流の数々に沿って集落が点在し、その集落や街をつなぐ道路が走る。熊野での地域調査では熊野川やその支流を行ったり来たりする。毎年のように訪れるなかで、川や山々はいつも変わらぬ悠久の姿でそこに存在し続けて私たちを迎えてくれているようにも感じるが、実際には、季節や天候、時間によって川や山々はさまざまに変化していている。時には大災害によって大きく地形が変わっていることもあるし、その修復が施された結果、以前の様子を思い出せないほどにその姿が変貌していることもある。川や山々には安定的で静的な側面と、不安定で動的な面とが併存しているように感じる。

本章では、上記の2つの側面のうち、後者、つまり可変的・流動的な変化という観点を基盤としつつ、熊野の川と人々についての考察を試みてみたい。鴨長明や流行歌を引き合いに出すまでもなく、水や流れは変化の象徴や代名詞として広く用いられてきた。水や流れのような物理的な流動性や、そこから喩えられる時間や世相や人の心の移ろい、そのほかにも、自然災害など外的影響による自然の変化、人間の働きかけによる人工的な自然の改変などが思い浮かぶ。

だが、ここでは川そのものの変化というよりは、社会との関わりにおける文化や意味という位相における変容に関心を向けてみたい。川と人間社会という関係に話を広げてみるに当たり、ここでは軸になる視角として川と人々の関係の近代／現代という観点を掲げておきたい。

熊野の川と人々との社会関係における近代／現代という基軸から捉え直してみるというのが、本章での主題となる。この探求に向けて、具体的には次のような対象を取り上げたい。すなわち、熊野の「筏」、筏をめぐる人々の「生活世界」、河川改修やダム開発・電源開発をともなう「河川の近代化」である。

(2) 河川の近代化と「筏の終焉」

近代化とは壮大な合理化のプロセスであるとすれば、政治や経済のような高次のシステムから、私たちの身の回りの些細な物事まで、あらゆる位相でそのプロセスは進行するものであるといえよう。

「近代的」な事物をさまざまにもたらしてきた近代化とは、また別の角度から眺めれば、「前近代的」なるものを駆逐する運動と表裏の関係であったともいえる。各地の近代的な河川開発や河川環境の改変は、人々を洪水の不安から解放し、便利で豊かで快適な生活をもたらしてきたが、それは他方で、「川」と「人々」とのあいだに結ばれていた多元的な関係を消し去っていくプロセスでもあった。河川の近代化は、川と人々のあいだにさまざまな近代的な事物をもたらしつつ、一方で前近代的なものを消し去っていった。川と人々のあいだの社会的文脈における「前近代」を「近代」へと書き換えていったのが河川の近代化であった。熊野の「筏」も河川の近代化とともに「終焉」を迎え、消えたもののひとつであるとされている。

紀伊半島、熊野川流域の十津川や北山川では、かつて筏流しが盛んに行われていた。その経緯や筏流しの歴史に幕を下ろした顛末については流域の市町村史などに詳しく記録されている［北山村史編纂委員会編 1987；熊野市史編纂委員会編 1983；本宮町史編さん委員会編 2004など］。

「筏流しの終焉」については一般的に次のように説明される。「エネルギー資源として水力発電の開発が進められるようになって、昭和四〇年（一九六五年）、北山川水系に七色ダム、小森ダムが完成され、その前年に四～五百年も続いたと言われる筏流しの歴史を閉じるに至ったのである」〔熊野文化企画編 2001：170〕、すなわち熊野川流域の電源開発やダム建設によって筏流しは葬り去られてしまった、とされる。

だが、実際には現在でも筏流しは存在し続けている。決してダムによって筏は消し去られてしまったわけではない。たとえば和歌山県北山村では観光筏下りが行われ、「北山村筏師の技術は、現在の観光筏に姿をかえ受け継がれている」〔笠原監 1994：2〕のである。ただし、このような現在の筏の事例は、限られた一部でのみ行われているのであって、「数百年にわたる伝統の筏が消え、今は僅かに北山川の観光筏に名残をとどめるに過ぎない」〔笠原監 1994：144〕のであり、かつてのように流域のいたるところで筏が流されているというわけではない。

筏師には高度な技術が必要とされ、その「筏師の技術」の体系の一端は、筏流しについてまとめられたいくつかの論考からも窺い知ることができるが〔北 1975：堀 1983：中京大学郷土研究会 1978など〕、北山川観光筏下りの筏師は「筏師の伝統の技術」を伝える数少ない継承者とされている。

しかしながら、北山川の観光筏は、かつての山から伐りだした木材を下流へと流下させる「運材」を目的とした筏、つまり電源開発やダム建設以前に流されていた従来型の筏ではなく、「別種のもの」と認識されている点には注意が必要である。

「筏師の伝統の技術」の唯一の継承者である観光筏下りの筏師は「伝統の筏」の「名残をとどめるに過ぎない」のであって、「本来の筏流し」は消えてしまったと捉えられているのである。ここには「観光筏下りの筏」と「本来の筏」とは同一のものではなく、そのあいだには幾分かの距離が存在していると捉えられていることを読み取ることができる。「伝統」「本来」の筏と、それを継承してはいるものの別のものに変わってしまったいわば「亜種」としての「その他の筏」というような認識のされ方がなされているのである。つまり筏として同種ではあるが、かつての筏と等価ではないとも認識され、「伝統」「本来」の筏を継承してはいるものの、別のものに変わってしまったと捉えられているのである。

このようにみてくると、電源開発・ダム建設による筏流しへの影響については、筏を消し去ったというよりも、むしろ筏の性格を変容させた、と捉えたほうが適切であることがわかる。

確かにかつての「木材の流下・運搬」を目的とする筏流しと現在の「観光」を目的とする筏下りのあいだには、幾つもの違いが存在していることも事実である。「運材」と「旅客」という目的自体が異なり、これにともなう違いが生じている。たとえば「旅客」目的であるため海運局の許認可が必要となる。「旅客」目的の筏は「船舶」の一種という扱いになり、自動車でいえば車検にあたる船舶検査を定期的に受けなければならない。また見た目にもわかりやすい外形的な違いでは、「旅客」の安全への配慮として「手すり」や「座席」が設えてあるのが観光筏である。

しかし、「伝統・本来の筏」と「その他の筏」のあいだに存在する「距離」は、かつての「木材の流下・運搬としての筏」と現在の「観光としての筏」のあいだに存在する用途目的・運用のされ方の違いや外形的な違いだけではないと考えられる。

「伝統・本来の筏」と「その他の筏」のあいだに存在している距離がいかにして成立してきたのか、両者のあいだに線引きが可能になるのはどうしてか、またその帰結はどのようなものかについて、以降では「河川の近代化」と「生活世界」という補助線を用いながら考察を進めていきたい。

1　熊野においての河川の近代化

(1)　熊野川の現在

2004年7月7日、熊野古道を含む「紀伊山地の霊場と参詣道」が世界遺産リストに登録された。かねてより熊野地域では「歴史の道100選」（1978年）の選定などの契機もあって「熊野古道」の整備事業が進められ、「古道ピア」（1990年）や「南紀熊野体験博」（1999年）などのイベントを経て世界遺産に登録された。その結果多くの観光客が押し寄せるようになり、熊野古道を「語り部」とともに歩むガイドウォークツアーも盛況となった。熊野の観光地としての人気は世界遺産登録でにわかに高まりをみせている。そうしたなか2005年9月には「川の参詣道・熊野川舟下り」が「復活」した。かつて熊野本宮大社（現和歌山県田辺市本宮町）から熊野速玉大社（現和歌山県新宮市）のあいだを舟に乗って熊野川を往来して参詣したという歴史に因んだ「熊野川舟下り」は「雄大な自然の中を、いにしえの時代に思いをはせながら、舟下りを楽しんでみませんか」（熊野川川舟センターパンフレットより）と誘う。

「熊野川舟下り」より上流の北山川では、それよりずっと以前から川下り観光が行なわれてきた。ただしこちらは「舟」ではなく、「筏」によるものである。この筏下りは1979年から開始され、現在でも運航されている。「北山村観光開発の目玉」として始められたこの「観光筏下り」は、開始3年目の様子を写した「北山村の観光筏写真集」〔浜口印刷編 1981〕によると、「スリルとロマン」「船では味わえぬ筏下りの醍醐味」を売りに当初から「全国的な注目を集め」、菅原文太主演の映画（『炎のごとく』1981年作品）の撮影にも使われるなど、その人気振りが窺われる。現在においても「観光筏下り」の人気は衰えることなく続いており、夏の風物詩となっている(1)。大阪や名古屋といった遠方から客が訪れ、近年では海外からも注目されるようになりBBCのNEWS動画も配信されている〔BBC 2020〕。また観光筏下りを行っている北山村観光センターではゴムボートに乗って急流を下るラフティングのレジャー・プログラムも提供している。

志古（和歌山県新宮市熊野川町）からウォータージェット船で「奥熊野のパワースポット」瀞峡を遊覧する観光ルートもある。瀞峡ウォータージェット船のパンフレットは、「ようこそ浪漫回道へ・ウォータージェット船でしかみられない数々の歴史の証・まるで地球創世記と出会ったような不思議な感動にジーンとくる・大自然の芸術品が並ぶこのウォーターロードは（中略）別の名を浪漫回道ともいう」と魅力を語る（写真5-1）。

このような定期航路のほかにもカヌー、カヤック、ウォータースライダー滝すべりなどによる川遊びが行われている。

以上のように、現在の熊野川では、さまざまな観光やリクリエーションを媒介にして、人々が川と関係している姿が浮かび上がってくる。熊野川が私たちにみせるこのようなレジャーやリクリエーションの様相は、歴史的にはそれほど古いものではない。観光・リクリエーション利用に供される今日的な熊野川の姿はどのような展開のなかで形づくられたのだろうか。

(2) 川と人との多様な関係

熊野川は古来より流域の人々の生活と密着しつつ多様な関係を築き上げてきた。熊野川流域の場合に特筆すべきは水上交通の発達であろう。紀伊半島南部の急峻な山なみが連なる地形を深く川が刻み、有数の多雨地帯であるという自然的条件に加えて、道路や林道の開設・整備が充実していなかったという社会経済的条件によって、熊野川流域は1960年頃まで水上交通が非常に盛んであった。その頃まで熊野川沿いの宮井—請川間の道路が竣工せず、その他の区間が開通していても下流の新宮とは車道が接続しておらず、宮井より上流の地域と新宮との交通は水上ルートが一般的であった。熊野川の水上交通は人々の往来はもちろん、物資の輸送ルートとしての重要な役割をもっていた。川をルートとする交通・運搬・交易は、さまざまな不便や危険をもちあわせる反面で、とても合理的なものでもあった。

写真5-1　瀞峡ウォータージェット船

出所：筆者撮影.

木材を流下させる筏流しを例に挙げると、大きな落差と速度の速い流れという熊野川流域の特徴や、遠方への木材搬出が海上輸送となるといった条件の下では、河川を利用した流筏は合理的な出材方法であった。また、運材の動力を水流に求めることにより、少ない労力で多くの木材を運ぶことができる優れた方法でもあった。たとえば、「下乗り」といわれた熊野川中下流域の筏流しでは、一人の筏師が150～200石の木材を木材集積地・新宮まで運び届けていたという。(2) 人担による搬出の可能量が0・15石といわれていることからも流筏が優れた運材方法であったことがわかる。

また、川の水運からは新宮と上流の村々の結び付きを見て取ることができる。下流から上流への物流は荷物を載せた団平船が三反帆に風を受けて遡航し（無風・逆風では人力で船を引いた）、プロペラ船が開発されると「モーター」と呼ばれ上流の村々に新宮からの物資を運んだ。本宮町萩出身の筏師中森氏（1918年生）は小学生のとき、新宮から朝いちばんで上がってくる魚をさばいて売る「ボテ振り」の仕事をしていた母親の姿を記憶しており聞き書きに記録されている［宇江 1987：7―8］、筏師への聞き取りやインタビュー録には下流の華やかな都市・新宮での体験談がたびたび出てくる。(3) 和歌山県北山村は、陸続きに隣接する奈良県や三重県よりも北山川・熊野川を通じた新宮との結び付きの方が深かったことから和歌山県の飛び地と化した日本で唯一の村である、というエピソードも川を通じた「地縁」の例としてしばしば言及されるところとなっている。

(3)　川の意味の縮減

このような熊野川の交通・交易の機能に対して、ことに大きな変化をもたらしたのが電源開発・地域総合開発であった。この近代的な河川開発によって熊野川の性格・機能は大きく変貌した。先にみたように、開発以前は木材輸送の路線であり、木材運搬の動力源として活用され、さらに生活物資や人々の交通・交易路として機能していた。しかし、近代的河川開発により電気を生産するための動力源として活用される一方で、電源開発と抱き合わせの地域総合開発による道路網の整備によって陸路が充実しはじめると交通・交易路としての熊野川の性格・機能は縮減していった。

田中滋は近代日本の国家的分業再編のプロセスを「ナショナライゼーション」の概念を提起して説明しているが、そのなかでナショナライゼーションの一過程としての「河川の近代化」について述べている。河川の近代化は人々に近代的で豊かな生活をもたらす一方で伝統的な社会システムを破壊した。たとえばダム開発によって巨大な発電・給水・治水が可能となり利水上の争いを減少させたが、他方で川と人との関係の希薄化を招いた［田中 2004］。

熊野川でも同様の河川の近代化が進行した。熊野川はもっぱら発電・電気供給の源として、つまり「電源」として資源化されたのである。熊野地域での電源開発に関する水路式発電所やダムは官民双方からいくつも計画されてきた。たとえば、次から次へと計画される発電所やダム計画に揺さぶられ続けてきた北山村の経緯は『北山村史』に詳しい［北山村史編纂委員会編 1987］。

（4）　熊野川の観光化

以上のように、熊野川での電源開発・地域総合開発は熊野川の性格・機能を大きく変貌させ、交通・交流の意味を奪い去るものであった。それはまた一方で熊野川の観光的な性格・機能を増幅させる結果をもたらすこととともなった。

「天下の名勝」が流域に点在する熊野川には、古くから数々の文人墨客・著名人が訪れ、幾多の人々が押し寄せたが、電源開発の時期には、河川開発が及ぼす環境変化によって熊野川の景勝地が消滅するという懸念がうわさとして流れ、観光客が減少しはじめた。このような風潮のなか、1962年頃には各方面からその渓谷美を保存すべきであるという意見が熱心に提唱され、地元出身の著名文化人（佐藤春夫）らが瀞峡保全を訴える声明を発表して保全運動を展開した(4)。また地元交通社は「瀞峡は生きている」というキャッチコピー入りのポスターを作って宣伝し、熊野川の景勝地が健在であることをアピールしたり、プロペラ船に変わる旅客船としてジェット船を独自に開発（1965年）して人気の回復を図ろうとしたりした。その甲斐あってか、1980年には時の皇太子妃一行が訪れ、ジェット船に乗船し瀞峡を探勝している［熊野文化企画編 2001：173―75］。

（5）観光筏下りの登場

もうひとつの動きとして、ここでは観光筏下りの登場について取り上げてみたい。

熊野川流域でもち上がったいくつもの電源開発・ダム建設計画に対してはさまざまな方面からの反対が起こり、先に示したような景観保全の観点からの非難の声が上がった。そのなかでひときわ声高だったのは筏師を中心として組織されたダム建設反対闘争であった。時期や地域によって闘争の濃淡には差異があるが、たとえば、村人口に占める筏師の割合の高い北山村では、筏夫組合と建設側とのあいだで激しいつば競合いが展開されてきた。ところが皮肉というべきか、北山川では筏師のダム建設反対闘争によって「絶景北山川の筏下り」の名声が高まり、「一度味はっておかなくては」と観光客が観光筏下りには不適な３月中旬から押し寄せるようになった[5]。当時の様子を以下に引用する。

> 電源開発の波の押し寄せた三十一年ごろ「北山村観光イカダ組合」がつくられ、イカダに観光客を乗せて大沼から瀞峡までの約十五キロを三時間のスピードとスリルを楽しんでもらった。観光イカダのシーズンは四月から十月まで。ピークの七、八月には一か月二千人以上を運び、紀勢線全通（三十四年七月）後には観光イカダのブームも最高潮となり、中京や大阪からの予約申し込みを断るのに苦労という嬉しい悲鳴が聞かれ（中略）このほかにゴムボート利用の「奥瀞北山峡エアボート下り観光組合」が三十五年から三シーズン加わり、約二千人を運んだほか、新宮の旅館業者が箱イカダをつくって北山川下りを試みたこともあった。［清水 １９７６：２７８］

観光筏は七色ダム・小森ダムの開始により１９６３年10月に一旦終焉を迎え、ダム建設によって、「仙境・七色の渓谷美」などとして讃えられた流域の名勝は消滅・変容するが［岡本 １９８０］、景勝地の景観という観光の目的が減衰し、観光資源を減らしていく運命とは裏腹に、北山川の筏の観光的な価値が高まっていった様子を窺うことができる。また、事業主体は異なるが観光筏下りは１９７９年から再開され、現在まで継続しており、シーズン中はほぼ満員で運航され続けている。

先にみたとおり熊野川流域における川を対象にした観光やリクリエーションの今日的状況は盛況となっている。都市社会にとってのレジャー空間と化してきているのが現代の農山漁村地域である。これについては政府主導のもとに進められた国家的な農山漁村のレジャー空間化の開発プロジェクトであったという議論がある［松村 2001］。この農山漁村の「自由時間空間」化の議論が射程としているのは、「レジャー社会」を創り出そうとしてきた産・官・学の恣意性や、農山村が「生産の場」として機能しなくなり、リクリエーション化せざるをえなかった構造的要因である。ここでも河川の近代化の過程と同様に、政治や経済という権力と貨幣による近代社会システムの介入によって、農山村の生活世界が従前のようには機能しなくなったという構造が提示されている。

川と人とのあいだの社会的文脈が多様に築かれてきた熊野川は、電源開発・地域総合開発によって交通・交流の意味を剥ぎ取られ、人と川との関係を規定する社会的意味が希薄化した。名の知れた景勝地を流域に抱える観光的要素をもった川でもあった熊野川は、国家的な農山漁村のレジャー空間化の推進力とも相まって、従来から内包していた観光・レジャーの要素を増幅させ、河川の観光資源化が進行した。そのプロセスは熊野川を観光対象として商業化させ、消費対象化し、近代社会の経済システムに組み入れていくものであった。

電源開発・地域総合開発が契機となり、その後の農山漁村のレジャー空間化とも呼応して、熊野川は観光・レジャー的な色彩を深めた。河川の近代化の過程で、川と人々とつながりを縮減させることで生じた熊野の川々の社会的な意味空間としての余白は、レジャー・リクリエーションといった近代の観光の要素の増幅によって、埋められていったのではないだろうか。

2　筏の意味の変節

（1）ダム開発と筏

先に述べたが「筏流しの終焉」についてなされる説明の典型は、電源開発やダム建設との因果論によるものである。「各ダムが次々に完成するとともに名物イカダ流しは消えてしまった」「勇壮なイカダ師の姿も、戦後の電源開発で遂次消えて行った」［清水 1976：275：278］、「昭和40年、北山川の小森ダム完成以後、本来の筏流しは消えた」［笠原 1994：2］、「ダムの造成により数百年にわたる伝統の筏が消え（た）」［笠原 1994：144］（括弧内引用者）、「500年の歴史をもつ筏流しも、昭和30年代のダム建設とともに姿を消してしまいました」（瀞峡ウォータージェット船内アナウンス）などである。これらは「ダムの建設」→「筏の消滅」という因果による説明図式において共通している。筏の断絶の原因を一元的にダム建設に求める図式は明快で受け入れやすい。この説明図式は熊野川に限った例外的なものではなく、他の河川の場合も含めてこのような理解が一般的に広く受け入れられている様子が窺われる。たとえば静岡県天竜川の筏を紹介した解説においても佐久間ダムとの因果関係によって説明されている(6)。

筏流しの断絶をダム開発との因果関係のみにおいて理解するのは、正確を期するならば一面において誤りを含んでおり、十分な説明とはいえない。確かにダムによって筏の流路が遮断されたために大幅にダメージを受け、ほとんどの筏が姿を消すことになった。そのような意味で最終的な引導を渡したのはダムであることは間違いない。ただ、最終的にはダム建設が筏流しを途絶えさせる決定打ではあったが、それ以外にも、道路整備による陸送の充実、出水による木材流失のリスクなどさまざまな要因が複合的に絡まりあって筏は消滅したのであってダムが一元的な原因ではない［原 1984］。1918年生まれの筏師の聞き書きによると、小学生の頃すでに「筏はあと三十年もつやろうか」と疑問をもっていたという。それはダムの出現によって引き起こされた懸念ではなく、架線（ケーブルによる木材搬出）や自動車の出現に起因するものであった［宇江 1987：9］。

筏流しの「断絶」がダム開発との一元的な因果関係において理解されがちな理由として、明快な説明図式で理解されやすく受け入れられやすいこと、筏流しの事情について詳しく知られていないという情報・知識の欠如、などが考えられるだろう。

また、次のようなダムや筏がもよおす印象も少なからず影響しているかもしれない。電源開発・ダム建設の過程では当局と地元筏師らとのあいだで悲喜交々のやりとりが展開された。筏師や筏夫組合の反対闘争や補償交渉は、ときに壮絶なドラマとして、またあるときは諦めざるを得ない悲運だったとして筏師や関係者によって語られ、村の歴史として集合的に記憶される。虚実入り混じった補償金をめぐる狂騒、組合の再編劇、補償金という見返りと引き換えに諦めて受け入れざるを得なかった侘しさなどの数々のエピソードには「ドラマ性」が漂う。またダムは「消滅の象徴性」をもっている。つまり、水没戸・田畑・自然景観などいろいろなものを消し去ってしまったのと引き換えに、道路・自動車・都市的な文化・人々の賑わいなど急激な社会文化環境の変化をもたらし、伝統的な様式を一掃したという近代化の裏面としての「消滅の象徴性」である。

以上のような「ドラマ性」や「消滅の象徴性」が作用して「ダム」と「筏の消滅」の分かちがたい結び付きが印象付けられ、それが人々にとっての社会的・集合的な記憶となっているのかもしれない。

(2) 筏のあり方の変容

以上のように、「筏の終焉」がダムとの因果だけの図式で説明されることは正確性に欠けるといえるが、それ以前の問題として、冒頭でも述べたように筏は消え去ってはいないという事実がある。つまり、「筏の終焉」という表現自体が事実との平仄という点で正確性に欠けているのである。

このことについては次のように考えるべきであろう。すなわち、「筏の終焉」という表現は、現実や歴史的事実としての筏の消滅を言い表しているというよりも、むしろ伝統的な筏文化、理念的な筏の姿が消え去ったという社会文化的な観念としての社会意識を落とし込んだものではないかという捉え方である。

歴史的事実や実態としての筏の「終焉」と受け取るべきではなく、「終焉」を迎えたのは観念・理念としての「伝統の筏」「本来の筏」と捉えるべきだろう。この「伝統の筏」「本来の筏」という観念は、河川の近代的開発と引き換えに衰退した伝統的・前近代的な筏流しに対して付与された文化的な意味付けであり、河川開発とともに発生した文化的カテゴリーであると考えられる。その結果、現在行われている観光筏などは「伝統」「本来」という観念からは外れ、真正性に欠ける「まがい物」の筏として位置付けられてしまっているということになる。

河川の近代的開発による筏流しへの影響について、ここでいったん整理しておくと、電源開発・ダム建設は、筏を消滅させた・消し去ったというよりも、むしろ筏の文化的側面としての意味付けや性格を変容させた、と捉えるべきであろう。河川開発が筏流しに与えた影響は、筏流しを消滅させたところに求めるのではなく、「筏流し」の意味付けを変節させたところにこそ求めるべきだろう。

河川開発が筏流しに与えた影響としての「筏流し」の意味の変容としては、すでにみてきた部分から次の3点を指摘できる。

ひとつは「観光」として意味付けられる筏のカテゴリーの発生である。「観光」としての筏は電源開発・ダム建設の時期に登場したものであることはすでにみてきたとおりである。ただし、正確にいうと観光としての筏は電源開発・ダム建設の時期以前にも存在していたことが資料や聞き取りの内容から分かっている。しかし電源開発・ダム建設の時期より始まる観光筏が組合を結成して組織的に取り組まれ、大々的な人気を博したのに対し、それ以前の観光筏については、個人単位で個別に行われていたようである。ただし、個人的に行われていたものは観光専用に設えられたものではなく、「便乗」するという程度のものであったようで副業とすらいえない。詳細な記録や帳簿類は残されておらず、聞き取りで知り得たことは「そのようなことがあったらしい」という伝聞や推量の域に止まるものである。以上から、電源開発・ダム建設の時期から筏が「観光化」したと判断するのが妥当といえるだろう。

もうひとつの変化は、「伝統の筏」「本来の筏」として理念化される筏のカテゴリーの発生である。ダム完成以後に頻出する「数百年にわたる伝統の筏が消え」「本来の筏流しは消えた」などの言説は、ダムの造成以降になって「伝統・本来」の筏のカテゴリーとして括りだされ理念化されたことを物語る。このことは電源開発・ダム建設の時期以前には「本来の筏」「伝統の筏」と括りだされてカテゴライズされた言説が表れている資料を見つけ出すことができなかったことからも傍証されるだろう。筏のほとんどが姿を消してしまう電源開発・ダム建設の時期以降にこのようなカテゴリーが登場したと考えられる。このような「本来の筏」「伝統の筏」カテゴリーの登場によって、「正統な筏」としての「本来の筏」「伝統の筏」とそれ以外の筏が分節化された。このオーセンティックなカテゴリーの筏は学問的な領域からの追究の対象となり、民俗学的・人類学的な学問的営為の対象となってきた。

さらには「名物」「風物」としての筏のあり方という変化である。電源開発・ダム建設の時期以降の筏に関する言及ではしばしば「名物」「風物」として形容され、そのような意味付けが強調されているという変化である。「ダムが次々に完成するとともに名物イカダ流しは消えてしまった」「勇壮なイカダ師の姿も、戦後の電源開発で遂次消えて行った」[清水 1976：275：278]、「熊野の抒情に一役も二役も買った一片の風物詩＝熊野川筏流しは、十津川ダムの水底深く沈み果てた」「北山ダムや七色ダムの完成で、その風物も技術も伝承も久しく途絶えてしまった」[堀 1983：81]などである。

たしかにそれ以前にも筏が「名物」「風物」としてまなざされることはあったと考えられる。伝統的な風景観として、山水をまなざすときに水面に漂う舟や筏を点景として景観の一部に取り込む視覚の文化が古来より存在しているからである。しかし風景としてまなざされる熊野川、つまり「景観」としての熊野川の歴史において、舟や筏が景観の一部に取り入れられる点景としての伝統的な風景観がなかったわけではないが、舟や筏だけが切り取られ、「風物」「名物」として賛嘆されたり、特段に強調されたりすることはほとんどなかった。

3　明治・大正・昭和期の熊野川と観光

前節までで、電源開発・地域総合開発の結果、熊野川の性格・機能は「観光化」してきており、またダム造成による「筏の終焉」によって、筏のあり方は「観光」としての色彩を強め、「風物・名物」としての意味合いが強調されるようになった、と述べてきた。本節ではその前史として、「観光」として経験される熊野川や「景観」としてまなざしを向けられる明治・大正・昭和期の熊野川に着目しながら、筏や舟がどのように捉えられていたのかを検証し、熊野川の観光的・景観的特徴を考察する。

電源開発の頃に開始された観光筏下り以前には、筏下りを観光専用に用立てるということはなかったし、「スリル」を求めて筏を「味わう」というような需要はほとんどなかったと考えられる。少なくとも、そのような需要に応える組織的な取り組みはなされていなかった。ただし、観光旅程で筏に便乗するということはあったようである。

筏下りに対しての観光用の需要は昭和初期には存在していたことは明らかである。昭和初期、林業調査のために東京大学の学生一行とともに訪れた農業博士島田錦蔵が「熊野川の筏に便乗する観光旅程も可能であるという話題」が存在していたと述べているからである〔島田 1974：1〕(7)。また1939（昭和14）年には紀南観光の宣伝のために「イカダ節」が作詞されており、戦前期すでに筏が熊野観光の一要素として受けとめられていたことが読み取れる〔清水 1976：279〕(8)。しかし、筏が観光経験としての意味合いをいつ頃から帯びるようになったのかは今のところ不明であり、はっきりとした時期は特定できない。昭和初期以前の明治大正期に筏の観光需要が存在していたかどうかが判然としないからである。ただし以下のような状況からある程度の推測は可能である。

明治期の熊野の観光模様を伝える田山花袋の紀行文「熊野紀行」には、熊野川・北山川の「奇怪幽深」「秀麗明媚」な魅力が縷々綴られている一方で、筏・舟についてはわずかな言及が施されているのみである〔田山 1974〕。舟については渡し舟が通行手段として用いられた様子と瀞八丁の探勝用に舟に乗船した様子について述べられているが単なる情景描写に止まっており、乗船体験の情趣が表現されているのはわずかに操船技術の巧みさについての言及のみである。また、筏については末尾に瀞八丁めぐりの終幕部分で「筏師の棹歌の声」が日暮れの情景の一部として描写されている一箇所の言及があるだけである。以上からは、当時、筏や舟が旅情をそそるような主たる対象ではなかったこと、また舟や筏に乗る体験自体が観光資源とされることはほとんどなかったことが推測される。

ただし当時、一般的に筏や舟が情趣の対象としてまったく受け入れられてなかったとも考えにくい。水面に浮かぶ筏や舟を点景として組み込んだ名所図などの風景画は古来より描かれているからである(9)。江戸時代後期に熊野本宮大社を描いた「本宮本社末社図(10)」などの古絵図には熊野川を漂う団平船や筏が多数描かれている。また明治大正期になってから撮影されるようになった風景写真にも団平船や渡し舟、筏などが写し入れられている。これらの写真を収集して編集し、当時を振り返った写真集には、筏や舟が「風物」であったと解説されている〔笠原 1994：72〕。

しかしながら田山がそうした類のものを熊野にみようとした形跡は「熊野紀行」から読み取ることはできない。田山が宿の主人が留めようとするような風雨のなか一日を無為に送ることに耐え切れず出立したのは「今日こそは久しく懐にかけたる熊野川の奇景」をみるためであり、これを「見ざれば、共に渓流の勝を語るべからずとさへいへり」といわれていた熊野の山水を探勝するためであった。熊野の山水への羨望にあふれ、目の当たりにした光景を滔々と賛嘆を込めて書き連ねていく記述からは、紀行文に付きものの誇張を割り引いても、また紀行文がもつ観光案内あるいは観光広告としての性格を考え合わせても、少なくとも熊野観光においては筏や舟が観光の目的として主題化されてはいなかったとの推定を導くことができよう。

以上のような状況は大正期に入っても同じだったようである。1925年に新宮の写真館主・久保嘉弘が四つ切・五枚の写真集『瀞峡』を作成した際、久保の同級生である佐藤春夫が求めに応じて寄せた宣伝文は「他郷の人々南紀の地を指して奇山と異水に富めりと言う」と始まり「奇山と異水」への宣伝と賞賛が続く〔熊野文化企画編 2001：177〕。

この前年、1924年には瀞峡探勝用のプロペラ船が開発され就航する。プロペラ船は1917年に訪れたアメリカ人飛行士の操縦する飛行機をヒントに地元の有志が「発明」［熊野文化企画編 2001：173］したもので、かなり新奇で独自なものであった。実際にプロペラ船を撮影した数々の写真が残されており、「熊野川の名物」であったと解説されている［笠原 1994］。この熊野川特有のプロペラ船自体が観光の目的のひとつとされても不思議ではないが、佐藤春夫の宣伝文にはプロペラ船は登場しない。佐藤の文章から大正期においてももっぱら奇観が求められ、また喧伝されてもいたことがわかる。

つまり熊野川観光の眼目はあくまでも「奇観としての景勝地」にあり、「筏や舟が漂う景観としての熊野川」や「筏や舟に乗る体験としての舟遊び」はさほど熊野川観光の重要な意味を構成するものではなかったといえよう。

4　生活世界における筏とは何か

これまでみてきたように、電源開発による「筏の終焉」の過程は、現実的・実質的な筏の消滅ということよりも、「筏の終焉」が社会的に記憶される象徴的な儀礼的プロセスであったということとともに、「筏」は抽象化・理念化された共同的記憶として構成され、実態としての筏との距離は遠くなっていき、「筏のあり方」は変容した。つまり電源開発によって筏は消滅したということではなく、「筏のあり方」を変容させたのである。

「筏のあり方」の変容は大別して2つの方向性をもっていたといえる。ひとつは抽象的に理念化された「筏」である。これは「本来・伝統」や「名物・風物」の意味合いが強調される。もうひとつは「筏の観光化」である。電源開発によって熊野川が観光の要素を強めていったように、筏も観光化されていった。「筏のあり方」の変容を、2つの方向性として弁別してきたが、いずれも筏の内包する多様な意味のなかで、ある種の要素が肥大化・増幅してきた点において、それぞれに共通している。しかし、それは翻していえば、特定の意味の網かけからはみでる多様な要素をふるい落とす剥奪のプロセスでもあったといえよう。「本来・伝統」あるいは「名物・風物」の要素が求められる理念化された「筏」は、筏を生きてきた筏師の語る〝筏〟とのあいだにかなりの距離の存在を感じさせる。筏師が生きてきた〝筏〟には雑多な意味が混沌として入り混じっている。たとえば、理念化された「筏」には、補償交渉の際のかけ引きや泥臭い金銭の話や人間関係などの粘質な要素や、「水にぬれることのない仕事をしたい」「(プロペラ船に比べて)なんと筏流しは原始的な職業だろうと思い、嫌気のさす時もしばしばあった」という個人的でネガティブな感慨は似つかわしくないものとなる。理念化された「筏」は、世俗的部分が引き剥がされて脱俗化されており、「技術」「伝統」「歴史」など一部の要素だけが肥大化したものになってしまっている。筏が抽象化・理念化・脱俗化され、そこで肥大化した「技術」「伝統」「歴史」などの要素は、商業化された観光の消費対象としてたいへん相性の良いものでもある。

電源開発の帰結として「筏のあり方」が変容した結果として生み出された、理念化された「筏」にも「観光筏」にも収まりきらぬ〝筏〟が存在しているのである。

2017年3月、「北山村の筏流し技術」は和歌山県の無形民俗文化財として指定された。文化財指定が筏の文化的価値を余すところなく認めていこうという動きとなるのであれば、歓迎すべきであろう。それは筏の文化的な多様性を見直す契機となり、河川の近代化の過程で「筏」の範疇から締め出されてしまい行き場を失い浮遊する諸々の筏文化を掬い取るような裾野の広がりをもち得るからである。だが同時に、文化財化が豊潤で幅広い筏の文化的沃野を捨象するような、筏文化をより抽象化し理念化する動きと軌を一にするような動向とはなっていないかという注視も必要とされるのではないだろうか。

おわりに

(1) 筏と人々の関係の現在

現在でも筏師は健在である。北山川では「観光筏下り」の筏師が筏に乗っている。この筏師たちは河川の近代化によ る「筏のあり方」の変容を引き受けなければならなかった。しかし、「筏のあり方」が変容して生まれた、理念化された「筏」にも「観光筏」にも、筏師として構築されてきた身体を収めきることができない筏師も存在している。河川の近代化によって筏師は「筏のあり方」の変容を引き受けざるを得なかった筏師と、引き受けきれなかった筏師とに引き裂かれてしまったといえるのではないか。

一方で、北山村では新たなタイプの筏師が誕生している。Ｉターン者やＵターン者らの若い世代の筏師たちである。彼らにはかつて筏流しを担ってきた往年の元筏師のような経験や文化的背景はない。その彼らが観光筏下りとはどのようなものか、観光筏下りの筏師とはどのような存在か、昔日の筏流しや筏師たちや村の文化はどのようなものであったのか、という捉え直しを始動させ、筏文化を相対化しつつ、筏や筏師を再構成する取り組みを立ち上げている。経験や文化的背景がないがために、却って自己と筏師とをどのように紡ぎ合わせるべきかという営為に至っているように映る。ここには現代的な筏と人々の関係を再構成しようとする姿を読み取ることができよう。

また、「筏師の道」を再興させる動きも見られる。筏師の道とは、下流まで筏を流した筏師が徒歩で戻るときに通った陸路のことを指していう。その多くは山中や川沿いの小径でモータリゼーションによってほとんど使われなくなってしまった。Ａさんは北山村の下流にあたる北山川河岸に暮らしながら、筏師の道の再興に取り組んでいるうちのひとりである。[11] Ａさんは、当地の出身で、以前は愛知県の市街地で生活していたが、２０００年代後半になって戻ってきた。現在、周辺地域でのハイキングなどを企画・ガイドする観光業を営んでおり、筏師の道を観光プランのひとつとしている。しかし、Aさんにとって筏師の道は単なる観光にとどまっていない。筏師だったAさんの父親は、かつて上流の北山村まで筏流しに出勤していた。Aさんにとっては父親の「出勤の道」でもあるのだ。また、放っておくとすぐに荒れてしまうので常々手を入れて整備している道であり、愛犬と散歩する道でもある。自己のルーツや現在の自分自身、そして周囲の他者や世界とをつなぐものとなっているのがAさんにとっての「筏師の道」なのである。Aさんの筏師の道の再興は、父親が仕事としていた筏や筏師とはどのようなものであったのかという問い直しにも及んでおり、抽象化・理念化された筏には収まらない筏文化の相対化と自己と筏のつながりの再構成が実践されていると受け取ることができる。

（2） 植民地化という陥穽から生活世界を取り戻す

河川の近代化とは、熊野の川々と人々のつながりとしての生活世界を植民地化していったプロセスであると捉えることができる。ハーバーマスは近代社会システムが人々の生活世界を分断する構図を「生活世界の植民地化」と理論化して提唱した［Habermas 1981］。

河川が公共事業の舞台へと変貌していく様子を詳細に検討した田中滋は、国家によって河川空間での公共事業化が進められて社会資本として整備され、公共性が独占されていき、中央集権が強化されていく過程について論じている［田中2001］。国家による河川空間の改編について、田中は政治や経済の水準からアプローチし、政治や経済という権力と貨幣によって統御される近代社会システムの透徹のプロセスを剔抉している。本稿では河川の近代化という近代社会システムの介入が、社会文化的な文脈の再編過程に波及するものであることを見てきた。それは川と人々とのつながりの分断という近代社会システムの介入、つまり生活世界の植民地化に及ぶプロセスであるといえるだろう。

電源開発が筏にもたらしたのは、多様な複合体としての筏が、さまざまなカテゴリーに分解され新たな意味付与をされる再編の過程であったといえる。「筏の終焉」とは多様な意味を内包する総体としての筏が分節化・再編されていったとの意味での「終焉」であったのかもしれない。

ここに見てきた「川」と「人」との関わりから近代的河川空間への変換過程は、近代的国家のプロジェクトとして、それまでの河川と流域の人々や社会との関わりを、近代的開発にとっての阻害要因として近代によってもたらされる便益と引き換えに破壊しながら、編成しなおす再編のプロセスであった。

文化的な再編成がなされることによって、近代システム（近代的な河川空間・流域空間）とそれ以前のあいだに線引きがなされ、境界が創りだされる。システムとは自立したひとつのまとまりであり、外界と区別して恒常性を確保するためには、境界の維持が必要であって、「境界」とはシステムの本質のひとつである。境界を創りだすことは、カオスとしての連続性に非連続としての分節化をもたらしてコスモスをもたらす。河川空間において境界が創りだされたことで、近代システムの輪郭は明瞭になった。

その裏面では川と人々とのつながりや多様な意味連関の掘り崩しが進み、川と人々とのつながりや筏と自己の関係は分裂したものとなる生活世界の植民地化の陥穽に嵌ることになってしまった。

しかし末尾において提示したように、近代的社会システムによる植民地化に対して、生活世界の再構成を志向するような実践が展開されているのも熊野の川と人々の関係の現代的な実相といえよう。人々は掘り崩されて奪われた意味を取り戻そうとし、引き裂かれた生活世界を紡ぎ直そうとする営為を創発するに至っているのだ。

付記

本章は『国境の歴史文化』［上川通夫・愛知県立大学日本文化学部歴史文化学科編 2012］に収録された「河川開発と社会的儀礼――河川の近代化と「筏の終焉」」を大幅に加筆・修正・再構成したものである。

注

（1）ただし、2020年は新型コロナウイルスの影響でシーズン初めの5、6月が運休になるなどの影響が出ている。また、後述の瀞峡ウォータージェット船も航路維持の困難や新型コロナウイルスの影響によって2021年1月からの事業休止が発表された。

（2）1石は0・28立方メートル。

（3）筏や筏流しについての聞き取り調査は2006年から断続的に行い、三重県熊野市神川町の元筏師1名、和歌山県本宮町土河屋の元筏師5名、和歌山県北山村の観光筏センター職員1名に対して行った。

（4）日本自然保護協会会長・田村剛、映画監督・谷口千吉、新宮久保写真館主、熊野観光協会長・北野亀太郎、朝日新聞・荒垣秀雄らが保護を提唱し［岡本 1980］、また佐藤春夫らは瀞八丁保存運動のための文章を書き運動ビラに掲載されたとされる（佐藤春夫「瀞八丁の失はれるを惜しみて」・畑中武夫「天然の景勝を破壊しないように」［熊野文化企画編 2001］）。

（5）「……北山川水系ダム建設絶対反対の闘争を続けてきた。年と共にこうした世論の高まりに天下の絶景北山川の筏下りを一度味はっておかなくてはと、まだ肌寒き三月半頃から観光客の訪れ多く、筏組合では観光用特別筏を仕立、筏下り以外では倒底見られない一の滝、神護滝、音乗滝、焼山、上滝、ナジャゲ、小松峡、下滝、小和田峡、今滝、イタヅロ、椋谷、上瀞、の絶景を眺めながら瀞峡迄約大沼から三時《ママ》を要し、スリルを満喫してもらった。観光筏は瀞峡から筏師達が更に三キロ程下流、三重県紀和町小川口まで流して行き、そこで筏を解体し、トラックで大沼へ廻送していた」［竹本 1978：162］。

（6）「戦後初の画期的な工事といわれ、昭和三一年（一九五六）四月に完成した佐久間ダム（静岡県）の場合は、水没する二八戸と耕地、山林の補償はともかく、難航したのは天竜川を仕事場にしていた筏師との交渉でした。仕事場を奪われるので、ダム建設反対の急先鋒となり、補償要求も強硬でした。年間の稼ぎ高の15年分の補償を求めたのです。長い交渉の末、静岡県で退職金が一番多い会社の三年三カ月分の給料額を支払うことで妥結しました。そして天竜川の筏はなくなりました」［須藤 2005：87］。

（7）「昭和九年にはじめてこの地域を訪れたことがある。日本で国立公園が決められて間もなくの時代で、熊野川の筏に便乗する観光旅程も可能であるという話題の時期であった」。ただし「多人数のために筏便乗はできなくて」と実際の便乗はなかったようである。

（8）「イカダ節」の歌詞は次のとおり。「和歌山と奈良と三重の境の流れをヨイショ・景色すぐれてアノ熊野川ヨイショ・瀞の流れもョ・アラ九里峡も・流して行きます・イカダ節」［清水 1976：275］。作詞者は俳誌「葭の花」主催者の前川真澄であり、「節回しは鴨緑江節に土地の盆踊り唄の節がミックスされたもの」［清水 1976：279］であるという。

(9) たとえば「近江名所図」や「近江八景」(歌川広重) の「比良暮雪」「堅田落雁」「唐崎夜雨」「粟津晴嵐」「瀬田夕照」「矢橋帰帆」には帆かけ舟や小舟が描き入れられている。
(10)『紀伊国名所図会』の挿絵を描いた大和絵師・岩瀬広隆 (1808—1877) の作とされる。1889年の水害で現在地に移される以前に熊野川の中洲にあった熊野本宮大社と周辺の景観が克明に描写されているとされる。
(11) Aさんへの聞き取りは2017年8月に行った。

参考文献

〈邦文献〉

宇江敏勝 [1987]『青春を川に浮かべて』福音館書店。
岡本実編著 [1980]『ふるさとの思い出　写真集　明治大正昭和　熊野』国書刊行会。
笠原正夫監修 [1994]『目で見る新宮・熊野の100年』郷土出版社。
北正一 [1975]「熊野川水系・北山川の筏流し (覚書)」『林業経済』28 (5)。
北山村史編纂委員会編 [1987]『北山村史』下巻。
熊野市史編纂委員会編 [1983]『熊野市史』下巻。
熊野文化企画編 [2001]『今昔・熊野の百景――カメラとペンで描く紀州熊野の百年』はる書房。
島田錦蔵 [1974]『流筏林業盛衰史』土井林学振興会。
清水敬史編著 [1976]『激動の紀州昭和五十年史』清水編集事務所。
須藤功 [2005]『写真ものがたり　昭和の暮らし　5　川と湖沼』農山漁村文化協会。
竹本武千代 [1978]「北山川流筏歴史の概略」『中京民俗』15。
田中滋 [2001]「河川行政と環境問題――行政による〈公共性の独占〉とその抵抗運動」、舩橋晴俊編『講座　環境社会学第2巻　加害・被害と解決過程』有斐閣。
―――― [2004]「流域社会への視座――ナショナライゼーション論とリスク論を中心として」『国際社会文化研究所紀要』6。
田山花袋 [1974]「熊野紀行」『明治紀行文學集』(『明治文學全集94』) 筑摩書房。

中京大学郷土研究会［1978］『中京民俗』15。

浜口印刷編集発行［1981］「北山村の観光筏写真集」『ふるさとくまの』2。

原裕子［1984］「熊野川流域における流筏の衰退」『お茶の水女子大学人文科学紀要』37。

堀哲［1983］「紀伊熊野川流域筏業の変遷」『中京大学文学部紀要』17（3・4）。

本宮町史編さん委員会編［2004］『本宮町史』通史編。

松村和則［2001］「レジャー開発と地域再生への模索」、鳥越皓之編『講座　環境社会学第3号　自然環境と環境文化』有斐閣。

〈欧文献〉
BBC [2020] "'Hang on': Riding the log rafts that helped build Japan," (https://www.bbc.com/news/av/world-asia-54570613　2020年11月22日閲覧).
Habermas, J. [1981] *Theorie des kommunikativen Handelns.* 2Bde., Frankfurt am Main: Suhrkamp verlag（河上倫逸他訳『コミュニケイション的行為の理論』（上中下）未來社、1985―1987年）.

（井戸　聡）

Column 1

熊野の火祭り
——那智の扇祭り、御燈祭、八咫の火祭り——

■宗教と観光——世界遺産「紀伊山地の霊場と参詣道」

2004年に世界遺産登録された「紀伊山地の霊場と参詣道」は、高野山、吉野・大峯、熊野三山を繋ぐ参詣道によって構成される文化遺産であり、修験道と密接に関連した「信仰の道」として知られている。奈良県・和歌山県・三重県をまたぐ広大な範囲に数多くの構成資産が散在しているが、特に熊野三山と呼ばれる熊野本宮大社・熊野速玉大社・熊野那智大社の3つの神社には、登録から10年以上経った現在でも多くの観光客が訪れ、しばしば「世界遺産の成功例」と称される。

そもそも熊野という地域は、平安時代の皇族による熊野詣の聖地として信仰の対象となるだけでなく、「蟻の熊野詣」と呼ばれるほどに多くの人が訪れるような一大観光地としても知られていた。明治期の神仏判然令による混乱や昭和初期の景勝地としての観光化、熊野川ダム開発による木材産業の衰退と観光化への注力など幾度の浮沈を乗り越えながら、現在でも宗教と観光という2つの要素が混ざりあう地域として特徴づけられる［天田 2017 127］。

本コラムでは、熊野という地域における宗教と観光の混交を考えるために、熊野三山に関連する3つの火祭りを比較してみたい。一般的に祭りは、その構成要素として神職による祭祀などの儀礼的要素と山車などを用いて人びとが楽しむような祝祭的要素が組み合わさることで成立する［薗田 1990］。熊野地域における宗教と観光という2つの要素を考える上で、祭りという行事に注目することは、熊野地域の特徴を明らかにするための一助となるだろう。

■熊野三山と3つの火祭り

・那智の扇祭り（通称：那智の火祭り）［熊野那智大社］

那智の扇祭り（通称：那智の火祭り）は、毎年7月14日に行われる熊野那智大社の例大祭である。２０１５年に国指定重要無形民俗文化財に指定されている。扇祭りのハイライトは、扇神輿の渡御にあわせて、那智大社の参道を50kgもある大松明の炎によって清める行事（御火行事）であり、「火ばらい役、馬扇役（うまおおぎやく）などおよそ60人が那智山在住の者で勤める」［那智勝浦町史編さん委員会 １９８０：７５９］。大松明を担いだ白装束の氏子が歩く参道の周囲には、多くの観光客が詰め寄せ、大松明の炎に照らされた参道は荘厳な雰囲気に包まれる。

この祭りは、神職および氏子によって祭式の一切が執り行われる儀礼的要素が強い祭りだといえる。他方で観光客は、その一連の行事を見るにとどまり参加することはない。いわば宗教色の濃い祭りであり、観光客はそうした祭りを外部から見物することによって祭りを経験する。そこでは祭りの担い手と観光客が厳格に区別され、観光経験としては見る／見られる関係が固定されたマス・ツーリズム型の行事として観光客に受容されているといえるだろう。

・御燈祭［神倉神社（熊野速玉大社の摂社）］

御燈祭は、熊野速玉大社の摂社・神倉神社で毎年2月6日に行われる例祭で、神倉神社境内のゴトビキ岩を起点として松明を手にした男性たちが急勾配の階段を勢いよく駆け下りる行事である。２０１６年に「新宮の速玉祭・御燈祭り」として国指定重要無形民俗文化財に登録されている。「上り子」（あがりこ）と呼ばれる参加者は男性なら誰でも参加できるため、近隣地域の住民だけでなく遠方からも参加者が訪れる。暗がりの中、松明を手にした上り子たちが作り出す光景は「下り竜」と称され、勇壮な祭りとして知られている。

荘厳で儀礼的要素が強い那智の扇祭りとは対照的に、「男性なら誰でも参加できる」というこの祭りの特徴は、上り子たちが先を競って階段を駆け下りる祝祭的な部分にある。しばしば、上り子たちのあいだでトラブルが生じることもあるが、そうした競争的な側面もまた御燈祭の魅力とされる。ただ、上り子たちの競争やトラブルについては、神職の立場からは必ずしも看過できるものではなく、「神社が祭りの無形民俗文化財登録と時を同じくして祭りの規制を発表したのと同様、祭りの世界遺産化に伴い、再び祭を秩序化しようとする言説が語られている」［天田2017：166］。とはいえ、上り子たちの競い合いが生み出す勇壮さが、観光資源として注目されることで、御燈祭の知名度をより一層引き上げていることも事実であろう。

御燈祭は、祭りの参加者が広く一般に募られることで、観光客が参加者となり、祭りに関わることが可能な行事である。観光客の立場からいえば、実際に祭りを体験することが魅力のひとつであり、祝祭的要素が強い。いわば、熊野地域における文化を体験するという観光経験に特徴づけられるオルタナティブ・ツーリズム（体験型観光）のひとつとして人びとに認識されているといえる。

・八咫の火祭り［熊野本宮大社］

八咫の火祭りは、1999年の南紀熊野体験博をきっかけに創設された行事であり、毎年8月最終土曜日（熊野本宮大社御創建2050年にともない2018年度は10月13日に開催）に熊野本宮大社の旧社地である大斎原（おおゆのはら）で開催される。祭りは、本宮行政局総務課内に設置される八咫の火祭り実行委員会が主導し、他の2つの火祭りと比較すれば、行政との連携が最も緊密な祭り（いわゆる「官製」の祭り）だといえる。行事としては、本宮大社での神事のほか、炎の神輿・時代行列、奥熊野太鼓、熊野八咫踊り、八咫花火で構成され、近隣地域の学校や各種団体との連携を図りつつ、関西圏の大学との産学連携プログラムの一環としても位置づけられている。扇祭りや御燈祭と比べると、熊野地域においても知名度は高くなく、多くの観光客を誘致する行事とは言い難い。

この祭りの参加者は、八咫の火祭り実行委員会のホームページなどで募集されているが、祭りの運営に関しては実行委員会に加わる氏子総代会や商工会、観光協会などの地域社会を基盤とした組織が中心的な役割を担う。また、そうした人びとを介して近隣地域の団体および関西圏の大学との連携が図られている。祭りへの参加という点からすれば「関心のある人はだれでも参加できる」ため、オルタナティブ・ツーリズム（体験型観光）との共通点を見出すこともできるが、むしろ注目すべきはほかの2つの火祭りと比して「新しく創られた」ということ、そして行政が中核を担いつつも地縁を介したネットワークによって集まった人びとが祭りの運営の中心的な役割を担っている点にある。

そもそも八咫の火祭りは、南紀熊野体験博という国家的プロジェクトを契機に創設されたが、20年という時を経て地域社会の人びとが中心的な役割を担う「ローカル化 localization」［橋本 2018］が図られてきた。その上で、祭りを担う地域社会が、産学連携のプロジェクトなどと関連付けられることで地域社会の関係人口[1]の増加にも寄与するような「まちおこし」を目的とした祭りだといえる。

■熊野というフィールドの多様性――宗教、観光、そして地域社会

このように、熊野地域における3つの火まつり――那智の扇祭り、御燈祭、八咫の火祭りは、熊野三山という宗教的要素と関連しながらもそれぞれに祭りの性格という点において大きく異なる特徴を見出だせる。特に宗教と観光の混交という点から見た場合、那智の火祭りと御燈祭は、ともに世界遺産「紀伊山地の霊場と参詣道」で強調されるような信仰という点で共通するが、前者は祭りにおける神事的要素が強く、後者は祝祭的要素が強い。その結果、マス・ツーリズム的な観光として受容される那智の扇祭りとオルタナティブ・ツーリズム的な観光体験が可能な御燈祭として区別することができる。他方で、八咫の火祭りは他の2つの祭りに比べて歴史が浅く、文化財化・世界遺産化もされていないが、それゆえに地域社会がその将来像を模索するための実験場のように祭りが位置づけられることで、かえって地域社会という要素が前景化するような特徴を有している。

文化財化・文化遺産化されるような伝統的な祭りに比べ、行政主導の「新しい」祭りは、しばしば研究対象として

軽視されがちではある。しかし、熊野という地域における宗教と観光の混交から近代という時代を読み解こうとする本書の立場からすれば、3つの火まつりはそれぞれに重要な示唆を含んでいるはずだ。

注

（1）関係人口とは、「移住した『定住人口』でもなく、観光に来た『交流人口』でもない、地域や地域の人々と多様に関わる人々のこと」を指す（総務省ホームページ　http://www.soumu.go.jp/kankeijinkou/　2019年9月30日閲覧）。

参考文献

天田顕徳［2017］『現代修験道の宗教社会学的研究――吉野・熊野を事例として』筑波大学博士（文学）学位請求論文。

橋本和也［2018］『地域文化観光論』ナカニシヤ出版。

那智勝浦町史編さん委員会［1980］『那智勝浦町史（上巻）』。

薗田稔［1990］『祭りの現象学』弘文堂。


（有本尚央）

第Ⅱ部　問い直される近代

——世界遺産化と地域社会の変貌——

第6章　熊野の観光メディア言説の変動
——ガイドブックと旅行雑誌における記述を対象として——

はじめに

２０１３年6月、富士山が文化的景観として世界遺産に登録され、連日富士山について報道がなされた。この世界遺産指定によって観光客の増加が見込まれ、入山規制が検討され始めているという。世界遺産の指定と観光客の増加には密接な関係があると考えられている。例えば、和歌山県など3県にまたがる「紀伊山地の霊場と参詣道」は、２００４年の世界遺産指定にともない、「観光客は03年から79万人増え、経済効果は78億円増」(1)えたとされている。

ところで、その「紀伊山地の霊場と参詣道」が世界遺産に登録された翌年の２００５年の朝日新聞奈良県版には、「世界遺産の森は」という世界遺産登録一年後の現状を紹介する記事が掲載されている。その記事では、「深い森に覆われ、苔むした石畳の道が続く和歌山県那智勝浦町。熊野那智大社へ続く熊野古道の大門坂は、かつてそんな景色だった。しかし今、ほとんどの苔は消えてしまった。その原因は観光客の急増だ」として、世界遺産指定にともなう観光客の増加を示す出来事が紹介されている。(2)

だた、世界遺産と言えば、例えば、１９９３年日本で最初に指定された法隆寺や姫路城、翌年に指定された京都の文化財のように、元々著名な観光地であったものが多い。そして、熊野は、富士山と並び、戦前に国立公園に指定され、現代において世界遺産となった高名な地域である。国立公園は、戦前期において、現在の世界遺産と同様に各地が国立公園建議を鉄道敷設建議とセットで帝国議会に提出し、指定を争った制度であり〔丸山 1994〕「昭和四十年代まで観光客誘致の葵の紋所」〔白幡 1996〕であった。このように昔から観光地として注目を浴びる地域の世界遺産に登録された場所が、苔むしるほど誰も訪れていなかったのであろうか。本章はこのような一見素朴な疑問を明らかにするために、熊野地域を対象として、観光対象の価値の変動とその原因を分析する。そして、それらを通し、一般的な観光名所の価値の増減について考察したいと思う。

1　観光資源とその魅力

観光資源の分類について溝尾良隆は、現在、人間によって創造の手の加わった人文観光資源と加わっていない自然資源の2つに分けることを主張している。だが、かつては人文資源を「長い時間の経過を経て、価値が出た資源で、今後とも、その魅力が減じない」人文観光資源Ⅰと都市建築物や動物園などの「その魅力が将来にわたって保証されるとは限らない」人文観光資源Ⅱという分類をしていた〔溝尾 2001〕。この以前の分類においては、自然観光資源と人文観光資源Ⅰ、および、自然と人文が複合されている複合観光資源が、「今後とも価値が減じない」狭義の観光資源であるとされていた。だが、「個々にあたると判別できない資源が多数ある」ため、その分類の有効性を認めながらも、その区分を止めたとしている〔溝尾 2008〕。

熊野古道は、瀬尾の以前の分類に依拠するならば、その世界遺産への推薦状において、「一千年以上にわたり夥しい数の信仰者を惹きつけ、日本人の精神的・文化的な側面における発展と交流にきわめて重要な役割を果たしてきた(3)」とされているので、人文観光資源Ⅰに属する観光資源であるといえるだろう。

本章は、この和歌山県熊野地方を例として、長期間にわたって価値が出たとされる観光資源が、比較的短期間にその価値が認知され、観光地として注目を集めるようになったこと、また、人文観光資源Ⅰと同様に、価値が減じないと思われる自然観光資源が、開発によって破壊されたわけでもないのにもかかわらず、比較的短期間にその価値を減退させたことを明らかにしたい。そして、それらの変動のメカニズムについて社会構成主義的視点を導入することによって考察をおこなう。

（1）観光対象と観光アトラクション

観光研究の古典となっているマキァーネルの研究において、彼は「誰かに／何かを／表象する」という記号の機能と「観光客に／名所を／印づけるもの（マーカー）」という観光アトラクションの一致を指摘し、観光の記号論的分析を展開している。その中で、彼は観光名所において、マーカーという語の用法を拡張して名所から分離されたところで使用される観光情報にも適用した。「普通、観光客がある名所に最初に触れるのは、名所それ自体ではなく、その表象であ」り、「我々の見るものについての見解は、（中略）それらを見る以前に、すでに組織化さ」［MacCannell 1976］れていると主張している。そして、マキァーネルの観光アトラクションとマーカーについてのアイディアを発展させたレイパーは、観光客と観光名所の属性である核とマーカーからなる観光アトラクションシステムを提案している［Leiper 1990］。彼は、マーカーを出発前に集められる情報である生成マーカーと、観光名所の経路上にある通行マーカー、そして観光名所にある接触マーカーの3つに分類した。それらの中で、観光客にとって観光地についての事前の情報となる生成マーカーは、（観光の）動機づけと満足感に寄与」しており、それらなしでは、ほとんどの名所は観光客にとって特別な意味をもたないと生成マーカーの重要性を主張している。

また、フーコーのまなざし論を観光現象に応用したアーリも、観光の「まなざしは社会的に構造化され組織化さ」れており、「記号を通して構築さ」れているとし、（観光）「活動が、広告とメディアを通して、まさに私たちのイマジネーションの中でいかに構成されかを理解せずに現代観光の性質を把握することは困難であ」るとしている［Urry

1990]。

つまり、橋本［1999］が、『観光人類学の戦略』の中で、観光を定義するにあたり、異郷における「よく知られているもの」の消費という観光の側面を強調したように、現代社会において観光とは、訪問者が対象地域を訪れる前にメディアを介し知っているということがその特徴の一つであり、事前の情報、レイパーの言うところの生成マーカーは、観光現象においてきわめて重要なものであると言える。

（2）観光情報と観光ガイドブック

このような観光対象になる名所についての訪問前の情報を、潜在的観光客をどのように獲得するのであろうか。アーリは、「映画とかテレビとか文学とか雑誌とかレコードやビデオなどの非観光的な活動によって作り上げられ支えられている」［Urry 1990］としている。実際、世界遺産登録後の観光客の増加は、マス・メディアの影響を抜きには考えられないであろう。また、NHKの大河ドラマの誘致を世界遺産指定と同様に各自治体が積極的にアピールをする理由もやはり観光客増加を見込んでのことであろうし、近年では、アニメーションの舞台となった地域へ、「（アニメの）聖地巡礼」と称して旅行に行く人々も出現している。このように、何に対して観光のまなざしが向けられるかは、「複雑でしかも変容していく階層性の中にある」［Urry 1990］。

だが、その観光のまなざしがある程度の持続力を持つものであるならば、それらがどのような振る舞いをする記号であれ、どのような経路をたどる情報であれ、マーカーとして一定期間以上機能し、一定以上価値ある情報であるならばそれらはガイドブックに記載されると思われる。すなわち編集者がある程度の価値を認める程度に生成マーカーとして機能すると判断すれば、そのガイドブックが出版されてから次の版に改められるまでの間ガイドブックに記載されるだろう。

観光ガイドブックは、観光現象においてどのような機能があると考えられるだろうか。バッタチャリアは、コーエンのあげたツアーガイドの4つの機能［Cohen 1985］がガイドブックにおいてみとめられるかどうかを考察している。彼女によれば、ツアーのパーティをとりまとめる機能である社会的リーダーシップについては認められないが、それ以外の、道具的リーダーシップ機能、相互作用的媒介機能、コミュニケーション的媒介機能についてはガイドブックにも認められるとしている［Bhattacharyya 1997］。道具的リーダーシップ機能とは、パーティを先導し、地域のナビゲートをおこなう機能であり、交通機関の詳細な情報や、タウンマップなどによってツアーが円滑に行われるように先導する。相互作用的媒介機能とは観光客が様々なサービスや設備を獲得できるように地元民との相互行為を仲介する機能であり、食事をするところや宿泊所等の情報を記載することによって、「泊まるべき場所」「食べるべき場所」を観光客に伝える。

そして、コミュニケーション的媒介機能とは、地域の中のあるものを名所として選択し、解釈する機能であり、その解釈は、その選択した名所の歴史的背景などを説明し、どのような価値があるのかという評価を行い観光目的地のイメージを形成するものであるとしている。ガイドブックのこのような機能は、ガイドブックを非観光的活動の中にある断片的な生成マーカーが集約される観光情報の結節点としているといえるだろう。つまり、ガイドブックは、潜在的観光客に効率的に情報を与え、最終的な動機付けに役立つ生成マーカーの集約される場として機能しているといえる。事実、交通公社の調査によれば、「旅行の計画を立てる際の情報収集源」として最も利用されるものは、ガイドブックであり、旅行会社のパンフレット、ネットの検索サイト、旅行雑誌とつづく。これらが突出して高い［日本交通公社2010］。

つまり、観光ガイドブックは、対象地域の中から名所を選択し、その解釈を読者に伝えることによって、彼らが実際の観光客となるための最終的動機付けとして機能するための生成マーカーが集積される場であるといえる。観光現象において事前の情報が重要であるならば、ガイドブックは観光現象においてきわめて重要な役割を果たしているといえるだろうし、観光研究においても重要な対象であるといえるだろう。

（3）本研究の視座

以上のことをふまえ、本章においては、観光地を紹介し解説する言説、特にガイドブックや旅行雑誌に取り上げられた言説の変動の分析を、それらの言説を通して、観光対象は社会的構成物として組織化されているという前提に立ちおこなう。

このような社会現象の社会的構成に注目するという研究の立場について、上野千鶴子は、ソシュールの構造主義言語学に端を発する「人文・社会科学を含む学際的な分野に広く影響を与えてきた知のパラダイムである」［上野 2001］と指摘している。本章も同様の立場から、観光研究に限定せず、広く本質主義に対抗する立場としての社会構成主義的研究の成果を取り入れ分析をおこないたい。このパースペクティブの中にある社会問題の構築主義的研究においては、スペクターとキツセが、社会問題は客観的状態ではなく、「なんらかの想定された状態について苦情を述べ、クレイムを申し立てる個人やグループの活動」であると主張して以来［Spector and Kitsuse 1977］、社会問題をどのように定義づけるかという言説（＝クレイム）を巡る活動に焦点を当てた研究がなされている。これらの研究の視点と、本章においてこれまで論じてきた、観光現象においてガイドブックなどによる場所の解釈が、観光地を観光地ならしめているという立場はきわめて類似しているといえるだろう。従って、とくに具体的な観光地に対する言説の動態の分析においては、スペクターとキツセの主張に沿った社会問題研究の成果を応用することによって考察をすすめたい。

そして、その対象地域は、「紀伊山地の霊場とその参詣道」として世界文化遺産に登録され、かつて「有名観光地の地位をほしいままにしていた」［白幡 1996］「吉野熊野国立公園」にも指定されている和歌山県熊野地域とし、観光名所、観光のまなざしの対象についての言説に焦点をあてる。南紀とも呼ばれる熊野地方は、白浜温泉をはじめ数多くの温泉地があり興味深い調査対象ではあるが、日本社会の観光現象においては、同時に分析し論じるにはあまりにも大きすぎるテーマであるので、宿泊の要素を含む温泉地については対象としないこととする。そして、熊野地方を対象として、観光表象のダイナミズムを明らかにした後に、その変動のメカニズムについて分析したいと思う。

2　観光言説の「選択」と「強調」

したがって、和歌山県熊野地方についての観光言説について、どの地点が選択され、強調されてきたか、また、それらの場所のどの面が強調され、評価されているのかについての観光言説の分析を本章では行う。対象期間は、マスツーリズムが本格化した昭和30年代（1955年）から、熊野古道が世界遺産となった現在までとし、その対象としては、ガイドブックを中心として、観光雑誌、特に1924年に日本旅行文化協会によって創刊され、交通公社（のちにJTB）が2005年まで継続して発行していた『旅』における熊野地方の記事と、観光記事を継続的に掲載し続けている「読売新聞」もその対象としておこなうことによって、全国的な動向における熊野地域の観光の位置と意味を含め分析する。

3　自然から文化へ

1955年以降の熊野地域の観光情報を見る前に、明治から昭和初期までの変動を概観し、分析対象期間の初期状況を確認する。

日本におけるガイドブックは、英文で書かれた外国人向けのものは1880年代より出版されていたが［里居ほか2003］、日本人向けのものとしては、1892（明治25）年、野崎左文によって『東海東山　漫遊案内』が出版され、ベストセラーになってからであるとされる［五井信 2000］。

本章の対象地である熊野地方も、このような明治20年代後半からのガイドブック出版ブームの中で、取り上げられていった。そして、その中心対象は、西国三十三カ所巡りの第一番札所の那智山にある那智の滝であった。当時のガイドブックの名所の記述は、古典文学からの引用で占められ、名所を歌った和歌が所々に掲載されるものであり、そのよう

写真6−1　那智の滝

出所：筆者撮影.

な「まなざし」においては、「扶桑第一」の名瀑と謳われ、古代末から皇族がたびたび参詣し、平家物語の舞台ともなった那智の滝は熊野地方においてもっとも重要な名所であった（写真6−1参照）。

それが、大正を迎える頃から変化が見られるようになる。那智の滝は「雄大壮嚴なる點も皆劣りたるは惜しむべし、殊に、山の淺きと、瀧の岩に傳りて落つるとは、この瀑をして雄大の趣を欽かしむ」［坪内編 1905：172］と形容されるようになり、「雄大ではな」く、「女性的」とされるようになる。替わって、もっとも詳しく記述され、見るべき価値があるとされるようになったのは、熊野川水系の北山川上流の渓谷である瀞峡であった（写真6−2参照）。「當國の絶勝として世に名高き瀞八町」とされ「赤壁の勝もまた當ならず」［田山編 1914：580−84］とされるようになった。また、名所を評価する言葉にも変化が見られる。以前のガイドブックでは描写の中心であった文学からの引用はその量を減らし、その前に、例えば那智の滝ならば、「流紋岩の絶壁に係る滝である」としたり、瀞峡ならば、「太古に滝があり、その浸食作用による後退によって渓谷が形成されたりしたのである」などの地質学的説明が冒頭になされるようになった。日本人の自然景に対する「まなざし」の変化を分析した西田は、「明治後期に、風景の見方に劇的な転換をもたらしたのは、まず科学のまなざしであった(4)」と論じている。また、小泉も、日本人の風景観が、明治期後半から

写真6−2　瀞峡

出所：筆者撮影.

「文学や歴史に登場する名所旧跡を重んずるようなものから、（中略）自然の風景そのものを素晴らしいとみなす風景観に変わ」［小泉 2002］ったとしている。このような歴史や伝統を介さず、自然科学的知識によって自然を評価する「まなざし」によって熊野が評価されるようになり、瀞峡がもっとも見るべき価値のある場所となったのだといえる。

昭和に入り、熊野地域は、奈良県南部の吉野地域と共に、国立公園の指定を受けることとなったが、国立公園の指定は、このようなまなざしを強化する方向で作用した。むしろ、理学系の学者が担当して指定の調査が行われた国立公園は［黒田・小野 2004］、このような「科学のまなざし」によって国土を評価し、国の制度によって権威づけるものであったといえる。熊野地方のガイドブックの記述も、大正時代から始まった傾向を受け継ぎ、瀞峡が重視された。例えば、後にJTBとなる日本旅行協會が1936年に発行したガイドブック『紀伊・熊野地方』の表紙には瀞峡が使われ、詳細な地図もつけられている。それぞれの描写においては、那智の滝が「上流國有林の伐材により水量は昔時に比し著しく減じ」ていることが紹介され、「女性的」であると形容されている。一方、瀞峡は、滝の後退による成立説が紹介され、「渓谷の持つ静的美の極致を示」しているとされている［日本旅行協會 1936］。また、国立公園制度の発足を受け、朝日新聞社から発行された『アサヒグラフ臨時増刊　國立公園號』の吉野・熊野国立公園紹介の見出しも「陽光に滿ちた樂園　大和アルプスと紀南の祕境瀞八丁」であり、瀞峡が熊野から選ばれている［西田 2004］。そして、白浜のイメージを研究した神田は、京阪神地域の南方に位置していた白浜には、さらに南国の場所イメージもしばしば強調されていた(5)と述べているが、熊野地方全体も、「陽光に滿ちた」と形容され、本文中も、「大げさに云へば冬のない國」、「自然の温室」と紹介されているように、南国のイメージによっても語られるようになった［神田 2001］。

（1）　1955年から1970年まで

戦後になっても、国立公園成立期と同様の瀞峡を中心とした地学的造岩活動による風景美と南国イメージの記述がそのまま踏襲されている。例えば、1956年日本交通公社発行のガイドブック『紀伊・熊野』においても、那智の滝には「近年水量が減少した」という情報と「女性的」という形容がなされ、滝の記述の量は、潮岬や橋杭岩などの海岸部の風景地と同じぐらいしか割かれていない。それに対し、瀞峡は、詳細な地図、写真付きで紹介され、下瀞・上瀞・奥瀞に分けられ詳細に記述されている(6)。

熊野地方は、1959年の紀勢本線の開通をうけ、「南紀ブーム」と呼ばれる観光ブームが訪れる。旅行雑誌『旅』における熊野地方の取り扱いを中心に、観光言説を見ていこう。熊野地域は、『旅』誌において、1955年から、1969年の間に、1961年2月号の「最新南紀観光ガイド(7)」など、6回の特集が組まれている。この間京都の特集は4回に止まり、伊豆などと並び、最も特集される地域であった。そして、1962年には、読者アンケートによって日本の代表的観光地を選ぶ「新日本旅行地100選」という企画が行われている(8)。山、高原、峠、砂丘など16項目でそれぞれ日本一を選ぶというものであったが、熊野地方は、温泉に白浜、滝に那智、渓谷に瀞峡、海岸に鬼ヶ城と4つが1位となり、岬の項目でも潮岬が4位に入っている。この期間、日本の中で、もっとも支持された観光地であったといえる。

また、1965年3月12日の読売新聞夕刊の「行楽案内」の「新婚旅行　プラン作りへの手引き」という記事に「ある旅行案内所に申し込んだ新婚客の旅行先」の45%が南紀であり、以下、九州が30%、伊豆が15%と続くことが紹介されているように、新婚旅行先としても全国一位であった(9)。『旅』誌上においても、1961年2月号「最新南紀観光ガイド」に「すばらしかった南紀へのハネムーン」として俳優の井上孝雄が紀行文を寄せている。井上は、白浜、勝浦、瀞、鬼ヶ城、那智山、串本を旅し、その中で瀞峡については「今度の旅程の中では瀞だけはぜひ見たいと思った」としている(10)。そして、先の新聞記事の中で新婚旅行先として南紀、九州、伊豆が人気のある理由として、「春先の新婚旅行シーズンの旅先として、いずれの地も、暖かく快適な旅行が楽しめる」とされていたように、南国イメージも引き続き、強調されていた。例えば、『旅』1964年1月号の特集名は「黒潮をあらう暖冬地帯」として熊野を取り上げ、また1961年11月号「南紀温泉めぐり」では「南国的情緒をもとめ」れる場所として白浜温泉が紹介されている(11)。

これらの時期に『旅』誌上で紹介されたモデルプランをみてみよう。例えば、1956年11月号で「熊野三勝巡り」として瀞・那智・潮岬、「瀞と熊野三山めぐり」「那智山と瀞峡めぐり」が紹介されている[12]。また、1959年4月号に「新婚旅行モデルプラン」として東京から、「大阪→白浜（泊）→串本→潮岬→那智→勝浦（泊）→新宮→瀞峡→新宮（泊）→紀伊木本→尾鷲→相可口→鳥羽（泊）→宇治山田→伊勢神宮→二見→鳥羽→東京」という全5日のコースが紹介されている[13]。この新婚旅行のプランに見られるように、白浜や勝浦の温泉に宿泊し、海岸部を移動し、瀞や那智の造岩美を見るというのがこの頃の熊野観光のモデルであった。

一方、この期間中、熊野古道はほとんど言及されていない。触れられたとしても「歴史と味の国道　新ドライブマップ20」（『旅』1970年5月号）において中辺路が「見るべき遺跡もない。難路である」という紹介のされ方であった[14]。また、1966年2月号には「大吉和尚の熊野詣で」として、寺内大吉が、現在の熊野古道・中辺路と平行した道をバスで移動した紀行文が掲載されているが、その中で、彼は、上皇の熊野詣での歴史には触れながらも、途中、乗り換え以外には、どこにも立ち寄っていない[15]。

（2）1970年代から

国立公園のまなざしの後退と持続

1960年代の熊野地方への注目は、『旅』誌上においては、1970年代以降、急速に少なくなる。特集は2002年11月号に「熊野古道を歩く」として取り上げられるまでなされなくなった。また、南国イメージも薄れていった。例えば、1975年3月号に「南紀うつらうつら紀行」と題し、漫画家福地泡助の紀行文が掲載されているが、その中では、勝浦について「おそらく東京よりはあたたかいだろうと思っていたのだが、これがすごい寒さなのだ[16]」と記され、また、川湯温泉での宿泊では「遠くの山には雪がかかっている」と描写されている。そして、瀞峡も、近畿地方の数ある紅葉の名所の一つとして名前が挙がるのみの存在となる。

だが、このように全国の観光地を扱う雑誌においてはほとんど取り上げられなくなったが、同じ会社から出版されるガイドブックにおいてはほぼ同様の記述がカラー写真や地図などの情報を増やしながら続いていく。例えば、『交通公社の新日本ガイド16　南紀伊勢志摩』は、「今までのガイドブックのほとんどが有名観光地の紹介に片寄っていた点を改め、日本全国の隅々にいたるで徹底的に調査を行いその結果を基として編集された」ガイドブックであり、観光名所を次の4段階で評価している。

特A　国際的に優れた観光物件
A　全国的なレベルで優れた観光物件
B　関東・近畿など地方レベルの観光物件
C　都道府県内の観光物件として貴重

1985年発行の改訂11版においても、吉野熊野国立公園は、「みどころは海岸部と山ひだを縫うように流れる熊野川・古座川・日高川・富田川の流域に集中している。変化に富んだ海岸線は橋杭岩・鬼ガ城などの奇勝を生み、その風向は底ぬけに明るい」と評価している。そして、「特A」評価を与えられた名所は、瀞峡と那智の滝であり、瀞峡が単独の名所としては最大の情報量となっている。

「有名観光地の紹介に片寄っていた点を改め」るという宣言を裏切らず、熊野古道に点在する各王子社も取り上げられているが、評価は「C」であり、それは、例えば、栗栖川亀甲石包含層や大塔渓谷のような現在ではほとんど知られていない、ガイドブックでも取り上げられていない観光名所と同様の評価である。また、後にガイドブックや雑誌の特集号の表紙を飾り、観光ポスターに取り上げられることになる、那智の参詣道である大門坂は評価さえされていない(17)。そして、同社の（途中からはJTB発行の）ポケットガイドでは、1990年代前半まで瀞峡が表紙を飾っていたが、そのガイドブックにおいても、1990年代半ばから、記述が減少するようになる。ポケットガイドの1995年発行改訂第3版では、表紙を青岸渡寺と那智の滝にゆずり、記述の量も1ページのみとなり、記述の内容も風景よりは瀞峡まで行く手段であるウォータージェット船が大きく取り上げられるようになる[18]。同年発行の『'95るるぶ　紀伊半島』では、モノクロのページのみとなり、２００６にＪＴＢパブリッシングから発行された『タビリエ　27　南紀熊野古道』においては、「ひと足のばして、筏下りに挑戦！」とオプションとして訪れる場所扱いであり、「日本で唯一の筏下りが体験できます筏下りができる場所」としての紹介であって、かつて記述の中心であった風景についての記述は消滅している[19]。

熊野古道の登場と浮上

逆に、注目を集めていったのが、中辺路を中心とした熊野古道である。１９７８年から文化庁が始めた「歴史の道」事業において、調査・整備がなされるようになった熊野古道は、『旅』１９８３年2月号において、「祈りの道熊野古道」として紹介されている。そこでは、「滝尻王子から本宮まで歩くと一泊二日の距離。途中九十九王子の石碑や史跡がのこる山道は往時を偲ばせる[20]」と「見るべき遺跡もない」とされてから、13年で「往時を偲ばせる山道」へと変貌している。ガイドブックでも、『交通公社のポケットガイド28　南紀』の１９７７改訂8版では、全く記載のなかった中辺路が、１９８０年代に入ると、イラストマップ付で、「滝尻王子―近露王子」「小広王子―近露王子」「小広王子―本宮大社」のコースが紹介されるようになる。だが、１９８０年代は、「ポケットガイド」では瀞峡が3ページ、熊野古道が4ページであるのに対し、１９８９年発行の『ＪＴＢのエースガイド13南紀・伊勢・志摩[21]』では瀞峡に3ページ、熊野古道に2ページであり、『交通公社の新日本ガイド16　南紀伊勢志摩』では瀞峡は2ページの解説と見開きのカラー写真、熊野古道はコラムでの解説のみと同じ会社から出版されていたガイドブックでも扱いは様々であった。そして、那智山の参詣道である大門坂は項目すらなかった。

ところで、『旅』誌上において、１９８６年9月号に「野ゆき山ゆき海辺ゆき難行苦行の熊野詣」として、評論家川本三郎が、近露王子から継桜王子までの古道を歩いた紀行文が掲載されている。その中で川本は、「杉の林のなかを古道がぬっている。〝昼なお暗い〟雰囲気だし、長い雨のために道がじくじくしめっていて一人で歩いているとちょっと気味が悪くなる。（中略）熊野が昔の人間に『死の国』とイメージされていたのがわかる気がしてくる」(22)と記述しているように、この時期の熊野は、『死の国』と形容され、熊野古道にも死への道であり、難行というイメージがつきまとっていた。1993年9月25日発行の『朝日新聞』に「歴史を踏みしめ　熊野詣650キロウォーク」というイベントを紹介する記事が掲載されたが、その中においても、和歌山在住の作家神坂次郎の、「熊野は『黄泉の国』『死の国』など、怪しいイメージを漂わせて」おり、「容易に人を寄せ付けぬ厳しさがある」という語りを紹介している(23)。

この「死の国」と難行イメージは、1990年代後半に「救いを求めた地」「聖地」へと変わっていく。『旅』1999年6月号に掲載された、写真家・大野芳野の「熊野古道」では、熊野を「静寂さと神聖さがあいまって、熊野には一種特有な雰囲気を漂わせている」とし、「神聖」である形容としている(24)。また、1999年度版『るるぶ　南紀伊勢志摩』では、表紙に写真が使われ、「幽暗な古道を歩いていると、熊野の神〝大自然〟への畏怖心が湧いてくるようだ」とされている。それまで、ガイドブックで取り上げられた古道は、『ポケットガイド28　南紀』に見られるように、中辺路部分が中心であったが、那智大社と本宮大社を結ぶ、「大雲取越」「小雲取越」が紹介され、その中で、本稿冒頭の新聞記事にある大門坂（写真6−3参照）も紹介されるようになっている。

写真6－3　大門坂

出所：筆者撮影.

そして、世界遺産指定を受ける2年前の2002年には、『旅』11月号で、「熊野古道を歩く」として特集が組まれる存在となった(25)。先に紹介した『タビリエ　27　南紀熊野古道』においては、熊野古道は書名の一部となり、詳細に紹介されている。滝尻王子は「聖地への入り口」とされ、中辺路は、「乳岩や胎内くぐり、展望台、高原熊野神社など見どころも多い」所となった。そして、大門坂は「苔むした石段の両側には100本以上の巨大な杉並木が連なり神秘的な世界へ導かれていくよう」な所であり、那智の記述の中心となり、滝よりも詳しく紹介されるようになった。そして、那智の滝は、「飛滝神社のご神体として祭られている日本一の名瀑」であり「スピリチュアルスポットとして多くの人々が足を運ぶ」場所と記述されるように、「神体」であり「聖なる」存在であることが強調されている(26)。

また、ガイドブックで紹介されるモデルコースも変化している。1977年の『ポケットガイド』では、「南紀一周」「南紀縦断」「ヤング向き一周」「熊野三山・伊勢・志摩」の4コースが紹介されているが、熊野古道を歩くものは「ヤング向き一周」コースだけであり、すべてにおいて取り上げられているものは、瀞峡と宿泊地でもある白浜、勝浦であった。だが、『タビリエ』では、

白浜空港―白浜〔泊〕―中辺路―熊野本宮―大斎原―湯の峰温泉―勝浦〔泊〕―那智大滝―大門坂―太地くじら浜公園―橋杭岩―道の駅（おみやげ）―志原海岸―白浜空港

というように、2泊3日行程の半分を、熊野古道を歩くことに費やす設定となっている。

この死の国イメージから「癒しの聖地」への変化は、読売新聞の観光記事においてもみられる。熊野古道を扱った記事は、1992年9月11日の「〔旅〕熊野三山　和歌山　古の参詣者に思いはせ　山続く苦行の難路」と題されたもの(27)と、2004年5月31日の「〔旅〕熊野古道（和歌山）万人救う信仰の古里」と題されたものの二つがあるが(28)、前者には「黄泉の国」や「死後の世界と現世の接点が熊野三山に求められた」などの表現があるが、後者においては、熊野の森は「生命のにおいに満ちている」場所とされ、「熊野三山では森と川、岩、滝が信仰の源になっている」という言葉が使用されている。

4　象徴としての熊野

1955年以降の熊野地方の観光対象の変遷をまとめるならば、大正時代から1970年ぐらいまでの国立公園が観光の中心であった時期は、自然科学的価値に支えられた地質学的な岩の造形美に注目が集まり、「瀑布の後退によって造り上げられた」瀞峡が風光優絶であり、全国的な注目をあつめた吉野熊野国立公園の中でも「ぜひ見たい」場所であった。そして、1980年代より、特に1990年代半ば以降、熊野地域は、徐々に文化・歴史学的価値によって支えられた「伝統」を象徴する場所として価値があるとされるようになった。そこでは、かつてガイドブックに取り上げられさえしなかった熊野古道が注目され、「見どころの多い」「極めて貴重」な場所とされ、那智は、神秘的でスピリチュアルな場所であると描写される。逆に、日本一の渓谷であった瀞峡は、その風景には注目が集まらず、筏下りなどの体験ができる場所としてのみ紹介されるようになった。

また、これらの変化は、旅行雑誌などの情報とガイドブックではズレがある。瀞峡の扱いはガイドブックが1990年代の前半まで最も見るべき価値のある場所であったのに対し、『旅』では1970年代前半以降取り上げられなくなっていた。また、熊野古道に関しては、ガイドブックにおいては1990年代半ば以降最も注目を集める場所となっていったのに対し、雑誌で特集を組まれたのは世界遺産登録を控えた2002年11月まで特集を組まれることはなかった。そして、同じ熊野古道の一部であっても那智山の大門坂は1990年代前半まではほとんど無視され、その後急速に熊野古道の象徴となっていった。

これらの変化とその差異について考察しよう。

（1）社会的構築と文脈

前述のように社会問題における構築主義的研究を応用することによって分析を試みたい。社会問題の構築主義的研究では、あるクレイムが社会的に受け入れられるかどうかは、そのクレイムがなされる社会的文脈の中で判断されなければならないという指摘がなされている。例えば、1980年代後半のアメリカ社会における子供に対する脅威の社会問題化は、子供の価値の上昇の中で理解されるべきであるとされている［Best 1990］。このように、社会問題であるという主張が広く受けいれられるには、その主張に含まれる価値が社会的に受容されている必要があると考えられる。従って、ある社会問題のクレイムに対する社会の反応を研究するためには、そのクレイムだけではなく、他の社会問題のクレイムを含めた文脈の中で理解されなければならないとされる。

観光現象においても同様に、ある場所が観光名所であると受け入れられるためには、名所であるという主張の背後にある価値が共有される必要があると考えられるだろう。そして、それまでは注目されなかったある場所が観光地化するということの背後には、その観光地に含まれる価値の上昇があると考えられる。つまり、前節で明らかとなった熊野古道への注目の上昇は、背後にある価値の上昇の中で理解されるべきであり、観光言説全体の変動の中で理解されるべきであるといえる。

従って、1970年以降の全国を対象とした観光言説の変化を明らかにし、その変動と熊野観光言説との関係を考えたい。

まず、『旅』誌における特集の題名に使われた単語の変化を見る。1955年1月号から1999年12月号までの特集名において、「自然観光資源」を表すと考えられる語や行為、地域である「高原」「湖畔」「渓谷」「岬」「夏山」「冬山」「名山」「（国立・国定）公園」「山歩き」「登山」「ハイキング」「北海道」という語群と人文観光資源を表す語や地域と考えられる「歴史」「古寺」「城下町」「古都」「町並み」「ふる里（ふるさと）」「町」「街」「里」「京都」という語群の2つのグループを設定し、その推移を調べた。それぞれの語群の期間中の総計は54語と55語であり、全調査期間中の使用頻度はほぼ同じとなっているが、その45年間の推移は、図6-1となる。

１９６０年代前半まで、自然資源を表す語の使用が優勢であったが、１９６０年代後半から、１９７０年代はほぼ同じとなり、１９８０年代以降、人文資源を表す語が好まれていることがわかる。

次に、同様の語群を読売新聞の観光欄の見出しを対象に推移を見てみよう。読売新聞は、１９５０年代から60年代は「行楽案内」、１９７２年から１９７７年までは「マイレジャー」、それ以降は、「旅」と題して、ほぼ毎週各地の―１９７０年代以降は海外の情報を含め―観光地の情報を掲載している。読売新聞の記事検索サイトである〝ヨミダス歴史館（https://database.yomiuri.co.jp/rekishikan/）〟を利用し、これらの記事から国内旅行のみを対象として、先の２つ語群を検索し、集計した結果が図6-2である（但し、単語ではなく「見出し」の件数を集計）。読売新聞の見出しにおいては、全期間中、自然資源を表している語を使用した見出しの総計が４３２件、人文資源の総計が２５０件と自然資源を表す見出しが大幅に多かった。しかし、やはり１９８０年代に入り、図6-1と同様に、人文資源を表す語を使用した見出しが優勢となり、１９９９年まで推移していることがわかる。

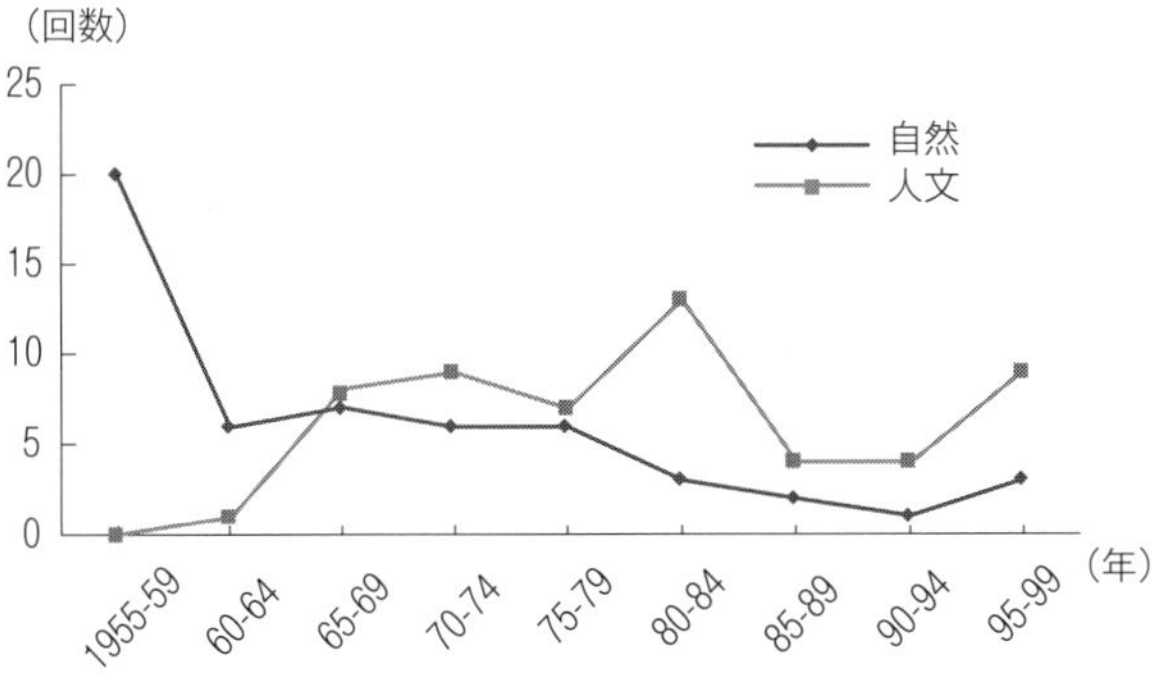

図６－１　『旅』特集名の変化

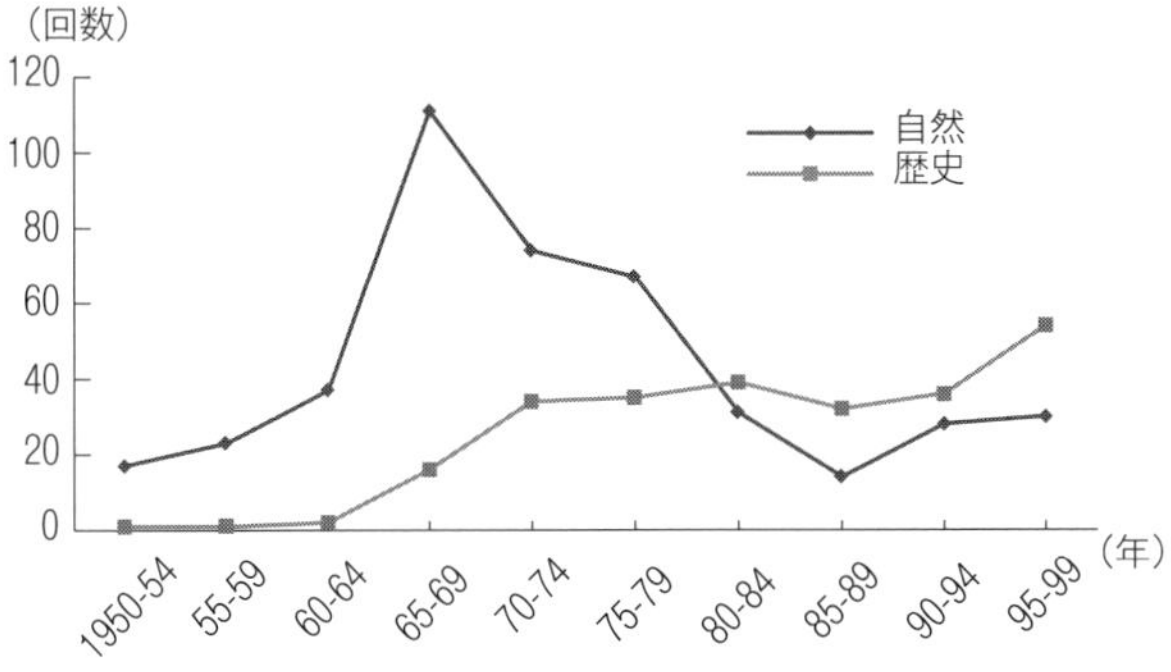

図６－２　読売新聞観光欄の変化

つまり、1970年代前後に観光のまなざしの対象が、歴史・文化にむけられるようになり、人文資源の価値が上昇し、自然資源の価値が相対的に減少したということになる。このような文脈の変化のなかで、熊野地方の瀞峡に代表される岩石の造形美に代表される自然は文脈にそぐわなくなったといえる。そして、熊野古道が新たに優勢となった歴史や文化を重んずる価値に共鳴することによって、再び雑誌で特集が組まれるような地域として復活したということができるだろう。

（2）アリーナとしての雑誌およびガイドブック

次に、瀞峡が注目されなくなった時期、熊野古道が大きく取り上げられるようになる時期がガイドブックと雑誌において異なっているということについて考察したい。社会問題の構築においては、クレイムの申し立てそのものだけではなく、クレイムの申し立てる場と、それぞれのクレイムの競合関係も論じられた。ヒルガートナーとボスクによれば、社会問題の構築は、曖昧な場所ではなく、多くの人々の目に触れる、政府の行政部門・立法部門・法廷・テレビドラマ・映画・ニュースメディア（テレビニュース・雑誌・新聞・ラジオ）などの特定のパブリック・アリーナにおいて起きるとされる。各アリーナには、それぞれ、例えば、新聞には紙面や、記者、編集者の数、記事編集時間、テレビ・ラジオならばオンエア時間、そして議会ならば審議時間スケジュールや会議数などの積載容量があり、それらには限りがあるから、複数の社会問題がそれらを巡って競争しているおり、「社会問題の成功（もしくは、規模、範囲）は、これらのアリーナにおいて向けられる注目の量によって測定される」としている［Hilgartner and Bosk 1988］。

このような視点からみれば、旅行雑誌やガイドブックも観光名所にとってパブリック・アリーナとして機能していると見なすことができる。各観光名所は、それらでより注目を浴びようと競合している存在であり、この競争に敗れると掲載されなくなる存在であると考えられる。全国の観光地が競う旅行雑誌はより競争が激しく、熊野地域は、値の変動に反応して、1970年以降「特集」というアリーナから脱落していったのだと考えられる。ガイドブックにおいて、競合はそれほど厳しくなかったが故に、例えば瀞峡は熊野を代表する自然として1990年代初めまで表紙をしめる存在であったと考えられる。そして、那智山の参詣道であった大門坂は那智というガイドブックのサブカテゴリでは他の昔からの名所が滝をはじめとして多くあったために競争に敗れていたのだと考えられる。そして、「信仰に関わる有形・無形の多様な文化的諸要素が自然の要素と一体となって体現された(29)」とされる熊野古道の価値が大きく認められるようになると、杉並木と整備された石畳を有する大門坂はそれらの要素を表象する場所と考えられるようになり、熊野古道の代表的名所の1つとしてガイドブックの表紙を飾る存在までなったのだといえる。

(3)　指定とマーカー

熊野古道のガイドブックにおける上昇を考えるときに、文化庁による「歴史の道」整備事業の指定を受けたことは大きな要因であり、政府による強力な権威付けであったことは確かである。だが、文化庁文化財監査官であった伊藤延男は、『月刊文化財』誌上で、整備事業開始にあたり、「文化庁が考えている構想を解説し、かつその背景の説明」を「『歴史の道』の整備について」という文章の中でしている。その中で「『歴史の道』という新しい文化財の分野ができたではな」く、「整備地区を定め、（中略）従来からの文化財の範疇に属するもので価値のあるものは、国、都道府県、市町村の文化財として指定することを推進」し、「道そのもの及び付属の工作物（一里塚、番所、高札等）の復旧整備」等に対し国が補助をおこなうというものであると説明している。このように「歴史の道」指定は、道そのものの文化財として価値が認められたわけではなく、保護の対象でもなかった［伊藤 1977］。事実、熊野古道の史跡指定は、県が1987年に申請したにもかかわらず、1999年に世界遺産暫定国内リスト入りしてからの、2000年の指定であり、世界遺産指定のためには国内法による保護が条件であるためであった。

伊藤はその文章の中で、「『歴史の道』は、これを地域に役立つよう創意をもって工夫させるべき」ものであるとして、観光事業への活用を示唆している。この創意と工夫によって観光資源化の道を開いたのが、和歌山県などの地元自治体であった。「和歌山県の歴史的な道への注目は、県が文化庁から国庫補助を受けた昭和53（1978）年度に実施した歴史の道調査事業にはじま」る〔神田 2012〕とされる。1990年には、和歌山県観光連盟が、「ふれあい紀州路歴史の道キャンペーン熊野古道ピア」と名付けたキャンペーンを行い、古道沿いに平安時代の茶店の復元などを行った。そして、1996年に、「熊野参詣道」の「活用推進基本計画」を策定し、1999年には、和歌山県が、「熊野参詣道を『熊野古道』という名のシンボル空間としてとりあげた」〔神田 2012〕オープンエリアでの体験型イベントを中心とした「南紀熊野体験博」と名付けられた博覧会を開催している。その中で、「10万人の熊野詣」と名付けた京都から熊野三山をめざし歩くイベントを行うなど、「熊野古道」を大きく取り上げた。これらのキャンペーンやイベントを通して、外部に対しては、熊野古道の存在を積極的にアピールし、対象地域では、「語り部」の養成を行った。そして、この体験博には、テーマとして「いやす・みたす・よみがえる」という言葉が掲げられていたが、その年の流行語大賞に「癒し」が選ばれ、県知事が表彰式に出席し、それが、マス・メディアによって報道されている。このように、1990年代を通し、地元自治体が、熊野を「死の国」から「蘇りの地」「癒しの国」と読みかえるキャンペーンやイベントを行った結果、2000年代のガイドブックにみられる聖地イメージが形成されたのだと考えられる。

一方、地元地域にもこの国による「歴史の道」指定と県による「熊野古道」の聖地化は大きな影響を与えた。現在語り部の会のリーダーをしている一人は、「私も日本三大古道になって、指定されたというのを聞いて、初めて熊野古道を知ったんです。で、熊野古道とは一体どんな道をいうのだろうかと思って、いっぺん熊野古道を歩こやないかということで呼びかけて、歩いたんです」とし、そして、「歩き終わった次の日から、なんか組織を創って、分ってない熊野古道をもう少し勉強しようやないかと。それが南紀熊野体験博が終わるまで続いていたんです[30]」と語る。つまり、「歴史の道」指定は、外部だけではなく、地元にもそれまで意識されなかった集落内部の道と歴史を関連づけ、郷土史に対する関心を活性化させる影響があったことがわかる。そして、本宮語り部の会のウェブサイトに「平成2年に和歌山県では、古道への誘客を目指して、古道歩きを主とした『古道ピア』と称するイベントを行ないました。（中略）そのとき非公式ながら、本宮町語り部の会として数人で、各自思い思いの案内をし、年を追うごとに案内の人数や件数が増加し、語り部の増員が急務となりました。平成10年9月には、翌年の『南紀熊野体験博』への対応を話し合う中で、語り部の増員・有料化を目指し、規約を持った公式の『本宮町語り部の会』を結成し、残り半年間で、各王子での案内の統一や、語り部の資質の向上を目指して学習を続け体験博に間に合って好評を得ることができました(31)」とあるように、歴史の道指定によって生まれた熊野古道に対する関心は、県の施策に沿った形で語り部の会の結成とつながっていった。

そして、現在、各地域の「語り部」は古道観光にとって重要な要素となっている。例えば、『るるぶ和歌山　白浜熊野古道　高野山、14』では、熊野古道が独立した章として扱われ、17ページが費やされており、大門坂や発心門王子、滝尻王子などにそれぞれ1ページ割かれている。そのそれぞれのページには、各地域の語り部の連絡先が記載され、語り部が顔写真入りで登場し、名所の説明は、語り部が語るという形でなされている。つまり、そこでは語り部は世界遺産熊野古道観光を代表するものとして注目を集める存在となっている。

レイニウスとフリードマンは、国立公園や世界遺産などの保護区は、その「指定を通して、保護区域はマーカーとして機能するラベルを獲得し、そのマーカーはその区域としての知覚を形成し、最終的に特定の場所への訪問の誘因とな」[Reinius and Fredman 2007] っていると指摘しているが、熊野地域においては、区域としての知覚の形成は内部成員にも働き、後にそれが外部に対しての表象となるというインタラクティブな動態を示している。

おわりに

本章は、観光のまなざしが社会的構成物である記号を通して組織化されているという前提から、和歌山県南部の熊野地域を対象として、1955年から、2013年までのガイドブックを中心とした観光名所についての言説の変動を調査し、分析をおこなった。

その結果、北山川上流の渓谷である瀞峡などの造岩美中心に語られた観光から、熊野古道に表象される歴史や文化を中心として語られる観光へ大きく変化したことがわかった。そして、1960年代までは、その自然美で全国的な観光地であったが、その後低迷し、2000年代に入り、熊野古道が世界遺産指定を受ける直前ぐらいから再び全国規模の観光情報の中で語られるようになったといえる。

これらの変動は、構築主義的視点を導入すると観光の関心が国立公園を代表とする自然から、歴史・文化的な要素へ大きく変化したことにともなった変化であり、その時期の支配的な価値への共鳴した観光名所が大きく注目を浴びるのだといえる。そして、積載容量が限定された雑誌やガイドブックなどでは各観光名所は互いに注目を競合する存在であり、支配的な価値と共鳴できない名所や名所の評価はアリーナから退場する。そして、公的機関による保護制度の対象への指定は観光的価値へ大きな影響を与えるが、それは単純な因果関係ではなく、インタラクティブな動態とし理解される。

このように観光のまなざしの社会的構成は、複雑な動きを示す動態として理解されるべきであるといえる。

謝辞

本章の執筆に当たっては直接の引用者以外にも熊野地域の皆さんに貴重な情報をいただいている。心より感謝申し上げる。

注

（1）『朝日新聞』1月4日夕刊、2007年。
（2）『朝日新聞』7月8日朝刊（奈良全県版）、2005年。
（3）「世界遺産条約　世界遺産一覧表記載推薦書　紀伊山地の霊場と参詣道」、2003年、p.5（https://bunka.nii.ac.jp/suisensyo/kiisanchi/start-j.html　2021年1月6日閲覧）。
（4）『朝日新聞』9月25日、1993年。

(5)『アサヒグラフ臨時増刊』國立公園號、1932年。
(6)『紀伊・熊野』日本交通公社、1956年、p.45。
(7)『旅』11月号、1959年。
(8)『旅』11月号、1962年。
(9)『読売新聞』3月12日夕刊、1965年。
(10)『旅』2月号、1961年、p.72。
(11)『旅』12月号、1961年。
(12)『旅』11月号、1956年、p.197。
(13)『旅』4月号、1959年、p.65。
(14)『旅』5月号、1970年、p.161。
(15)『旅』2月号、1966年、pp.74–77。
(16)『旅』3月号、1975年、pp.99–116。
(17)『交通公社の新日本ガイド16　南紀伊勢志摩改訂11版』日本交通公社、1985年。
(18)『JTBのポケットガイド40　南紀　改訂3版』JTB出版事業局、1995年。
(19)『'95るるぶ紀伊半島』JTB出版事業局、1995年、p.80。
(20)『旅』2月号、1983年、pp.10–17。
(21)『JTBのエースガイド13南紀・伊勢・志摩　改訂7版』JTB出版事業局、1989年。
(22)『旅』9月号、1986年、pp.103–107。
(23)『朝日新聞』9月25日、1993年。
(24)『旅』6月号、p.151。
(25)『旅』11月号JTB出版事業局。
(26)『タビリエ27　南紀熊野古道』JTBパブリッシング、2008年、pp.26–31。
(27)『読売新聞』9月11日、1992年。

（28）『読売新聞』5月31日、２００４年。
（29）前掲注３「世界遺産条約　世界遺産一覧表記載推薦書　紀伊山地の霊場と参詣道」。
（30）２００６年３月、田辺市にて聞き取る。
（31）熊野古道語り部の会「健康！　信仰！　観光！　語り部と歩く熊野古道」（http://www.hongu-kataribe.jp/information/index.html ２０１３年７月27日閲覧）。

参考文献

伊藤延男［１９７７］「『歴史の道』の整備について」『月刊文化財』１７０。

五井信［２０００］「書を持て、旅に出よう――明治三〇年代の旅と〈ガイドブック〉〈紀行文〉」『日本近代日本文学』63。

上野千鶴子［２００１］「構築主義とは何か――あとがきに代えて」、上野千鶴子編『構築主義とは何か』勁草書房。

神田孝治［２００１］「南紀白浜温泉の形成過程と他所イメージの関係性――近代期における観光空間の生産についての省察」『人文地理』53（５）。

――――［２０１２］『観光空間の生産と地理的想像力』ナカニシヤ出版。

小泉武栄［２００２］「日本人の風景観と美的感覚の変遷――万葉時代から現代まで」『東京学芸大学紀要３部門』53。

黒田乃生・小野良平［２００４］「明治末から昭和初期における史跡名勝天然紀念物保存にみる『風景』の位置づけの変遷」『ランドスケープ研究』67（５）。

里居真一・羽生冬佳・十代田朗・津々見崇［２００３］「明治中期に刊行された外国人向け英文観光ガイドブックの記述内容の特徴」『ランドスケープ研究』66（５）。

白幡洋三郎［１９９６］『旅行ノススメ――昭和が生んだ庶民の新文化』中央公論社。

田山花袋編［１９１４］『新撰名勝地誌』博文館。

坪内善四郎編［１９０５］『日本漫遊案内』博文館。

日本旅行協會［１９３６］『紀伊・熊野地方』日本旅行協會。

西田正憲［２００４］「自然観光における観光のまなざしの生成と発展」、遠藤英樹・堀野正人編『「観光のまなざし」の転回』春風社。

日本交通公社　観光文化事業部［２０１０］「旅行者動向（２０１０）国内・海外旅行者の意識と行動」東洋印刷。

橋本和也［１９９９］『観光人類学の戦略――文化の売り方・売られ方』世界思想社。

丸山宏［１９９４］『近代日本公園史の研究』思文閣出版。

溝尾良隆［２００１］『観光地と観光資源』、岡本伸之編『観光学入門』有斐閣。

――［２００８］「観光資源論――観光対象と資源分類に関する研究」『城西国際大学紀要』16（6）。

〈欧文献〉
Best, J.［1990］*Threatened Children：Rhetoric and Concern about Child-Victims*, Chicago：University of Chicago Press.
Bhattacharyya, D, P.［1997］"Mediating India：An analysis of a guidebook," *Annals of Tourism Research*, 24（2）.
Cohen, E.［1985］"the Tourist Guide：The Origins, Structure and Dynamics of a Role," *Annals of Tourism Research*, 12.
Hilgartner, S. and Bosk. C. L.［1988］"The Rise and Fall of Social Problems：A Public Arena Model," *American Journal of Sociology* 94.
Leiper, N.［1990］"Tourist Attraction Systems," *Annals of Tourism Research*, 17.
MacCannell, D.［1976］*the Tourist：A New Theory of the Leisure Class*, London：Macmillan（安村克己・須藤廣・高橋雄一郎・堀野正人・遠藤英樹・寺岡伸悟訳『ザ・ツーリスト――高度近代社会の構造分析』学文社、２０１２年）.
Reinius, S. W. and Fredman, P.［2007］"Protected areas as attractions," *Annals of Tourism Research*, 34（4）.
Spector, M. and Kitsuse, J.［1977］*Constructing Social Problems*, Menlo Park CA：Cummings（村上直之・中河伸俊・鮎川潤・森俊太訳『社会問題の構築――ラベリング理論をこえて』マルジュ社、１９９９年）.
Urry, J.［1990］*The Tourist Gaze：Theory, Culture and Society Series*, London；SAGE Publications（加太宏邦訳『観光のまなざし――現代社会におけるレジャーと旅行』法政大学出版局、１９９５年）.

（寺田憲弘）

第7章　世界遺産ツーリズムにおける信仰文化の価値
――熊野修験の文化遺産化と観光資源化をめぐって――

はじめに

文化遺産の価値とはなにか。文化遺産の価値にも、「国家の威光を示す」というナショナリスティックな価値、世界遺産の理念である人類共通の財産としての価値、さらに地域振興の期待を賭けた観光商品としての価値まで、さまざまな場面や文脈における価値がある。遺産のどのような要素が、どのような文脈で、どのような価値となるのだろうか。

本章では世界遺産「紀伊産地の霊場と参詣道」における熊野修験を事例としてこの問題について考える。修験道は奈良時代に成立し、長い歴史と全国に広範なひろがりを持つ信仰文化である。しかし同時に、明治初期から約70年以上もの間、修験廃止令（明治5年、1873年）によって、社会秩序を乱す「淫祠邪教」としてのレッテルを貼られ、公的には宗教活動を禁じられていた歴史をもつ。また修験道の行者である山伏はかつて時代劇などのフィクションでは「うさんくさい」「不気味」な悪役として描かれることも多く、関係者の間ではいまだに払しょくされないそれらのイメージを憂う声も多い。

つまり修験道は日本の宗教文化史の中でも特徴的な両義性を持ち、まさに異端的イメージをまとう存在であったのだ。しかし、いま熊野においては山岳宗教・修験道が再評価され、世界遺産である文化的景観を構成する「日本固有」

の文化と謳われ、また観光シンボルのひとつとなっている。禁制の「淫祠邪教」から「日本固有」の文化、そして観光シンボルへという、このような価値の転換はどのように可能になったのか。本章は熊野修験における、この転換を事例として分析することで、観光資源としての文化遺産の価値の構造を明らかにする。

1　文化遺産の価値と再文脈化

（1）本章の目的

ツーリズムは、文化の商品化を促す大きなファクターである。歴史はヘリテッジと呼ばれる商品となる［安福　1998：36］

文化遺産は世界遺産制度や国の文化財制度などによって学術的、または政治的な文脈においてその価値が認定されたものである。そして他のツーリズム研究と同じく、文化遺産を観光資源とするヘリテージ・ツーリズム研究においてもオーセンティシティは重要なテーマのひとつである。そこではゴフマンの「表舞台／舞台裏」論をツーリズムの場の相互作用に応用したマッキャーネルや、ツーリストがみずからの観光体験にどのようなオーセンティシティを付与するのかに注目したコーエンの考察などをもとに、ヘリテージ・ツーリズムにおけるオーセンティシティ構築過程に関する議論が進められてきた［安福　2006；峯俊　2006］。

ツーリズムの場で文化遺産がどのように呈示され、ツーリストがその対象にどのような意味づけをおこなうのかという議論は、観光資源である文化がどのように消費されるのかという文化の商品化をめぐる議論であると言い換えることもできる。そこで本章では、修験道にまつわる文化遺産の観光資源としての価値に着目し、その遺産にかかわるどのような要素や特徴がツーリズムにおける商品価値となりうるのかを考察する。

（2）文化遺産の再文脈化

文化遺産の価値を考察するにあたり、本章では小川の文化遺産をめぐる再文脈化の議論を参照する。あるモノを文化遺産化する際に生じる意味の変更について論じた小川は、モノが遺産化される際には、原文脈からの引き離しと、「過去」に属する事物の存在意義を「現在」から解釈し意味づけるという「置きなおし」、つまり「再文脈化」の過程が存在することを論じた。

博物館に展示されているモノはすべて、それらが本来依存していた個々の文脈（原文脈）から引き離され、博物館のなかに再文脈化されることによって存在している［小川 2002：38］

あるモノが国家などの制度によって文化遺産とされるということは、そのモノが原文脈から引き離され、置きなおされた文脈の中で新たな価値と意味を付与されるということである。たとえば地域の人々の信仰の対象であった仏像を国指定の文化財などの文化遺産とする場合、国は、その仏像がもともとあった地域の人々による信仰の文脈における意味や価値ではなく、歴史性や美術的価値など国の文化財という新たな文脈からその仏像に対する価値の査定と意味付与を行う。そのうえで博物館や文化庁などの管理下で、しかるべき基準に則って保存されるべき文化遺産として指定する。このようなモノの再文脈化の過程においては、そのモノがもともと配置していた原文脈における意味や価値は抑圧され、そこに原文脈とのある種の葛藤が生じるという問題も指摘される［中井 2013］。

また、これまでは価値を見出されずに捨て置かれたモノに新たな文脈による価値が付与される場合もある。近代国家によってその価値を否定され、また「うさんくさい」ものとして人々にイメージされ、かつて異端視された熊野の修験文化が、その百数十年後の世界遺産の文脈では「わが国固有の文化」と謳われ、また世界遺産をめぐるヘリテージ・ツーリズムにおいてシンボルのひとつとなるという価値の転換は、まさにこの文化遺産の再文脈化という視点から考えるべき現象であるということができるだろう。

また修験道とヘリテージ・ツーリズムに関する考察を行うにあたって大きな関心となるのは、信仰の文脈とは別のツーリズムの文脈における修験道文化の消費や商品化である。これらの視点からの修験道文化の研究蓄積は決して多いとはいえないながらも、個人参加型、自治体主催の「体験」修行の参加者の動機分析［原谷 2008］や、雑誌・新聞における表象分析［原谷 2010］、ツーリズムにおける地域の「テーマ化」と修験道文化［天田 2011a］、修験ブームにおける修験道のイメージ分析［井戸 2008］、70年代後半と90年代に修験道の表象の変化の契機があったとする分析［天田 2017］などがある。これらの研究では近年の修験道文化が「癒し」や「心身鍛錬」、また「伝統文化」や「近代に対するオルタナティブ」としての関心から受容される傾向などが報告されている。

ただ、仏教や神道などの信仰文化と比較した場合、修験道文化の独特な特徴のひとつは「神秘的で妖艶な修験道の魅力」［井戸 2008］といわれるような性質でもある。それは時に「あやしさ」などとしても表現されるある種の異端性に起因する性質でもある。このような修験道文化のある種の異端性はどのような文脈の中で価値と認識され、人々をひきつける魅力のひとつとなっているのだろうか。これらについて文化遺産の再文脈化という視点から分析することにより、文化遺産のある要素がヘリテージ・ツーリズムの文脈においてどのような価値を持ちうるのか、また原文脈における意味や価値から新たな文脈における意味や価値への転換がどのようにおこなわれるかを動的かつ重層的に描き出すことができると考えられる。

2　文化遺産の価値とは

(1)　文化「財」から文化「遺産」へ

「文化財」の歴史は国民国家の黎明とともに始まるといわれる。「わが祖先と全王国の名誉を高めるような記念物」として1666年にスウェーデンで制度化されたことにはじまり、18世紀から19世紀にかけてヨーロッパ各国で次々と制度化された。日本では廃仏毀釈による破壊からの仏教関連遺産の保護を目的として「古社寺保存法」（1897年）が制定されるが、そこには「天然的美ト人工ノ美ヲ鼓吹シ益々我国光ヲ発揚セン」と条文に謳われたように、文化財とは国の威光を示すものを国家が認定するものであるという思想が明確に打ち出されていた。つまり文化財は近代国民国家のナショナリズムとその物語の構築や国民の社会的教育に貢献する資源としての性格を強く帯びたものであったといってよい。

それに対して「文化遺産」という語が国際的な場ではじめて使われたのは、1954年にユネスコによって締結された武力紛争の際の文化財の保護に関するハーグ条約であるといわれている。この条約は世界大戦による歴史的遺産への被害経験をもとに文化財保護の措置を国際的に取り決めたもので、文化財に関する初の国際法といわれている。文化財を国際的に共有するための初めての条約の中で、「文化遺産」という言葉があらわれることは何を意味するのか。そこでは以下のように述べられている。

「いずれの人民に属する文化財に対する損害もすべての人類の文化遺産に対する損害を意味するものである」（ハーグ条約　前文）

ここでは「文化財（cultural property）」と「文化遺産（cultural heritage）」というふたつの概念が、ある特定の「人民」に属するか、それとも「すべての人類」に属するかを区別する概念として、その文化的所産の帰属先を区別する概念として用いられている。つまり文化財から文化遺産への転換を考える際の重要なポイントは、「それは誰のものか」をめぐる問題なのである。さらに財（英：property 仏：bien）とは、所有者（個人だけでなく国家なども）の存在を強く意識した語であり、法律用語としては所有権だけでなく使用権・処分権を前提とし、取引や売買のできる可処分物としての意味を持つ。これに対して、「遺産」（英：heritage、仏：patrimoine）は個々のモノというよりも、相続される財産の総体を指すものであり、ただ取得するというだけでなく受け継がれるものという象徴的意味もあるという［七海 2012］。これは「自己をこえて他者に開かれたものというニュアンス」を持ち、その文化的所産を「外部と未来に向かって開かれたもの」にする概念で、「孤立したナショナリズムに閉じ込められる結果になることへの警告」でもある［河野 1995］。「文化遺産」という概念は、ハーグ条約の目的がまさにそうであるように、文化的所産があるひとつの国家の所有物とされてきたことに起因する各種の問題を乗り越えるために設定されたもので、「文化財」の脱国家化を志向したものといえるだろう。そして、この理念は世界遺産に引き継がれ、「文化遺産」という言葉も世界遺産制度とともに世界的に普及していくこととなる(1)。では、それまで国家の所有物としてナショナルな文脈において担保されていた文化財の価値は、とくに「人類共有の財産」と謳う世界遺産においてはどのようなものに変わるのか。

(2) 世界遺産の「顕著な普遍的価値」をめぐって

世界遺産条約は世界遺産を「顕著な普遍的価値」を有する遺産とするが、しかしその中身については何も触れていない［稲葉 2007：24］。

1972年、ユネスコで採択された世界遺産条約は世界遺産と認める条件を「顕著な普遍的価値」を有する遺産として規定している。しかし何をもって「顕著な普遍的価値」とするのか、その評価基準は長く議論の渦中にある。なぜなら1980年代には誰もがその価値を認識できるような著名な遺産はすでに登録が完了してしまい、それ以降はいまだ評価が定まっていない種類の遺産や、すでに登録されている遺産と類似する遺産の申請が目立つようになったからである。また増え続ける遺産数に対しどのように登録数を制限すべきなのかも問題とされている。

そして、もっとも大きな問題となったのが遺産の登録をめぐる「不均衡」である。登録される文化遺産が西欧に偏り、非欧米地域の登録があまりに少ないという指摘であり、それは世界遺産という制度が持つヨーロッパ中心主義的性格への批判でもあった。この指摘に対して、日本の世界遺産条約批准（1992年）の後にユネスコによってまとめられた『オーセンティシティに関する奈良ドキュメント』や『均衡性・代表性・信頼性のある世界遺産一覧表構築のためのグローバル・ストラテジー』（ともに１９９４年）などを指針として、不均衡是正への動きが始まる。これ以降とくに文化遺産の評価においては、いかに文化の多様性を汲み取ることができるかが大きなテーマとなったのである。現在、世界遺産委員会では「顕著な普遍的価値」は「固定して定義するものではなく、（中略）時間をかけて進化していくもの」［稲葉 ２００７］と認識されており、その意味するものも、詳しくは後述するように「国際的な知名度」というような字義通りの普遍性よりも多様性や固有性、個別性へとシフトしつつある。このように新たな遺産登録に関しては他の遺産と比較してどれくらい新たな視点を導入することができるか、つまり「差異の価値」がより重要性を帯びるようになったのである。

（３）観光資源としての文化遺産

世界遺産のみならず、各国で文化遺産を観光資源とした地域振興の取り組みが盛んである。このような取り組みはとくに景観をめぐる遺産で顕著であり、これらの制度が付与する「お墨付き」が観光開発のための重要なブランドになっている。もちろん、それらの制度はもともと遺産を保護することを目的に制定されたものである。しかしそれが地域の観光開発を行うための、いわばブランディングツールとしての機能が重視されるケースが多いことも事実であり、「その遺跡を守るべきか否か」がツーリズムにおける価値に左右される事態も国内外で報告されている。つまり文化遺産制度において遺産の保護や保全ではなく、それを資源とした地域振興の目的が前景化しつつあるのだ。

遺跡が観光産業の資本として機能する為には「見た目」、つまり地面の上に何らかの鑑賞にたえうるものであることが前提となる（中略）どれほど学問的重要性が高くとも、「見た目」のわるい遺跡は観光産業と表裏一体の現在のカンボジアにおける文化遺産政策のなかでは常に後回しにされる存在となっている。［田端 ２０１０：１８１］

これは、あらゆる文化領域が商品化にさらされるなかで、かつては国家のイデオロギー的な要請を受けて誕生した文化遺産も、市場や消費の論理により強い影響を受けるようになっていることを示すものといえるだろう。地域振興のブランディングツールとしての文化遺産とは、まさに「文化が高度に〈道徳的な〉産物であるとともに、その集客能力を通じ、経済的にも利益になるという考え」によるもので、制度の目的のひとつであった公開や展示という側面が経済活動に寄与しうるものとして、かつてよりも重要視されるようになったものであるといえる［Robinson 2006］。

世界遺産登録に際し事前審査を行うＩＣＯＭＯＳ（International Council on Monuments and Sites—国際記念物遺跡会議）も遺産保存と観光開発の関係に関して「文化観光」という概念を提示し、「国際文化観光憲章」（１９９９年）などにおいて、遺産保存と観光開発との基本的関係を多角的に評価する枠組みを明示している。そこでは観光収入の遺産保存への活用などの遺産存続の為の政治的・資金的サポートに関する必要性など、ツーリストを受け入れる体制は維持しながらも、遺産の価値を損なわないような観光活動の主体的管理の在り方を模索し、文化遺産と経済活動の相互依存性を踏まえることの必要性が主張されている［藤木 ２０１０；山村 ２００６］。

このような文化遺産とツーリズムの関係を踏まえて、本章において事例とする文化的景観「紀伊山地の霊場と参詣道」における熊野修験をめぐる文化に目を向けると、世界遺産制度や国内の文化財保護制度などの学術的・政治的権威によって認証された文化遺産の価値とはまた別の観点からの「魅力」が価値として見出され、そして消費されていることが分かる。では、この熊野修験という文化はどのような価値において観光資源となっているのだろうか。

3　熊野修験の世界遺産化と観光資源化

（1）　修験道の異端化と再評価をめぐって

本章で事例とするのは２００４（平成16）年に文化遺産「紀伊山地の霊場と参詣道」として世界遺産リストに登録さ

れた、一群の史跡と熊野三山とそれらをつなぐ参詣道を擁する文化的景観である。そして、この参詣道は「熊野古道」という通称で知られ、いまや国内外から多くの人々が訪れる紀伊半島の一大観光スポットとなっている。この熊野古道の中心となる熊野三山（熊野本宮大社、熊野那智大社、熊野速玉大社）は仏教・神道・修験道の霊場であり、熊野信仰（10世紀〜）の中心的霊場である。中世から始まった熊野信仰は全国からの巡礼者により「蟻の熊野詣」と評されるほどに栄え、この繁栄を支えたのが、修験寺院に属し全国で熊野信仰を伝える絵解きを行いながら勧進を集めて回った熊野比丘尼や、巡礼者の先達をつとめた山伏など修験者達であるといわれている。しかし江戸時代に入ると紀州藩による神道化政策などにより熊野信仰は衰微していき、明治政府による神仏分離令１８６８（明治元）年とそれに続く修験道廃止令１８７３（明治５）年で、修験道は公には宗教活動を禁じられることとなった。

　修験道は本質的に神仏習合にもとづく宗教である。それに加えて、山伏はともすれば反体制的な動きを、反文明的な呪術や巫術をこととしている［宮家 ２００１：１２０］

明治政府は呪術的宗教活動をする宗教の統制をはかり、虚無僧、陰陽師、口寄せ、狐下げなどとともに修験道の活動を禁止した。これは日本が近代国家へと生まれ変わる際に、国家神道に代表されるような宗教の近代化という「国家的課題に合わせて、有用で価値的なものと無用・有害で無価値なものとの間に、ふかい分割線をひくもの」であった［安丸 １９７９］。つまり、その「後進性」や「前近代性」によって修験道は異端とされたといえる［井戸 ２００８］。また、このような明治政府の宗教政策にもとづく近代社格制度による神社の序列化と国家神道への再編もすすみ、寺社の建造物、仏像なども文化財として国家の管理下に置かれることとなり、熊野の仏教や神道などの宗教も国家に奉ずるものとして、その価値を担保する文脈が信仰から国家の文脈へと再文脈化されたのである。

　このようにその信仰の独特な性質から「近代化されえないもの」としていちどは近代国家によって異端化された修験道であったが、禁止令から時をおかずして、教団や民間などさまざまなレベルで近代的文脈の中での新たな価値を獲得する取り組みが始まる。1886（明治19）年には、修験道が認められたわけではないものの、政府から私的使用に限ったものとして権現号の復帰が認可され、この頃より聖護院による機関誌『修験』の配布など、修験道の教義・作法の再構築が始まっている［宮城 2008］。そのほかの修験集団においても、禁止令によって奥義が失われることをおそれて修験のあらゆる祈祷法や行法などが体系的に伝授されるようになった［Bouchy 2007］。また、ときには数千人もの参加者を集める大規模なものとなった聖護院が施行する峰入だけでなく、大阪の八島役講を始め多くの民間の講社も霊山登拝を継続した。とくに明治後期から大正期にかけては全国各地の霊山で峰入が盛んに行われるようになり、時にはある種の軍隊指導の理念から「錬成」の一環として峰入が注目されるなど、新たな文脈のなかで新たな意味や価値を付与されながら修験道の実践は継続された［宮家 2006；山口 2009］。そして敗戦後の1945（昭和20）年、政教分離・信教の自由を推し進めるGHQによって国家神道の廃止と宗教法人令の公布が行われる。明治初期よりおよそ70年にもおよんだ禁止令下での教義の再構築や実践の継続が、これによって修験系諸教団の独立・設立という形で実を結ぶこととなる。

お嫁入りしてきたときには、表の道を顔をあげて歩けなかったそうです。「修験の寺、山伏の寺というのはひっそりと、遠慮しながら生きていかねばなかなかったんですよ」と言ってね。「だから聖護院が戦後に独立して修験宗を立てられたときには、私たちは本当嬉しかった」とおっしゃっていたが、その言葉が全てを語っているのではないかな［宮城 2008：293］

戦後以降の修験道は、1975年の文化財保護法改定の際に設けられた「民俗文化財」カテゴリによる各地の修験道関連の諸儀礼の文化財化や、観光資源としての再評価、また入峰修行や儀礼への女性や外部参加者の増加、さらには宗教ブームなど個人化された霊性への関心に対応する修験関係者の新たな活動や書籍類の出版、学術的調査・研究の蓄積など、それまでとは異なるさまざまな角度から新たな価値を見出されることになる［小田 2013；岡尾・新矢 2012；

井戸 2008：天田 2017］。これは従来の信仰の文脈だけでなく、伝統文化やツーリズム、アカデミズムなど現代のさまざまな文脈の中に修験道を置きなおすことで新たな価値が見出されていった過程といえよう。

（2）　文化的景観と「信仰の山」

そして紀伊半島の修験道をめぐる文化的景観がついに2004年、「紀伊山地の霊場と参詣道」として世界遺産に認定される。文化庁からユネスコに提出された本遺産の推薦書は「信仰の山」としての文化的景観の価値と主張するものであるが、もっとも重要な個所である「資産価値の証明」では、「日本固有の修験道などの山岳信仰」の霊場であることを述べて締めくくられている［中井 2011］。これは、いちどは近代国家によってその価値が否定された明治初期から現在まで、様々な立場やレベルで行われてきた修験道再評価の営みのひとつの到達点ということができるだろう。

この文化的景観とは、建築物だけでなく、人々の暮らしや信仰の実践そのものを文化遺産とする概念である。熊野古道をふくむ「紀伊山地の霊場と参詣道」が、どのような文脈の中で世界遺産として認められたのかを考えるために、ここでまずは文化的景観を世界遺産として登録するにあたって重要な意味をもったと思われる「信仰の山」という概念に着目してみよう。

この文化的景観としての信仰の山とは、どのような意味をもつ概念なのだろうか。文化庁の推薦書においても言及された「信仰の山の文化的景観専門者会議」とは、日本の主導で2001年に和歌山で開催されたもので、アジア太平洋地域は世界でもっとも山岳信仰が盛んであること、信仰の山は集団のアイデンティティと一体であることなどを確認し、文化的景観としての信仰の山概念を内外にアピールすることをねらいとしていた(2)。和歌山で開催されていることからもわかるように、これは当時すでに暫定リストに登録されていた当地域の世界遺産化の実現も視野にいれて開催されたものであると考えられる。

この会議では、文化的景観としての信仰の山という新たなカテゴリをどのように定義するかということを中心にさまざまな議論が行われたが、そのなかでも信仰の山という概念のある側面を象徴する議論があったことが参加者によって言及されている。(3)それは世界遺産の条件である「顕著な普遍的価値」をめぐる議論である。

推薦された地域が世界遺産として十分な価値を有するか否かは、その場所に「顕著な普遍的価値」が認められるか否かによって決まるということである。このことは、例えば富士山のように世界中に知られていなければならないということを意味するのかどうか、参加者のあいだで議論が行われた。日本人以外に高野山を知る人は比較的まれであるため、世界遺産の登録にはふさわしくないように思われた。しかし、会議の「結論及び勧告」では続けて、「信仰の山の顕著な普遍的価値は、その山の国際的な認知度にかかわらず、信仰の山一般にみられる重要な側面の顕著な事例又は模範例としての役割から導き出される」と指摘している［ベルンバウム 2001：30］。

ここでとくに注目すべきは「信仰の山の普遍的価値は国際的認知度にかかわらず、信仰の山としての重要な側面、役割から導き出されるべきであることが指摘された」という箇所である。世界遺産の条件である「顕著な普遍的価値」を多くの人々に広く認知されていることと考えた場合、高野山（「紀伊山地の霊場と参詣道」の一部）は「ふさわしくないように思われた」。しかし、この会議の成果としてまとめられた「結論及び勧告」において、「信仰の山の顕著な普遍的価値」に関しては、国際的な認知度にかかわらず、その遺産を有する文化にとってどのような意味をもってきたかで測られるべきであるということを趣旨としている。この「国際的な認知度にかかわらず」という文言がどのような背景を持つのかを理解するためには、この信仰の山を含む文化的景観というカテゴリが世界遺産という制度の中でどのような位置づけを占めているのかを知る必要がある。そして、それは「顕著な普遍的価値」という概念をめぐる、ある種の政治性の問題でもある。

(3) 文化的景観は「解釈される遺産」

文化的景観という概念が世界遺産に導入されたのは1992年であるが、これは世界遺産制度におけるヨーロッパ中心主義への反省とどのようにすれば文化の多様性を世界遺産という枠組みの中に組み込むことができるのかという試みのひとつという性格をもっていた。そのために文化的景観という文化遺産は、それが世界遺産としてふさわしいかどうかの評価に次のような特徴がある。

第三者にとっては単に景観であるが、ある民族や地域の人々にとっては、特別な意味があり、その意味性を証明（できているかどうかを評価される）（（　）内は筆者）［細田 2004：77］

このように文化的景観の世界遺産登録に関しては、その国際的知名度などではなく当該文化の文脈における価値において評価されるべきであるとされているのである。そのため文化的景観の価値を評価するためには、その文化における人々と自然の関係性がどのようなものであるかという適切な解釈の文脈を踏まえることが必要とされる。そのような性格から、文化的景観とは「〈見る目〉をもった人が〈その目〉で見なければ評価できない」［本間 2007：33］遺産であるともいわれ、だれもが一目見てその価値を実感できるものばかりではなく「解釈される遺産」という側面をもつといえるだろう。

また文化的景観の脱ヨーロッパ中心主義的性格とは、モノ中心主義の脱却も意味する。ヨーロッパ中心主義のあらわれの一つとして批判された建築物などの造営的記念物偏重の評価に対して、文化か自然かと二分するのではなく人間と自然の相互作用でうまれる景観を評価する遺産のあり方である。いいかえるならば、その地域の人々と自然との関係性を文化として評価するもので、文化的景観とはその象徴であるということもできる。たとえば宗田は文化的景観のひとつと定義される信仰の山について、このように述べている。

山に対する崇拝・畏敬の念、山に神聖性を感ずる心理、その信念に基づいた慣習など、信仰の山は物的な存在以上に、その周辺に住む人々の心の中に存在する。［宗田 ２００１：８］

文化的景観においては、「顕著な普遍的価値」を持つ文化遺産とはモノではなくココロといえるかもしれない。だからこそ文化的景観とは「解釈される遺産」なのである。世界遺産制度が認めた視点、信仰者の視点、生活者の視点、そして観光客の視点。訪れる人がどのような解釈でそこから何を読み取るのかは、かならずしも自明なものではないからだ。同じ場所に立ち、同じモノを見ても、その遺産の価値の核心は目に見えないココロである以上、それぞれの視点から読み取るものが同じとはかぎらない。「紀伊山地の霊場と参詣道」として世界遺産リストに登録されたことにより世界中から注目を集めることになったとしても、そこで価値と感じられているものはかならずしも一様ではないということである。それでは熊野の修験道文化に向けられた観光のまなざしは、そこに何を読み取っているのだろうか。

（４）熊野修験の文化遺産化と観光資源化

紀伊半島の修験道においても、明治政府による神仏分離、および修験道廃止の影響は甚大であった。そのため、吉野・金峯山寺の復興や聖護院による大峯奥駈の行、また民間の講など修験道の活動が継続されたものもあるとはいえ、とくに本章で事例とする熊野三山を拠点とした熊野修験に関しては以後、約１００年も断絶することとなる。そして、この熊野修験がふたたび多くの人の注目を集めるきっかけとなったのは、先述のように世界遺産化へといたる文化遺産化の文脈と、そしてそれらの文化遺産と人々をつなぐツーリズムの文脈での再評価であった。

戦後から昭和40年代にかけての紀伊半島のツーリズムの文脈における熊野信仰の存在感は決して大きなものとはいえず、ツーリズムの中心は瀞峡や「新婚旅行のメッカ」となった白浜などに完全に移ってしまっていた。しかし昭和50年代には国内旅行ニーズの多様化などのため、紀伊半島の観光産業はかげりを見せ始める。そこで新たな観光資源として注目されたのが、地域住民の多くにさえ忘れられていた熊野三山を結ぶ参詣道であった。昭和53年、文化庁がこれを「熊野古道」として「歴史の道」に選定したことを皮切りに、各種のイベントやキャンペーン、史跡指定、文化財指定などの取り組みの結果、2004（平成16）年、その文化的景観が評価され、「紀伊山地の霊場と参詣道」として世界遺産リストへ登録されることとなった。そして、この世界遺産の登場により紀伊半島におけるツーリズムも再編される。たとえば、これまで別々の霊場であり観光地であると認識されていた熊野三山と高野山が、ツアーなどの旅行商品においてはひとつのパッケージとされるようになった。これは観光に訪れる人々が、熊野三山とそれらをつなぐ熊野古道を、何よりもまず世界遺産「紀伊山地の霊場と参詣道」の一部として見るようになったという認識の変化に対応したものである。

そのような熊野古道をめぐる様々なツーリズムの取り組みのなかでも、近年、熊野のシンボルのひとつとして修験道をめぐる文化、山伏や熊野比丘尼が注目されつつある。平安中期に貴族のあいだで熊野詣が盛んであった頃には山伏は先達として彼らのガイド役を務め、また熊野比丘尼たちが全国で曼荼羅の絵解きをして回り熊野信仰を広めるなど、熊野修験とそれに関わる人々は熊野信仰を語るうえで欠かせない存在である。しかし前述のように紀州藩の神道化政策や明治政府による修験道禁止令などを経て、熊野修験はじつに100年ものあいだ途絶えてしまっていたといわれている。しかし、現在、その熊野修験を再興する数々の取り組みが行われている。そのひとつが、青岸渡寺の副住職・高木氏による熊野修験復興への取り組みである［高木 2006］。かつて那智は熊野修験の中心的拠点であったものの、明治初期の頃よりその信仰文化は途絶えていた。そこで高木氏は1988年から那智山から奈良県吉野へ向かう「順峯」と呼ばれるルートでの大峯奥駈の行を再開する。(4) これは紀伊半島の修験道文化の世界遺産化でさらに多くの人の関心を集めることとなり、近年では200人もの参加希望者が集まるほどになっている。

このように熊野修験は重要な地域のシンボルとなり、それをうけて那智勝浦観光協会によって現役の山伏を先達とする「山伏と歩く熊野古道」ツアーが企画され、また田辺市熊野ツーリズムビューローでは平安装束の女性と山伏姿の男性がペアとなってのPR活動を行うこともあった。さらに熊野古道観光にかかわる各自治体、各観光協会などで構成される「世界遺産熊野絵解き図制作委員会」が主体となり熊野比丘尼による曼荼羅の絵解き再現事業が進められ、那智勝浦町や新宮市の観光協会などの後援を受けた「熊野映画を創る会」が制作した映画『熊野伝説Ⅱ　熊野比丘尼　おりん物語』（2012年）では戦国時代の世に勧進の旅に出る二人の熊野比丘尼の姉妹の物語が描かれることになった。また熊野三山のひとつ、熊野本宮大社を擁する本宮町商工会がシンボルとする本宮町地域キャラクター「八咫之助」は、八咫烏が山伏装束をまとった姿としてデザインされている。

ながく途絶えていた山伏や熊野比丘尼などの熊野修験をめぐるシンボルの掘り起こしは、もちろん地域文化の再発見と観光資源化の動きであるが、この地域を修験道の霊場として評価した世界遺産の趣旨がツーリズムの場の中で実践的に回復されていくプロセスであるということもできる。そのように世界遺産という文脈のなかで地域の意味が再編成され、そこで新たな意味と評価の中で選ばれた地域のシンボルのひとつが、これら修験道に関連するシンボルであったのである。

（5）修験道文化の異端的イメージ

しかし観光商品としての修験道はとくに扱いにくいものであることも事実である。まず修験もひとつの信仰である以上、それを観光商品とすることに戸惑いを感じる者も少なくない。また観光資源を生かした地域振興を期待する行政としては、支援の在り方に「政教分離の観点で問題も」という声もある。[5] また修験道に特有の問題としては（行者など）関係者の数が圧倒的に少なく、たとえば山伏が「先達」としてガイドを行うツアーを実施するにしても「山伏の確保が難しい」という困難がある。[6] そして「癒し」や「日本のふるさと」などを標榜する当地域の他の観光スローガンとは一線を画した歴史性とイメージのむずかしさがある。たとえば熊野比丘尼は、中世から全国を巡り歩き熊野信仰を広めるが、熊野信仰が権勢を失いつつあった江戸時代には「歌比丘尼」として宴席にはべり春を売るようになったことで知られている。また同じく江戸時代以降では、山伏の権威も零落し、「（山伏が行う祈祷は）はなはだ怪しげな人心を惑わす迷信」といわれるような状況となっていた［和歌森 1964］。そして明治時代には社会秩序を乱す「淫祠邪教」として異端化されてしまう。修験道に付されたこのような「あやしげ」というイメージが現在まで払しょくされずにいるという状況を憂う声は、修験道関係者からも多い。たとえば山伏として活動し、山伏ツアーの先達もつとめた男性は自身がはじめて熊野修験の山伏を見たときの印象をこのように語る。

あやしいでしょ。僕も最初はこのおっさんら何してんねや、と思ったですよ。ええ年してこんなカッコして(7)

また、かつて神倉山を拠点としていた熊野修験のひとつ神倉聖に代わり昭和63年より新宮市神倉神社で催行される「お燈祭り」に参加し山伏行列や護摩行などを行っている神州院も、世界遺産登録以前にはその活動が「キチガイみたいなことを言われた」「喧嘩も売られた」など地域の抵抗を受けたこともあるという［天田 2011b］。このような修験の異端としての歴史やそのイメージは、世界遺産の文脈においてはどのように評価され、そしてどのようにツーリズムの場で消費されているのだろうか。

4　異端の価値

（1）ユニークネスとしての異端

2018年の第42回世界遺産委員会に向けて「長崎と天草地方の潜伏キリシタン関連遺産」として再推薦されることが決定した長崎の教会群とキリスト教関連遺産の世界遺産登録への運動の経緯を追った松井は、遺産化の議論が進む中でその遺産の価値がどのように構築されていったかを論じている［松井 2012］。そこでは「海外の専門家」による意見も踏まえた長崎県の学術会議において、当初に主張されていた教会建築物としての価値にかかわる言説が後退し、代わってカクレキリシタン文化の価値が強調されていく過程が報告されている。それはカクレキリシタンを単なるキリスト教文化の伝播として位置づけるのではなく、「ヨーロッパとはことなる文化をもつ日本」において禁制・禁教の異端とされた信仰文化としてのユニークネスに価値を見出すという視点である。これはちょうど２０１３年６月に世界遺産登録された富士山が、その登録の過程で一時はイコモスから三保ノ松原の除外が勧告されるも、日本側が「東洋の見方」による価値の評価を主張し、結果的にこれが認められたという経緯と構造を同じくする。どちらも、普遍性よりもユニークネスや他の遺産との差異が評価されるという、現在の世界遺産制度の文脈における評価の傾向によるものといえる。カクレキリシタンや修験道の異端としての歴史も、まさにそのようなユニークネスとして評価され得るものなのである。

そもそも、前述のように近代日本の神仏分離や修験道廃止などの宗教政策は「国家的課題にあわせて、有用で価値的なものと無用・有害で無価値なものとの間に、ふかい分割線をひくもの」であった。修験道はその際に負の価値をまとわされ、異端とされることとなったのである。日本の近代化の過程においてはあらゆるものに対して近代国家という新たな文脈への再配置を行うナショナリゼーションがすすめられたが［Tanaka 2013］、もちろん信仰とそれにまつわる文化も再配置されることになった。たとえば神道も、これにともない新たな文脈のなかで近代日本にとって「ふさわしい」「正統な」国家神道へと再構築され、新たな価値を見出されることとなったものである。しかし修験道の場合は、新たな文脈での価値づけが困難なほど特異的で普遍性を欠いているとして、近代国家の文脈において異端の烙印を押されることになったのである。

つまり、かつてはそれがゆえにナショナルな文脈によって価値を否定された修験道の周縁性や特異性が、さまざまな近代的文脈のなかに置きなおされることで新たな価値として再発掘、また再構築され、そしていま文化財の脱国家化を志向する世界遺産というグローバルな文脈の中でユニークネスとしての価値がそこに見出されているのである。

（2）裏局域としての異端

では、ツーリズムの現場で熊野修験の異端的イメージはどのような形で、ある商品に価値を付与し、またそれ自身が消費されているのだろうか。近年の修験道ブームを分析した井戸は、修験道関連書籍や修験道体験ツアーなどの観光商品としての修験道文化の受容のされ方について、以下のように述べている。

修験道関連の書物に現れているもうひとつの特徴的な傾向として、「秘密の公開」を挙げることができる。これまで修験道を謎めいてなじみの薄いものにしてきた原因のひとつに、秘密主義的な宗教上の性格がある（中略）それは一方で神秘的で妖艶な修験道の魅力の源泉ともなりえている［井戸 ２００８：９３］

たしかに熊野古道のツーリズムをめぐる個々の修験関連商品は修験の異端性をことさら強調するものばかりではない。しかし前述のように関係者や「修験ファン」からは修験道のもつ異端的イメージへの言及は多く、その特徴的な装束や加持祈祷などの儀式を目にした時に受ける秘儀的印象は、「ミステリアス」や「スピリチュアル」などの言葉で表現され、他のものには代えがたい魅力となっているといえる。いうならば商品化できない存在の領域を垣間見たような気分にさせてくれるという価値である。このような観光消費のあり方について、須藤はツーリズムの場においてツーリスト向けに演出された「表局域」とその舞台裏である「裏局域」に関するマッキャーネルの議論を引きながら、以下のように述べる［MacCannel 1999］。

商品としての観光対象がオーセンティシティを持つためには、観光の〈表局域〉の裏側に、商品化できない〈裏局域〉としての「自然」や「人間」や「聖なるもの」が透けて見えなくてはならない［須藤 ２０１２：１５３］

ここで須藤は、裏局域を直接的には商品化できない観光資源の外部とする。修験道の異端性はまさにそのような裏局域として存在する。その商品を消費する人々の間に知識やイメージが共有されており、各々が眼前の観光対象からその裏局域である異端性を「透かして見る」のである。そして、そのような消費の在り方はアーリが提示した「ロマン主義的まなざし」による観光消費ということもできる。それはマス・ツーリズム的な観光のまなざしである「集合的まなざし」と対置されるもので、たとえば「個人が孤独に浸りながら楽しむ自然の霊山」のように「孤独やプライバシー、まなざしの対象との個人的で半ば精神的な関係」に重きがおかれたものである［Urry 1995］。レディ・メイドな観光商品に飽き足らないまなざしを持つ人々にとっては、その裏局域に商品化の困難な異端性を「透かして見る」ことのできる修験文化は、神道や仏教などの「正統」な宗教文化とは一線を画した価値を見出すことができるものなのである。

おわりに

本章では世界遺産「紀伊山地の霊場と参詣道」における熊野修験を事例に、修験道文化のもつ異端の信仰文化としての歴史性やそれにともなう異端的イメージが世界遺産やツーリズムの文脈でどのように評価され、また消費されているのかを検証した。その結果、神仏習合や呪術性などの性質のために国家によって異端とされた修験道が、明治以降さまざまな近代的文脈の中に再配置されることで、さまざまな文脈における価値の獲得と文化の再構築を重ね、ついには脱国家の志向を持つ世界遺産の文脈において「人類共通の遺産」というグローバルな価値を獲得するにいたる過程を見出すことができた。そして、そこでは、修験道がかつてそれがゆえにナショナルな文脈において異端とされた性質、その性質自身に、文化遺産やツーリズムなどのその後の新たな文脈において他に代えがたいユニークネスとしての価値が見出されていることが分かった。そしてそれらの歴史性や性質が喚起する異端的イメージは、消費者にとっては商品化され得ない「外部」として、修験道文化にまつわる種々の観光商品のオーセンティシティを担保していると考えられる。

しかし、これらの修験道文化の観光商品化については問題も少なくはない。スピリチュアリティなどへの関心からの修験道ブームや文化遺産のまなざし、そして観光資源としての評価などは修験道の原文脈である信仰の文脈とはことなる文脈であり、このような「俗なる」文脈による評価に戸惑う声も多い。そして修験道のオーセンティシティを担保している異端的イメージは今後さまざまな形での商品化など他の文脈の浸食を被る可能性があり、その裏局域／表局域構造の不安定化や、裏局域の「消耗」も考えられる。今後、このような文化遺産化による文脈の再配置や、それと連動するツーリズムによる文化の消費においては、このような意味やイメージの消費とどう向き合っていくのかも重要な課題となるだろう。

注

(1) 日本の文化財保護制度においても、文化審議会文化財分科会企画調査会報告「文化財の保存・活用の新たな展開――文化遺産を未来へ生かすために」（2001）において、歴史的価値を有する文化的所産を「文化遺産」としてとらえることが提示された。

(2) 会議期間は2001年9月5日から10日まで。この会議で採択された「アジア・太平洋地域における信仰の山の文化的景観に関する専門家会議　結論及び勧告」は文化庁発行『月刊　文化財』11（2001年）に掲載されている。

(3) この会議の成果としてまとめられた『結論及び勧告』において、信仰の山の定義は「精神と物質が一体となる重要な意味を持つ自然の高み」とされた。

(4) 2006年9月7日、和歌山県庁　観光振興課からの聞き取り。

(5) 大峯奥駈修行は修験道の行のなかでもとくに有名なものであり、吉野、山上ヶ岳、熊野三山に至る大峰山脈を縦走する峰入行である。熊野三山・本宮から吉野に向かう「順峯」と、逆に吉野から本宮に向かう「逆峯」というふたつのルートがある。かつて順峯は金峯山修験本宗の金峯山寺や聖護院など天台系本山派が行い、逆峯は真言宗醍醐寺三宝院（当山派）が主宰していたが、近世以降の熊野信仰の衰退に伴って、吉野から入る逆峯のみが両宗派によって行われるようになっていた。これに対して、青岸渡寺・高木氏らが取り組んでいるのは順峯での大峯奥駈修行の復興である。

(6) 2007年3月17日、那智勝浦観光協会からの聞き取り。

(7) 2007年3月17日、修験者（40代男性）からの聞き取り。

参考文献

〈邦文献〉


天田顕徳［2011a］「火祭りの変化をめぐる『反発』と『受容』――和歌山県新宮市『お燈祭り』を事例として」『宗教学・比較思想学論集』（筑波大学）、12。

――――［2011b］「現代熊野における修験系教団の展開」『宗教研究』84（4）。

――――［2017］「修験道にまつわる情報の流行と消費」『中央学術研究所紀要』46。

井戸聡［2008］「神仏分離と文化破壊――修験宗の現代的悲喜」、洗建・田中滋編、京都仏教会監修『国家と宗教――宗教から見る近現代日本　上』法藏館。

稲葉信子［2007］「〈顕著な普遍的価値〉をめぐる議論について」『月刊文化財』10。

岡尾将秀・新矢昌昭［2012］「修験寺院の変容」『宗教と社会』18。

小川伸彦［2002］「モノと記憶の保存」、荻野昌弘編『文化遺産の社会学――ルーヴル美術館から原爆ドームまで』新曜社。

小田匡保［2013］「戦後における聖護院の大峯入峰」『山岳修験』51。

河野靖［1995］「文化遺産の定義と保存」『文化遺産の保存と国際協力』風響社。

須藤廣［2012］『ツーリズムとポストモダン社会――後期近代における観光の両義性』明石書店。

高木亮英［2006］「熊野修験再興」『天台学報』49。

田畑幸嗣［2010］「〈見た目〉のわるい遺跡を保存する――観光資本にならない遺跡の調査と保存活動」、石澤良昭、丸井雅子編『グローバル／ローカル　文化遺産』上智大学出版。

中井治郎［2011］「〈熊野古道〉をめぐるノスタルジアの価値――世界遺産としての文化的景観と熊野修験の再評価」『龍谷大学社会学部紀要』39。

――――［2013］「問い直される世界遺産――台風12号災害を契機とした熊野古道をめぐる語りの変容」『フォーラム現代社会学』12。

七海ゆみ子［2012］『無形文化遺産とは何か』彩流社。

原谷桜［2008］「自己をみつめるための山岳修行――出羽三山神社を例に」『山岳修験』41。

――――［2010］「現代の修験道をめぐる表象の動向――新聞と雑誌を対象に」『山岳修験』46、山岳修験学会。

藤木庸介［２０１０］「本書の意義とリビングヘリテージ」、藤木庸介編『生きている文化遺産と観光――住民によるリビングヘリテージの継承』学芸出版社。

ベルンバウム、E.［２００１］「信仰の山と文化的価値――世界遺産としての選定」『月刊文化財』11。

細田亜津子［２００４］「文化的景観による世界遺産の可能性Ⅰ」『長崎国際大学論叢』4。

本間眞［２００７］「〈石見銀山遺跡とその文化的景観〉の評価・審査をめぐって」『月刊文化財』10。

宮家準［２００１］『修験道　その歴史と修行』講談社。

――――［２００６］「近現代の山岳宗教と修験道――神仏分離令と神道指令への対応を中心に」『明治聖徳記念学会紀要』43。

松井圭介［２０１２］「ヘリテージ化される聖地と場所の商品化」、山中弘編『宗教とツーリズム――聖なるものの変容と持続』世界思想社。

峯俊智穂［２００６］「世界遺産観光と〈オーセンティシティ〉」『政策科学』13（2）。

宮城泰年［２００８］「国家神道体制下の本山修験宗」、洗健・田中滋編『国家と宗教――宗教から見る近現代日本』法藏館。

宗田好史［２００１］「アジア・太平洋地域の文化的景観、信仰の山への挑戦――ファシリテーターとして参加して」『月刊文化財』11。

安丸良夫［１９７９］『神々の明治維新――神仏分離と廃仏毀釈』岩波書店。

安福恵美子［１９９８］「ヘリテッジ・ツーリズムとオーセンティシティ――文化遺産の解釈をめぐって」『阪南論集　人文・自然科学編』34（1）。

――――［２００６］『ツーリズムと文化体験――〈場〉の価値とそのマネジメントをめぐって』流通経済大学出版。

山口正博［２００９］「戦時下における修験道の表象」『宗教研究』82（4）。

山村高淑［２００６］「開発途上国における地域開発問題としての文化観光開発――文化遺産と観光開発をめぐる議論の流れと近年の動向」『国立民族学博物館調査報告』61。

和歌森太郎［１９６４］『山伏――入峰・修行・呪法』中央公論社。

〈欧文献〉
Bouchy, A. [2007] “Lafiliation de la fusion Shinto-bouddhique（福島勲訳「神仏習合の系譜」）”『宗教研究』81（2）.
MacCannel, D. [1999] *The Tourist: A New Theory of The Leisure Class California*, Berkeley: University of California PressUniversity

of California（安村克己他訳『ザ・ツーリスト――高度近代社会の構造分析』学文社、２０１２年）.

Robinson, M. and Smith, M. [2006] "Politics, Power and Play : The Shifting Contexts of Cultural Tourism," in Smith, M. K. and Robinson, M. eds., *Cultural Tourism in a Changing World : Politics, Participation and* (*Re*) *presentation*, Clevedon : Channel View Publications（阿曽村邦昭・阿曽村智子訳「政治、権力、遊び」『文化観光論　上巻――理論と事例研究』、古今書院、２００９年）

Tanaka, S. [2013] "Nationalization, Modernization and Symbolic Media—Towards Comparative Historical Sociology of a Nation-State," *Historical Social Research*, 38 (2).

Urry, J. [1995] *Consuming places*, London : Routledge（吉原直樹・大澤善信監訳『場所を消費する』法政大学出版局、２００３年）.

（中井治郎）

Column 2

神仏分離・修験道廃止と世界遺産化

――洞川からみる現代の民衆宗教と修験――

奈良県のある山里。緑豊かに高くそびえる山々と清冽な水に恵まれ、冷涼な気候は〝関西の軽井沢〟とも言われる。渓谷美を堪能できるハイキング遊歩道や名水ごろごろ水などの他、キャンプ場、温泉、鍾乳洞、スキー場等の観光資源が整い、多くの観光客が訪れる。天川村洞川地区の現今の光景だ。

そのなかで地元の人々が最も大事にしているものの一つが「お山」であるという。「お山」というのは大峰山のことであり、修験道の一大霊山である。修験道寺院である大峯山寺がある山上ヶ岳を含んだ吉野山から熊野にかけての山岳一帯が修験道の重要な道場である大峯奥駈道である。関西一円の他、東海地方など方々から、修験の行者を組織立てて、この霊山に連れてきたのが各地の行者講であった。その行者講を受け入れてきたのが、洞川地区の目抜き通りに立ち並ぶ数々の宿坊である。洞川地区には大峯山寺の護持院のひとつであり、山上ヶ岳登拝の出発点である龍泉寺や、修験道を創始したとされる役行者（役小角）とその母との逸話に由来する母公堂など、数々の宗教施設が存在する。各地から訪れる人々を受け入れる宿街として、また修験信仰の最前基地として発展してきた経緯が洞川にはある。その歴史があるからこそ、今の洞川があるのであり、訪れる行者が減少し続けている一方で、行者以外の一般客が増加している昨今においても、その基盤は大切にされるべきであると意識されている。

宗教的な歴史文化が厚く積み重ねられてきた一方で、この山間の小集落の変化は現代的だ。アウトドアグッズやBBQ用品を携えて訪れるキャンパー、渓谷遊歩道を散策するハイカーや霊山である大峰の山々を登山として楽しむトレッカー、役行者を祀る行者祭で行者の出で立ちをコスチュームとして楽しむコスプレイヤーなど、多様な嗜好や楽しみ方を持った人々が集う場となっている。

この山里の小集落の現況を、次のような補助線を用いいながら考えてみたい。ここで取り上げるのは、明治初めの神仏分離令と修験道廃止令、そして2004年の世界遺産化という修験にとっての影と光とも言える二つの事柄である。

修験道の歴史において、宗教上また学術上においても、明治の神仏分離令と修験道廃止令は壊滅的な影響を与えたとする見解で共通している。修験道とは、「山岳を神霊・祖霊などのすまう霊地として崇めた我国古来の山岳信仰が、シャーマニズム、道教、密教などの影響のもとに平安時代末頃に一つの宗教形態を形成したもの」［修験道修行大系編纂委員会編 1994：9］とされる。

明治維新直後、新政府は神仏分離政策に執りかかり、この宗教政策によって大きな影響を受けた宗教のひとつが修験道であった。続いて1872（明治5）年には修験道廃止令が発令された。修験道の大霊山である熊野三山・吉野金峯山・出羽三山は神社化し、修験宗が天台宗・真言宗いずれかの仏教派内に所属することが命じられた。天台宗・真言宗に所属した修験宗は仏教よりも格下の地位に置かれ、修験の装束や儀礼、組織活動など修験的な要素を封じ込まれた。こうした事態によって、修験道はその宗教的資源に大きなダメージを受けた。神仏分離・修験道廃止によって修験道は信仰体系の整合性や宗教的なシンボルを失うとともに、宗教集団としての組織力や政治力・経済力などの集合的な力を衰えさせ、信仰的資源・人的資源・経済的資源などの宗教的資源としての諸力を削ぐ結果となった。修験道界を揺るがした神仏分離・修験道廃止の後、再び修験道界が転換期を迎えるのは、第二次世界大戦後のことになる。戦後のGHQによる自由化政策のひとつである宗教法人令によって修験宗諸派が教団を設立し分離独立していった。

修験道は、国家的な祭政一致政策の渦中で逸脱的宗教と措定された。同じく仏教も逸脱とされたが、比較的早い時期に国家の宗教的枠内に復帰したのに対し、そのタイミングを修験道は第二次世界大戦後まで待たねばならなかった。

こうした経緯は、修験道界にとって不遇な歴史的背景として捉えられている。だが、一方で明治以降の近代化のプロセスに修験道が直面することなく、その前近代的な伝統的要素を温存させて保ち続けた側面があると読み取ることもできる。修験道に残された伝統的要素の一つは、民衆の宗教としての特質ではないだろうか。成立宗教や創唱宗教が国家的枠組みでその意味や機能（指導者の権威付けや争いの理由付け等）が解釈できるのに対し、人々の求めるものに対して応える（不安に対する安らぎ等）のが民衆の宗教の特質的要素である。

現代人の不安に対して、伝統的宗教の言葉は力を持たなくなったと言われるようになって久しい（たとえば、司馬・山折［１９９７］）。現代人の不安にとって、修験道の宗教的実践がひとつの拠り所となる可能性を洞川地区の現況から読み取ることができるかもしれない。行者講で組織的にやってくる行者数は減少しているが、一方で、個人として修行に訪れる人々を受け入れる一日体験修行という形式が創り出されている。ますます流動化・個人化する現代社会で、自己の不安を修験の宗教的実践に向けようとする人々が現れてきている。

２０２０年の新型コロナウイルス（ＣＯＶＩＤ—19）の流行に対し、その収束を祈願する法要が修験宗によって執り行われ、極度に高まった人々の不安に宗教的なケアをもたらそうとしたことも記憶に新しい。

２００４年に「紀伊山地の霊場と参詣道」として世界文化遺産として認定され、大峯山寺や大峰奥駈道もその主要な構成要素として含められた。神仏分離・修験道廃止によって貶められた修験の宗教的価値が回復される機会となるのが世界遺産化であるという期待が修験道界にはあった。しかし、蓋を開けてみると、世界遺産をめぐっては観光化・地域活性化ばかりが焦点化され、必ずしも宗教的な価値が認められる方向に向かっていないともどかしく受け止められているようだ。普遍的価値のある遺産を保護するというのが世界遺産の思想だが、多くの場合、現実的には観光的文脈で活性化する方向に作用し、地域活性化と関連付けられつつ、さまざまな要素を商品化しながら消費の対象と化していく。宗教もその例外ではなく、宗教的文脈を離れたところでイメージ化されたり、観光振興や地域活性化の文脈に組み込まれたりしている。キャラ化されたり、コスプレ化されたりしている修験文化を洞川地区でも見かける。

世界遺産化により大きな変動を見せている熊野三山周辺などに比べて、世界遺産化の文脈との強い関連が感じられないのが洞川地区である。話を伺うと、世界遺産化の大きな直接的影響は恩恵も含めてあまりないという。一方で、世界遺産を謳う大きな看板や、所どころで見受けられるキャラ化、コスプレ化された修験文化からは、世界遺産化や観光化・商品化の影響から無縁とも言えない面も見受けられる。

神仏分離・修験道廃止から世界遺産化に至るなかで、修験はグローバルやナショナルな規模の枠組みによるさまざまな影響を受けながら推移してきた。その修験の宗教文化を、現在の集落の生活基盤をもたらした源として敬いつつ、一方で、現今の現代化する多元的な人々とも関わり続け、現代的な人々と修験文化の接点を提供し続けているのが洞川の人々であろう。

地域固有のローカルな文脈に根ざしつつも、現代社会的な諸要素とのつなぎ合わせを不断に模索しつつある洞川は、修験の宗教文化的な文脈と現代日本社会の状況を結節するような日常的実践を感じ取れる地域ではないだろうか。修験を宗教的観点からだけではなく、この山里の小集落の人々の意識や実践からも考える視点を持つことが現代の民衆と修験のあり方を探る上で重要となってくるのではないだろうか。

参考文献

修験道修行大系編纂委員会編［1994］『修験道修行大系』国書刊行会。

司馬遼太郎・山折哲雄［1997］『日本とは何かということ――宗教・歴史・文明』日本放送出版協会。

（井戸　聡）

第8章　観光立国「日本」と「宗教」
――世界遺産「紀伊山地の霊場と参詣道」――

はじめに
――「観光」と国と地域と宗教と――

２００７年８月22日国土交通大臣から、翌年２００８年度にも観光政策を専門に担当する「観光庁」を新設する方針が発表された。やや唐突な感のある観光庁新設の発表ではあるが、「観光」への国家的取り組みは既に用意されていたものであった。

「Yokoso! JAPAN」をかけ声に「観光立国」をめざす日本政府は、２００７（平成19）年「観光立国推進基本法」を施行し、またそれに呼応するように経済界、日本経団連も「観光立国」を「国家百年の計」として重要な国家戦略の一つに位置づけるよう訴えかけている〔日本経済団体連合会観光委員会企画部会 ２００７〕。

政・財足並みを揃え、まさに国を挙げて推し進めようとする観光とはどのようなものであり、またそこにはどのような意図が含まれているのか。

観光立国推進基本法の前文において観光とは、「国際平和と国民生活の安定を象徴するものであり、その発展によって恒久平和と国際社会の相互理解、そして健康で文化的生活の享受を理想とするもの」とされている。

続いて観光のもつ役割として、「地域経済の活性化、雇用の機会の増大等国民経済のあらゆる領域にわたる発展」が挙げられ、「地域における創意工夫を生かした主体的な取組の尊重、地域の住民が誇りと愛着を持つことのできる地域社会の実現、日本固有の文化、歴史等に関する理解」(1)等が挙げられている。

この前文からわかるように、国の進める観光には「地域」というものが大きな比重を占めている。この地域に重点を置いた観光が宗教とどのように関わっていくのか、また観光と関わることにより宗教はどのように変容していくのか。結論を先取りして述べると、現在観光商品として市場に流通することになった宗教は、その「市場過程」においてそれに関わる者をナショナルなものへと繋ぐ役割を果たすことになる。この結論に至るために、まずナショナリズム概念を整理し、国と観光、観光と宗教、そして宗教とナショナルなものとの関係を捉える視点を導き出す。次に、この導き出された視点から「世界遺産・熊野古道」を考察し、論を進めていく。

1　人々をナショナルなものへと繋ぐ運動

「ナショナリズム」という言葉を聞くとどのようなことが思い浮かぶだろうか。日本において多くの場合、「全体主義」や「軍国主義」といった良くないもの、否定されるべきものが想像されることになるだろう。

ではナショナリズムとは一体どういったものなのか、これまで幾多の論争がなされてきたが、現在多くのナショナリズム研究者によって認知されている定義は、「政治的な単位と民族的な単位が一致しなければならないと主張する一つの政治原理」[Gellner 1983：邦訳 1]と如何様にもとれる、かなりぼんやりとしたものである。

なぜ明確なナショナリズムの定義が困難なのか、それはそもそも“National-ism”の“National”、“Nation”という（日本語では「国」、「国民」、「民族」と訳される）ものが曖昧なものでしかないからである。

このNationの曖昧さ、その定義の困難さをB・アンダーソンはNationのもつ三つのパラドクスにその理由を求めている。それは、1．歴史家の客観的な目にはNationが近代的現象とみえるのに、ナショナリストの目にはそれが古い存在とみえるということ、2．近代国家では社会的文化的概念としてのナショナリティ（帰属性）はどの国にも形式的普遍的にあるのに対して、それがどうしようもない固有性をもって現れ、どの国民も自分たちは他の国民とは異なる国民性（民族性）や文化性を特別に持つ存在だと考えてしまうこと、3．ナショナリズムのもつ「政治的影響」の大きさに対し、それが哲学的に貧困で支離滅裂だということである［Anderson 1991：邦訳 22―23］。

このような問題が起こるのは、われわれが無意識のうちにNationを様々なことに先行するものだとして実体化し、他と区別しようとしてしまうためであり、それは具体的客観的な要因によって実体化されるのではなく、イメージとして心の中に想像された、「想像の共同体」としてのNationが実体化されてしまうからである［Anderson 1991：邦訳 23―26］。

この「想像の共同体」が〝ある〟と受止められる範囲内では、その〝ある〟とされたものから派生した事象も自然なこと、「常識的なこと」として当然視されることになる。そして誰もあえて「常識的なこと」について問おうとしないことにより「常識的なこと」に「現実性」が生み出される。

例えば、「常識的」に存在するとして受止められている「国民」、「日本人」とはどのような人なのだろう。それは日本国籍を有するということとは別に、その帰属性、帰属先としての「日本文化」を理解し、国語としての「日本語」を使用するという同一性によって担保されることになる［酒井 1996：131―41］。

しかし、「日本人」を規定する「日本文化」は「日本語」や「日本人」によって培われてきたもの、「日本語」も「日本人」によって使用されている言語、と同語反復の構造によって成り立っていることがわかる。それにもかかわらず日常的には同語反復の構造は誰にも問われることなく、「日本人」や「日本文化」、「日本語」は先行して〝ある〟ものとして捉えられ、それによって生み出される様々な基準も自然なものとして受止めてしまうことになる(2)。

このような同一性による「想像の共同体」、Nationという現象は二つの動きによって現されている。一方は上からNationを構築する動きである。この上からのナショナリズムは、近代化というシステムやそれによって誕生した国家の強制的な力として働く。それとは逆の動き、下からのナショナリズムは「必ずしも民族的なものではないし、ましてナショナリスト的なものでもない」が、「普通の人々が抱く様々な憶説、希望、必要、憧れ、関心との関係」から現れるものである［Hobsbawm 1992：邦訳 12］。

この「必ずしも民族的なものではないし、ましてナショナリスト的なものでもない」普通の人々が抱く様々な憶説、希望、必要、憧れ、関心が結果として Nation という現象を生み出す時、それに寄与する「自民族の独自性を体系化し伝達する人はナショナリスト」［吉野 1997：253］となる。それ故、Nation を人々に想像させる力、そして想像されたナショナルなものに様々な面で人々を結びつける運動を総称してナショナリズムと呼ぶことができるだろう。

本章が取り上げるような観光、特に民族の伝統、遺産が商品となる観光も、現代において自文化の特異性を伝播し、ナショナルなものに人々を結びつけるナショナリズムの媒体と成りうる。

そして Nation という現象が二つの動きによって現されるように、この観光が媒体となるナショナリズムにも「伝統の創造」やイデオロギー操作を含む上からのナショナリズムと、「消費者身が自らの興味、欲求を充足するために積極的に消費する行動に伴って民族性が創造、促進される点」［吉野 1994：396］に特徴のある下からのナショナリズムの二つの動きが考えられる。

2　「観光」にみられる二つのナショナリズム

観光を媒体とする上からと下からの二つのナショナリズムとはどのようなものなのか。ここでは先行研究を整理しながらその二つの動きを考えていきたい。

まず上からの動きとして、近年国が推し進める観光と地域との関係について岩本は、「果たして手放しで喜ぶべきものなのか」、「常に背後の通底するイデオロギーにも自覚的である必要がある」と論じている［岩本 2003：172―

173〕。岩本はWTO体制下の農山村対策を挙げ、外圧により農作物の直接的保護が不可能となった現在、それに代わる唯一の地方振興策が観光であったと分析する。

しかし、この国により政治的にアジェンダセッティングされた地域の観光は、地方振興策、地方の経済政策だけを目的に展開されているのではなく、その背後には愛郷心や公共心の涵養を計る保守勢力、政治家及び特定宗教の影響を受けた「イデオロギー」が存在し、それによって現在各地で展開されている観光事業は人々の精神性を含んだ編制の流れを政策的に強力に促進しようとするナショナリズムの役割を果たしていると岩本はいう。

観光とは、需要と供給の上に成り立つ経済活動であるため、消費者である観光客が求めるわかりやすいイメージ、本物「らしさ」にマッチした商品作りが必要となる。そのため地域の文化は国家認定の「日本の○○百選」や「××遺産」という権威づけや、学者や文化人といった文化エリートの解説によって、より本質主義的に「らしく」構築されることになり、その結果、日本文化とはこうあるべきだという定型化されたナショナルな規範文化が創造されることに繋がる。そしてまた観光を通して創造された伝統・文化を大切にと訴えかけることで、「伝統」＝体制・秩序に従順で保守的な国民を育成する目的もあると岩本は論じている〔岩本 2003：174—80〕。

このような観光とナショナルなものの結びつきは日本特有の現象ではなく、「ノスタルジアと観光はナショナリズムの技術として様々な地域でも展開されている」とJ・ロバートソンは分析している。ロバートソンも国が観光を展開するのには地域の経済的要因があったとし、1980年代の竹下登による「日本列島ふるさと論」を、過疎化と貧困に苦しむ村落救済のため、農山村の産業を農業から観光への移行を目指したものであると同時に、「ふるさとづくり」による農山村観光の展開は、明治期の天皇制が国家的精神の統一、国民統合の仕組みであったように、国民的記憶を形成し、社会的に再生する政治的プロジェクトでもあるという〔Robertson 1995：邦訳 89：94—95〕。

帰る場所をもたない「故郷喪失者」である現代の都市生活者にとって、農山村は訪れることが可能な「ふるさと」として意図的に創造されていく。そして意図的に創造された「ふるさと」は特定の農山村という場所を越え、いつしか日本という国を指すものへと創り変えられていく。

ロバートソンは村の祭りの絵の上に「いいなぁ。ふるさと日本」とスローガンが掲げられたポスターやそれと同じように地方の祭りで子供が踊る写真の上に「わたしの故郷、わたしの日本」のスローガンが載せられたポスターを使用した旧大蔵省の国債キャンペーンを、明らかにふるさとと国家を同一視し、地域への思いとナショナリズムを融合させているものだと分析している［Robertson 1995：邦訳 93］。

このような国とふるさとを同一視させる仕組みは至る所に張り巡らされ、地域の伝統的建造物や祭りが「ふるさと」の表象として国に用いられることにより、地域の小さな遺産は国の大きな遺産の一部となり、観光によって「伝統的な」社会関係の維持と「正統な」風景の保存に結びつけられる。

これは環境保全主義から保護貿易主義まで、広い範囲の社会的・政治的利益と信条の人々に訴える、強力で有無を言わさぬイデオロギーとして、国内の大都市と地方都市、あるいは農山村という関係を反政治化し、その帰結として境線を日本と外国との間に置くことになり、日本という国を再統合することを促進していくことになる［Robertson 1995：邦訳 100─101］。

国策として現在各地で展開されている観光は、経済的に疲弊した地域にとっては数少ない希望として、受け容れざるを得ないものである。その地域にとって受け容れざるを得ない観光には、岩本とロバートソンが分析したように国家、あるいは文化エリートが発明・生産した「伝統」や「規範文化」を人々に伝播し、「国民」あるいは「日本人」としてのナショナル・アイデンティティの創造をめざす動き、上からのナショナリズムとして機能する面がある。

一方、このような上からの明確な意図とは別なかたちでもナショナリズムは成立するとして、吉野は人々による日々の経済活動、「市場過程」における「生産」、「再生産」、「消費」を通じたナショナル・アイデンティティの維持、促進、強化に注目する。

この「市場過程」におけるナショナリズムとは、文化エリートによって「生産」された文化の差異の理論・民族の独自性に関するイデオロギーが生産側の意図通りに伝達され、一般の人々を操作するのではなく、消費側の興味に応じて積極的に「消費」されていくことにより、意図せざる結果としてナショナル・アイデンティティの促進、強化、日本的特徴とされるものの定型化を招く〔吉野 1997：7：167―259〕、下からのナショナリズムである。

また「市場過程」で消費者と関わりながら、一層「消費」を促進させるための「再生産」を行う「文化仲介者」の存在が重要となってくる〔吉野 1997：241―243〕。「文化仲介者」とはこれまで文化エリートだけが持っていた専門的な知識や思想を、一般の人々にわかりやすく、受容されやすいかたちに解釈し、より広い層に伝達すること、国や文化エリートによって「生産」された文化の独自性等を「再生産」する存在のことである。

歴史遺産や伝統文化を商品化する文化遺産産業において、博物館、広告代理店、旅行代理店等は代表的な「文化仲介者」であり、現代消費社会におけるエスニシティ、ナショナリズムの新しい担い手〔吉野 1994：395〕となりうる。では、観光という市場過程において、宗教はどのように関わり、変容され、ナショナルなものに結びつけられていくのか。

それを考察するため2004年に世界遺産に登録された熊野古道、その中心部熊野三山がある和歌山県南部をフィールドとし、特に観光商品の開発に当たる「文化仲介者」としての県職員、観光協会職員に焦点を当て論を進めていく。

3　世界遺産と和歌山

世界遺産・熊野古道は正式名称を「紀伊山地の霊場と参詣道」と言い、2004年7月に文化的遺産として世界遺産登録された(3)。これは、単に社寺とその周辺の参詣道だけではなく、山岳信仰の霊場と山岳修行の「道」として紀伊山地のかなり広い範囲が「自然と人間の営みが長い時間をかけて形成した風景」、「文化的景観」として評価されたものである(4)。

登録範囲は和歌山、奈良、三重の三県二十三市町村と広域に及び、奈良県吉野・大峰、和歌山県高野山、熊野三山周辺が霊場として、そして吉野・大峰から熊野本宮大社へと向かう大峰奥駆道、三重県熊野灘沿いに熊野速玉大社へと向かう伊勢路、高野山慈尊院から丹生都比売神社を経て金剛峯寺までの高野山町石道、金剛峯寺から熊野本宮大社へと向かう小辺路、紀伊田辺から紀伊半島沿いに補陀洛山時へと向かう大辺路、紀伊田辺から熊野本宮大社を経て熊野那智大社、熊野速玉大社それぞれへと向かう中辺路と六つの参詣道から成り立っている。世界遺産に登録された地域の内、高野山と熊野三山、そして多くの参詣道を抱える和歌山県にとって「世界遺産」というブランド、観光資源は非常に大きな期待を抱かせるものであった。

国内最大の半島として海に囲まれた和歌山県は、山間地域が多く平野部の少ないことから、林業や果物等の農業、マグロ、南氷洋のクジラに代表される遠洋漁業、また阪神工業地帯の南端として製鉄や製油などの重化学工業を主産業としてきたが、高度経済成長期が終わる頃になるとそれまで右肩上がりだったこれらの産業のほとんどが停滞、衰退し、「近畿のおまけ」と自嘲するほどその活力は低下した。

「紀伊山地の霊場と参詣道」が世界遺産に登録される前年２００３（平成15）年度の和歌山県内総生産は全国平均約10兆９９５２億円以下の約３兆５６３９億円であり、全国で40番目の数字である。

また県民一人あたりの所得をみても、東京都では約５００万円、大阪府では約３１０万円であるのに対し、和歌山県は全国平均の２８１万円を下回る２５５万円で全国35位となっている［内閣府］。

このような低経済状況は人口減少を招くようになり、ピーク時の１９８５年には１０８万７２０６人あった人口は年々減少し２０１５年にはとうとう１００万人を割り込み96万３５７９人と減少し、国立社会保障・人口問題研究所の予測では２０３５年には80万人を割り込み78万２０００人まで落ち込むとされている。

経済が衰退した地域にとっての新たな産業として国が意図した観光は地盤沈下の著しい和歌山県に相応しいものであった。熊野古道が「紀伊山地の霊場と参詣道」として世界遺産に登録された２００４（平成16）年の和歌山県の観光客の総数は３０９０万人を超え、前年の２９３６万人に比べ１５４万人増えたことになる。また、和歌山県内の世界遺産登録関係市町村の1市10町だけの観光客数を見ると登録前年の２００３（平成15）年９３５万人だったものが２００４（平成16）年１０９０万人となり１５５万人の増加で、２００４（平成16）年の和歌山県の観光客数の増加は「世界遺産」によるものであると言えるだろう［和歌山県観光振興局 ２００５］。

世界遺産熊野古道観光のもたらした経済効果は２００４（平成16）年に観光消費増加額が約50億円、経済波及効果は約78億円、これによる就業誘発者数は机上計算で１０００人となり［和歌山県作成資料による］、和歌山県の経済活性化に大いに貢献することになった。

和歌山県に大きな影響を及ぼすことになった世界遺産熊野古道観光はどのように展開され、その過程において宗教がどのように商品化されていったのか、次に県内の世界遺産観光を統括する和歌山県職員、そして「観光」が展開される現場にいる観光協会職員のインタビュー調査から具体的にその過程を考察していく(5)。

4　宗教を観光商品とする「仕掛け」

昭和30年代「新婚旅行のメッカ」と謳われた南紀白浜や、数多くの温泉地や海水浴場を擁する和歌山県にとって観光産業は馴染み深く、これまでも県経済を支える重要な産業の一つでもあった。しかし、「旧来型の滞在観光っていうのが行き詰まってきて、しかも国全体としても観光産業というのが横ばい、あるいは下降になってきている」と観光に携わる県職員A氏は言う(6)。

このような状況にありながらも「県全体としては、観光客は減りつつも、国内に占めるシェアとしては横ばいから若干増加傾向にあるっていうのが和歌山県の統計的な姿で見たところの観光」であるとA氏はいい、この「若干増加傾向」を可能にしたのが世界遺産熊野古道観光を中心とした個人向け「体験型観光」であった。

世界遺産登録前後から和歌山県は、当時としては新しい観光のかたちとして、観光客が地域の自然、歴史、文化、伝統などにありのままに触れ、体験する、体験型観光「和歌山ほんまもん体験」を展開している。体験型観光の展開について、「普通、観光というと観るという、サイトシーングの部分が多いんですけど、そうじゃなくて体験というのを一つの切り口にした観光というものを本県の場合は平成11年に博覧会を実施するというかたちで、切り開いてきたという歴史があります」と県職員Ｂ氏は言う。

Ｂ氏の言う博覧会とは、１９９９（平成11）年に開催された「南紀熊野体験博」というもので、この博覧会はそれまでのハコモノを作り、入場料を取って行うような博覧会ではなく、熊野の山々を歩いて体験してもらい、そして既存の観光資源である温泉地に行って宿泊してもらうものであり、この博覧会の経験から体験型観光を全県的に拡げ「和歌山ほんまもん体験」を展開することになった。

好評を得る体験型観光のような「体験」が求められるようになるきっかけをＡ氏は、バブル崩壊後、「日本全体がもうちょっと自分の身の回りの良さなんかに光を当てるっていうような話が出てきたんだと思うんですね。その中で地域の活性化として、体験的な分野っていうのに必然的に行きついたんだと思いますね」と語る(7)。

それまで観光資源と成り得なかったものを「地域の自然、歴史、文化、伝統」へと創り変える「仕掛け」により、新たに資本を投下し、新しい施設を作らなくとも可能となる体験型観光は「過疎化、高齢化、少子化をあまりハンディキャップとしない産業」（Ａ氏）であり、「雇用にも繋り、飲み食いしてくれればお食事処も儲かるんでしょうし、お土産買ってくれればお土産屋さんも儲かるし、非常に裾野の広い産業」（Ｂ氏）として和歌山県の抱く期待は大きい。

この新たな産業の育成にＢ氏は「市町村レベルとしては出来ない取り組み」として「イベントキャンペーンでぱんぱん花火上げて、結果的に広告代理店だったり、エージェントだったりを儲けさせる」のではなく、「戦略的にターゲットを絞り込み具体的に仕掛けていくこと」を挙げている。

まず、絞り込むターゲットとしたのは「首都圏の団塊の世代」であった。この層は「データ上、文化度が高い」（Ａ

氏)、「一般的に首都圏の方がお勉強好きというか、精神文化やったり、そういうものに対するつかみはいい」(B氏)マーケットとされ、それに向けた積極的な商品作りが行われた。

商品作りは、それまでも和歌山の観光キャンペーンを共に行ってきたJR西日本と提携し、それまでの様々な和歌山県の観光キャンペーンを統合する形で世界遺産熊野古道観光にシフトし、新たに「聖なる道　熊野古道」キャンペーン推進会を起ち上げることになった。

「聖なる道　熊野古道」として県が信仰、宗教を商品化することで、行政が積極的に宗教に関わってしまうことについて、「そういう意識はないですね。意識はないというか、結果的にお宮さんに賽銭が入ることは事実なんですけど、我々は街にはない心を癒すもの」(A氏)として熊野古道を商品化し、その時「熊野古道でイメージとしてとらえているのは、宗教的な山伏ではなく、平安装束を着た女性」(B氏)だと言う。

一方、県と共に商品作りを行っているJR西日本コミュニケーションズのC氏は「熊野詣はいにしえの昔、皇族も山また山を越えて都での穢れを落とすために来たわけですから、それに倣って都会でのつかれた生活を離れて熊野の自然、三山のお参りに来ていただけたら」と考え、「宗教的な部分をできるだけ無くすかたちで、あくまでも自分の癒しの旅というような方向性」で熊野古道の商品化を行っている。

行き詰まりを見せる旧来型の観光から脱却し、消費者の新しいニーズに応える体験型観光を展開する和歌山県は、これまで観光資源となり得なかったもの、観光資源としづらかったものを「地域の自然、歴史、文化、伝統」とすることで新たな観光資源を創出させていた。それは世界遺産熊野古道観光も同様であり、熊野三山の霊場やそれに連なる参詣道も地域の自然、歴史、文化、伝統として捉えられている、あるいは捉えようと努めていることがよくわかる。

つまり、「宗教的なもの」を「宗教的でないもの」として商品に創り変えることが和歌山県の行う観光商品開発の重要な「仕掛け」の一つとなっているのである。

この宗教的なものを宗教的でないものへと創り変える「仕掛け」は、世界遺産熊野古道を「都会には無いもの」とすることで、「現在」である都市と対置する場所、「いにしえの昔」がある場所、つまり歴史がある場所とし、そこにある宗教的なものは歴史を表象するものとして商品化されるのである。

さらに商品化される歴史は熊野地域固有の特異な歴史としてではなく、地域性を超え、わかりやすい共有される歴史、「日本史」に登場する都人の「平安装束」に置換えられ、誰もが理解しやすく、受容しやすい商品として市場に流通していく。

このように宗教的なものを宗教的でないものとして商品に創り変え、また地域の歴史を、共有される大きな歴史の中に組み込み直す作業を通じて県職員は、国や文化エリートによって「生産」された文化の独自性等を「再生産」する「文化仲介者」の役割を果たすことになる。

和歌山県は「体験観光とかになりますと、まったく個人の部分に入っていったものなんで、もっと小さい単位でないと出来ない面」（A氏）があると考え、積極的に小さな単位としての市町村に働きかけを行った。その結果世界遺産登録関連市町村は「それぞれ千載一遇のチャンス」（B氏）として県の「仕掛け」に沿うように「自分のところにある他の資源と組み合わせたかたちで地域振興に結びつけていこうというような動き」（A氏）を活発に行うようになり、県だけではなく市町村も積極的に「再生産」を行う「文化仲介者」の役割を担うことになっていった。

では具体的に市町村レベルでの商品開発はどのようになされているのか、次に観光が展開される現場として和歌山県南部のある観光協会の活動を見ていくことにする。

5　「観光」が展開される現場での宗教

和歌山県南部のとある観光協会職員D氏は世界遺産効果について「おっきかったですよ、それは」と答え、世界遺産登録以後訪れる観光客について「やっぱり旅行の仕方、ニーズが変ってきてると思うんですよね。今までの観光に来ているお客さんと、熊野古道歩かれるお客さんの質は違うと思いますね。そういう意味では新しいお客さんが今までの物見遊山じゃなくて、体験しようという方達が増えてきている」と旧来型の観光客とは異なるものを感じとっていた。

この「物見遊山」ではなく、「体験」しようという観光客に対して観光協会は、世界遺産の条約により地域に手を加えるのが難しいため、「あまり自然をいじったりも出来ませんし、やっぱりあるがままの姿でお客さんに来て貰おう」（D氏）と商品開発を行った。

例えば、これまでのように観光名所をただ観て回るのではなく、観光名所を含め、普段は入山できない山々、地域のあるがままの姿を歩く「神秘ウォークツアー」を企画運営している。このような商品は県が仕掛けたターゲットである知的好奇心があり、精神文化を求める「関東の方に非常に人気」（観光協会E氏）があり、「歩く人たちが関東方面を中心」（D氏）に増えてきている。

このツアーの開発に当たって、コースがある社寺の所有地を通るため社寺側と協議し宗教行事が行われない期間や気象条件が悪くない期間のみに行い、運営等を観光協会が一切取りしきるという条件で協力を取付けた。協会側では社寺側の意向もあり、入山時には必ず祈祷を受け、手を合わせるよう観光客に指導しているという。そうすることにより神聖性が感じられ、一般的な観光地で見られるようなゴミやタバコのポイ捨てもなくなったとE氏はいう。

もちろん神社や寺院が観光地、観光商品とされることは熊野に限ったことではないが、行政の外郭団体である観光協会による宗教の商品化、あるいは宗教的儀礼との関係について行政側からクレームが付くこともあった。

観光協会がこれまで知名度の低かった社寺の一つを世界遺産登録を機に新たな観光名所とするためその社寺に関する話を大学の研究者の協力を得ながら芝居として創りあげ、再現したことについて町議会で問題となり、宗教と、行政の外郭団体との関わりが県の方からも問題とされたことがあった。その時観光協会は、「ようは布教活動しなかったら問題ない、みなさんに見てもらって、それで喜んで貰う、楽しんで貰う芝居やから」（E氏）という考えから、その後も新たな芝居の上演を行っている。

行政からのクレームに対して「政教分離を色々言うてみたってね、建前ですよ」とD氏は言う。県が熊野古道のイメージを宗教的な修験の道ではなく、平安装束を着た女性としているのに対しても「山伏だろうが、女性の衣装だろうが、煎じ詰めれば宗教になっていくわけじゃないですか。これが引っかかるんじゃないかとか言ってるんなら、日本は観光立国なんて言葉使わん方が良いですわな、お客さんはそんなの関係無しで、旅行しに来てくれてお金落として泊ってくれてって言うのでずーとやってきているわけですわ。日本の旅行っていうのは」（D氏）と県行政に対して観光を展開する現場としての不満を抱いている。

熊野の信仰を商品開発するに当たってD氏は、熊野は「色んな歴史繰り返しながら信仰が日本人に定着していった。これは一つの文化」であり、それを観光商品とするのは経済的理由からだけではなく、次の世代にこの文化を伝えていく必要があると考えている。「やっぱり何かを伝えていかないと、違う日本が出来るような気がするんです」（D氏）。

観光と宗教の関わりについてE氏は「行政は宗教を扱っちゃいかんと言うけれども、宗教の方は逆に、大事なものを、神さんを、観光に易々と出すことに抵抗あると思うんですよ。でも彼らはそれやってくれるんですよね。住職にしても、宮司にしても。そこをもっと、役所も、ありがたくとらえていかなあかん」という思いを持っていた。

観光協会が「神秘ウォークツアー」の企画を社寺側に打診したとき、「最後は自然に手を合わすのが教えですって。お賽銭入れて貰うのはありがたいけど、手を合わせにここまで来るのが詣でるっていうこと」だとして、社寺側の宗教的な考えと矛盾しないとして入山を了承してくれたと観光協会F氏はいう。

このような観光に協力的な社寺がある一方、「あそこは、どうも固辞してるんですよね。そやから行政も困ってますわ、色んな面で。何しちゃいかん、あれしちゃいかんて言うことが多いんですよね。これから観光でやって行こういう町づくりしてるのに」（E氏）と観光に積極的でない社寺も存在する。

世界遺産登録に向けて、全ての神社仏閣が足並みを揃えていたわけではない。世界遺産に関しては、それぞれの社寺にそれぞれの思惑があり、結果的には「紀伊山地の霊場と参詣道」として多くの社寺や地域が一つの世界遺産となっているが、単独での世界遺産登録を目指していた社寺もいくつかあり、また世界遺産登録自体にまったく関心がなく、否定的な社寺もあった。

社寺の一つに勤めるH氏は世界遺産登録に、「それは別に結構なことやし、やってくれたらええと思った。参拝客も増える」と肯定的に受け止め、別の社寺に勤めるI氏は「ここに詣でて手を合わし、感謝を表すこと、それは私達の考えと違わない」と観光を通じた宗教の在り方、信仰の在り方を積極的に肯定している。

これとは逆に世界遺産に登録されても社寺にとってメリットは少ないという意見もあり、ある社寺に勤めるJ氏は「手を合わす心が失われた。それが地域と観光といっても、どこに行っても帽子をとって手を合わす心がないと信仰にならない」と観光と宗教の関係を否定的に捉えている。

しかし、それが「お国のため」と上から高圧的に指示されるのではなく、また私的な「金儲け」のためでもなく、自らの社寺が基盤を置く「地域」のためという錦の御旗によって「旅館もおみやげ物屋さんもお寺もお宮も手を携えてやっていかなあかんというのが、地域の使命」（J氏）として受容れざるを得ないものとして諦観するに至った。

地域の活性化、地域経済の振興が大命題とされる観光を展開する現場では、世界遺産に登録された社寺や参詣道は極めて貴重な観光資源であり、政教分離という「建前」と経済活動との葛藤に常に向き合わされる場である。

このような葛藤の中で、県が行政機関として関わりづらい宗教的なものを、宗教的ではないものとしての歴史や文化として捉え商品開発を行っているのに対して、観光が展開される現場では宗教的なものを忌避するのではなく、信仰や宗教も歴史の積み重ねとしての文化であるとして、積極的に宗教的なものを素材とした商品開発、「再生産」に取り組んでいることがわかる。

また、「文化仲介者」である職員が宗教を伝統や文化として「再生産」する過程で、宗教の持つ影響力を、伝えるべき文化、日本が日本であるための文化として考えるようになり、経済活動としてだけではない使命感を持ち観光事業に従事することに繋がっている。

おわりに
——伝統によって支えられる宗教——

地域経済の発展という至上命題により全国で展開される観光、その背後には「規範文化の創造」、「国民の精神的統合」といった国の意図を指摘することが出来る。しかし、観光を通して創造された規範文化を一方的に人々に押しつけ、操作するような上からのナショナリズムだけが人々をナショナルなものに結びつけるのではなく、そのような明確な意図が存在しない状況、地域経済の活性化として観光が展開される「市場過程」において発生する下からのナショナリズムによっても人々はナショナルなものに繋げられていく。

この視点から本章では世界遺産「紀伊山地の霊場と参詣道」に登録された和歌山県熊野地域を事例として、商品化されることによる宗教の変容、その結果もたらされる宗教とナショナルなものとの結びつきを考察するため、「生産」されたイデオロギーを大衆化し、より一層「消費」に結びつけるための「再生産」を行う「文化仲介者」として、和歌山県の観光関係職員と観光が展開される現場である観光協会職員に焦点を当て論を進めてきた。

県内の世界遺産熊野古道観光を統括する県職員は、これまでの物見遊山的な団体旅行ではない、「個人の部分に入っていった」「体験型観光」を文化度が高く、精神文化に関心の強いマーケットに向けて展開するためにある「仕掛け」を用意した。その「仕掛け」とは、行政が関与しづらい宗教的なもの、熊野三山の霊場やそれに連なる参詣道を、地域の自然、歴史、文化、伝統として捉えることにより、宗教性を希薄化することであり、さらに宗教性が希薄化され地域固有の歴史、文化でありながら、また「日本」を代表する普遍性のある（わかりやすい）歴史、文化の一部へと創り変え、商品化を行っていくことであった。観光が展開される現場である観光協会では、信仰や宗教も歴史の積み重ねとしての文化であり、日本が日本たり得るための文化として捉えなおし、文化エリートの協力を得るなど積極的な商品開発を行う過程で新たな伝統文化、歴史の創造も行うことになった。

このように宗教は、観光の市場過程において共有可能な歴史、日本が日本たり得るための文化として国の歴史や文化、伝統の一部として取り込まれていくと同時に日本の規範文化の一つとして国内外に発信されていった。

和歌山県の田辺市熊野ツーリズムビューローのＨＰには、「紀伊山地の霊場と参詣道」の次のような紹介文が書かれている。

紀伊山地には三つの霊場「熊野三山」「高野山」「吉野・大峯」が生まれました。三霊場は、古代以来、自然崇拝に根ざした神道、中国から伝来し我が国で独自の展開を見せた仏教、その両者が結びついた修験道など、多様な信仰の形態を育んだ神仏の霊場であり、そこに至る「熊野参詣道」「高野山町石道」「大峯奥駈道」などの参詣道は都をはじめ各地から多くの人々の訪れる所となり、日本の宗教・文化の発展と交流に大きな影響を及ぼしました。

歴史の共有、発信を前提とした商品が流通することにより、その共有されると仮定される範囲内では都市も農山村も等しく歴史共有体、「日本」に属するものとして同質化され、差異の境界線はその歴史を共有する者としない者との間に引き直される。

普遍性のある（わかりやすい）「歴史」、「文化」という商品に変容させられ、「再生産」された宗教を「消費」する観光客は、共有可能、理解可能な定型化された、正統な日本の文化、歴史、伝統を「観光」を通して内面化し、「日本人」としての内面を充実させ、ナショナル・アイデンティティを強化していく。

ここで、宗教を文化や歴史として「再生産」する側も、文化や歴史として宗教を「消費」する側もナショナリズムの生成を意図しているとは言えない状況にある。しかしそのような意図が存在しない状況でもナショナリズムは展開され、その結果、歴史や文化とされた宗教はそれらに触れる人々をナショナルなものへとつなぐ役割を果たすことになる。

現在、宗教が「想像の共同体」［Anderson 1991］内で共有される歴史・文化と近似的なものとして捉えられた場合、宗教は人々をナショナルなものへとつなぐ役割としてだけではなく、包摂排除を行うナショナリズムの道具としても機能している。

例えば、戦没者に哀悼の意を表す場として特定の宗教施設が利用される場合や地鎮祭に特定の宗教が関係していたとしても、それは日本の文化や伝統であり、外国には理解されがたいという言説や、それを受容れられないのは日本人としておかしいというような表現が容易に用いられることからも宗教がナショナリズムの道具として用いられていることがよくわかるだろう。

本章がこれまで述べてきたような観光による宗教の変容は熊野だけではなく、全国の至る所で行われていると考えられる。もし、宗教が歴史や文化、伝統としてのみ正統性が保証されるようになるならば、その歴史や文化、伝統を共有できる集団、つまりナショナルなものによって正統性が担保されることになり、宗教はその上位にナショナルなものを戴き、ナショナルなものに隷属する存在となってしまうことになる。その結果、宗教側が意図しないかたちであったとしても、宗教が今以上に強力なナショナリズムの道具となってしまうだろう。

注

（1）「地域における創意工夫を生かした主体的な取組を尊重」という文言は法案時には書き記されておらず、成立時にわざわざ盛り込まれたものである。

（2）誰にも疑われることのない同語反復の同一性が崩れるような状況が発生した場合、例えば「日本人」なのに「日本語」を使用できない人や「日本文化」を解さない人の存在、逆に「日本語」をしゃべるのに「日本人」でない存在は「異常例として排除され」［酒井 1

996：141］、同一性という虚構は排除の論理によってのみ成立することになる。
（3）2007年現在、世界遺産登録数は851件（文化遺産660件、自然遺産166件、複合遺産25件）あり、熊野古道は「紀伊山地の霊場と参詣道」として日本で12番目、世界文化遺産としては10番目に登録された。世界遺産登録は、登録を求める地域の担当政府機関が推薦・暫定リストをユネスコの世界遺産センターに提出し、世界遺産センターが候補地の調査・評価を専門委員に依頼し、その報告を受けて再び世界遺産センターが登録推薦を判定した後に世界遺産委員会の最終審議で決定されることになる。
（4）このような「道」として世界遺産登録はスペインの「サンティアゴ・デ・コンポステーラの巡礼路」に続いて2例目の登録である。
（5）本章で用いるインタビュー調査データは2006年9月から2007年3月にかけて継続的に行われたものである。本文中インフォーマントのプライバシーを配慮し、A氏、B氏、C氏……と記すことに留める。
（6）「旧来型の滞在観光」とは「団体旅行でやってきて温泉に泊ってどんちゃん騒ぎして帰る」というものである。このような高度経済成長期の団体旅行の数量に頼った、「キャパで保っている」大型の宿泊施設が和歌山の主要な観光地である白浜や勝浦には多くあり、「団体で来てくれるところがどこっていうと、もう日本国内には市場がない」状況の中、閉業を覚悟した大手の宿泊業者もいたが「世界遺産になったから蘇った」というほど世界遺産効果は和歌山県にとって大きなものであった。
（7）観光客が地域の自然、歴史、文化、伝統などをありのままに触れ、体験する、といった観光の在り方は1991年に農水省が提示した「グリーン・ツーリズムの振興」と同様のものであると言える。和歌山県の展開する体験型観光について国からの指導や助言があったのかと尋ねたところ「それはなかったですね」（B氏）、「ないですね、県単独プロジェクトですね」（A氏）と言い、A氏の言うように体験型観光をもたらした「自分の身の回りの良さなんかに光を当てる」という思いが「日本全体」の雰囲気だったと考えられる。

参考文献

岩本通弥［2003］「フォークロリズムと文化ナショナリズム――現代日本の文化政策と連続性の希求」『日本民俗学』236。

グリーン・ツーリズム研究会［1992］『グリーン・ツーリズム研究会中間報告書』農林水産省構造改善局。

酒井直樹［1996］『死産される日本語・日本人――「日本」の歴史―地政的配置』新曜社。

日本経済団体連合会観光委員会企画部会［2007］『「観光立国推進基本計画」に関する意見』。

吉野耕作［1994］「消費社会におけるエスニシティとナショナリズム――日本とイギリスの「文化産業」を中心に」『社会学評論』44

（4）。
――――［1997］『文化ナショナリズムの社会学――現代日本のアイデンティティの行方』名古屋大学出版会。

〈欧文献〉

Anderson, B. [1991] *Imagined Communities: Reflections on The Origin and Spread of Nationalism*, 2nd ed., London: New York: Verso（白石さや・白石隆訳『想像の共同体』NTT出版社、1997年）.

Gellner, E. [1983] *Nations and Nationalism*, Oxford: Blackwell Publishers（加藤節監訳『民族とナショナリズム』岩波書店、2000年）.

Hobsbawm, E. [1992] *Nations and Nationalism Since 1780*, 2nd ed., Cambridge: Cambridge University Press（浜林正夫・庄司信・嶋田耕也訳『ナショナリズムの歴史と現在』大月書店、2001年）.

Robertson, J. [1995] "Hegemonic Nostalgia, Tourism, and Nation-Making in Japan" *Senri Ethnological Studies*（国立民族学博物館）, 38.

〈ウェブサイト〉

田辺市熊野ツーリズムビューロー「世界遺産『紀伊山地の霊場と参詣道』」（https://www.tb-kumano.jp/kumano-kodo/world-heritage/ 2020年11月16日閲覧）。

〈資料〉

和歌山県観光振興局［2005］『観光客動態調査報告書』。

内閣府『県民経済計算（平成13年度―平成26年度）』。

和歌山県作成資料。

（湯川宗紀）

第9章　世界遺産とインバウンド観光
――熊野古道の観光言説を事例として――

はじめに

本章は、世界遺産指定の観光効果について、2004年に登録された「紀伊山地の霊場とその参詣道」、特にそのインバウンド観光を事例として考察する。

世界遺産はそれぞれの領域の専門機関による勧告に基づいて登録されたものであり、その価値評価は、それぞれの専門領域に基づいて行われる。すなわち、1972年のユネスコ総会において採択された「世界の文化遺産及び自然遺産の保護に関する条約」に基づき、「顕著な普遍的価値」があるとされた「記念工作物　記念的意義を有する彫刻及び絵画、考古学的物件又は構造物、銘文、洞窟住居　並びにこれらの物件の集合体」（文化遺産）、もしくは、「無機的及び生物学的生成物又は生成物群から成る自然の記念物」（自然遺産）が、世界遺産であるが、文化遺産に関しては国際記念物遺跡会議（ICOMOS）、自然遺産に関しては、国際自然保護連合（IUCN）がその価値を評価し、登録の可否を勧告し、ユネスコの世界遺産委員会において最終審議された後に登録される。

だが、Kirshenblatt-Gimblett［2006：163］が、「世界遺産は、政治と経済の両面におけるグローバリゼーションによって実際に可能になっており、その最も重要形式は文化観光である」と指摘するように、世界遺産に指定されることは、観光資源としての価値の高まりを意味していると考えられている。例えば、西村［２００７］は、「世界遺産が観光行動を引き起こすことは火を見るよりも明らかである」としているし、日本各地の自治体が、地元の文化財を世界遺産へ推薦するのも、その観光を通じた経済効果に期待するからであろう。

しかし、その観光への影響については、疑問の声もある。沢村［２０１６］は、日本の世界遺産の10の事例を対象に、登録前後のそれぞれの10年の観光トレンドを検証することによって「観光客は増えるのは登録で話題になったときか、長くてもせいぜい10年余りで終わる可能性が高い」と結論づけている。また、Yanyan gao wei su［2020］が、「世界遺産指定が観光の成長を促進するかどうかについては、広く検証されている、しかしながら、その効果に関する証拠はまちまちで、ＷＨの碑文が観光客を惹きつけ、それにより観光開発を促進することを示すいくつかの研究もあれば、それがその効果を持たないとの知見、あるいは、効果は、経験的な明細、ホスト国の開発のレベル、および遺産のタイプによって異なるとする研究もある」としているように、現状としては慎重な検証が必要であるといえる。

1　世界遺産の効果について

世界遺産の経済効果について、Yang et al.［2019］は、43の既存文献のメタ分析を行っている。彼らは、世界遺産効果が先進国では時間の経過とともに有意に変化せず、自然遺産が発展途上国の観光需要を大幅に押し上げたとし、「万能薬ではないが、世界遺産の影響は、開発途上国などの特定の状況でより顕著になる。政府機関が、世界遺産の地位を新たに利用するサポートへの取り組みへ投資利益を実現する可能性がある」と結論づけている。すなわち、先進国においては「観光需要に対する世界遺産登録の影響は重要ではない」とされる。先述の沢村の日本における分析と一致する結論であるといえるだろう。

例えば、２００７年に世界文化遺産に指定された「石見銀山遺跡とその文化的景観」の所在地である島根県大田市の

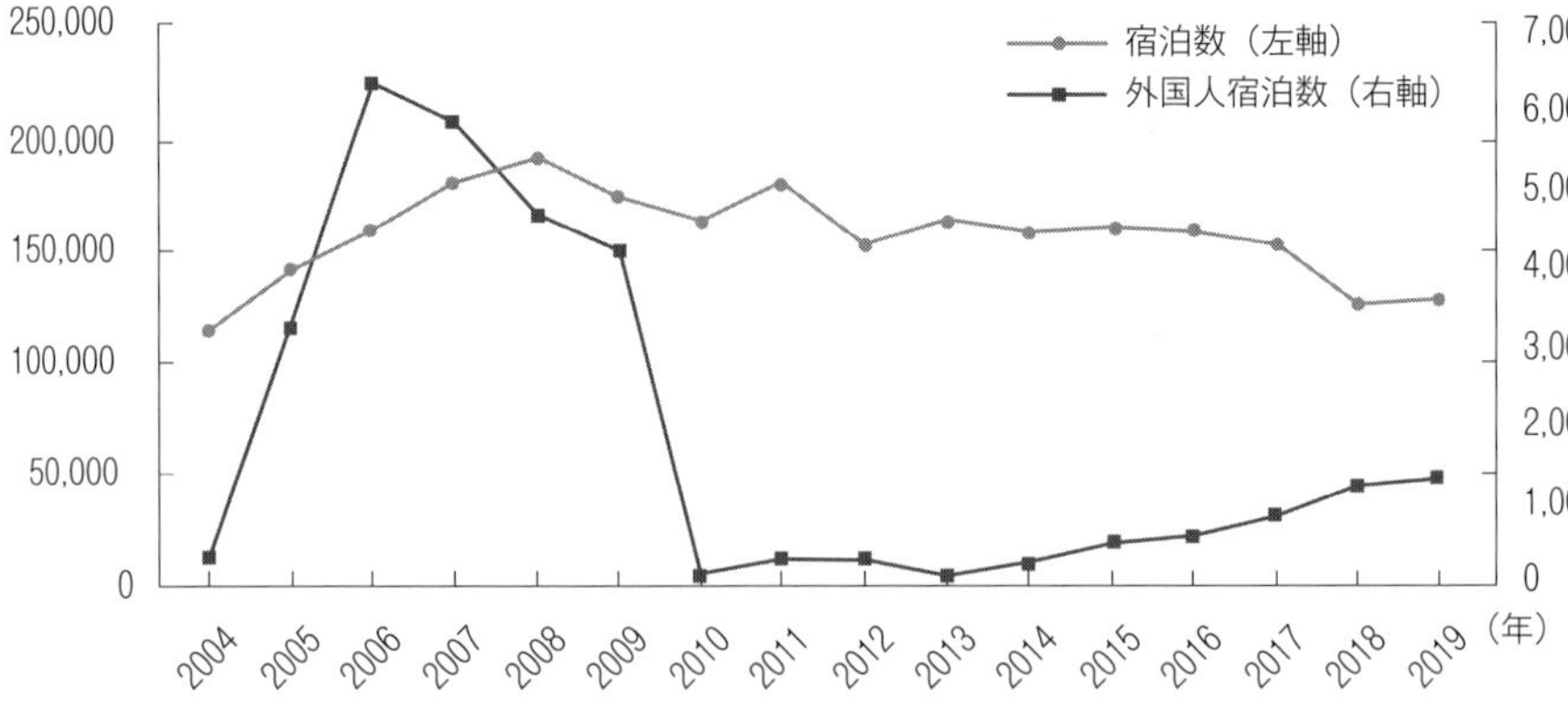

図9−1　大田市宿泊者数推移

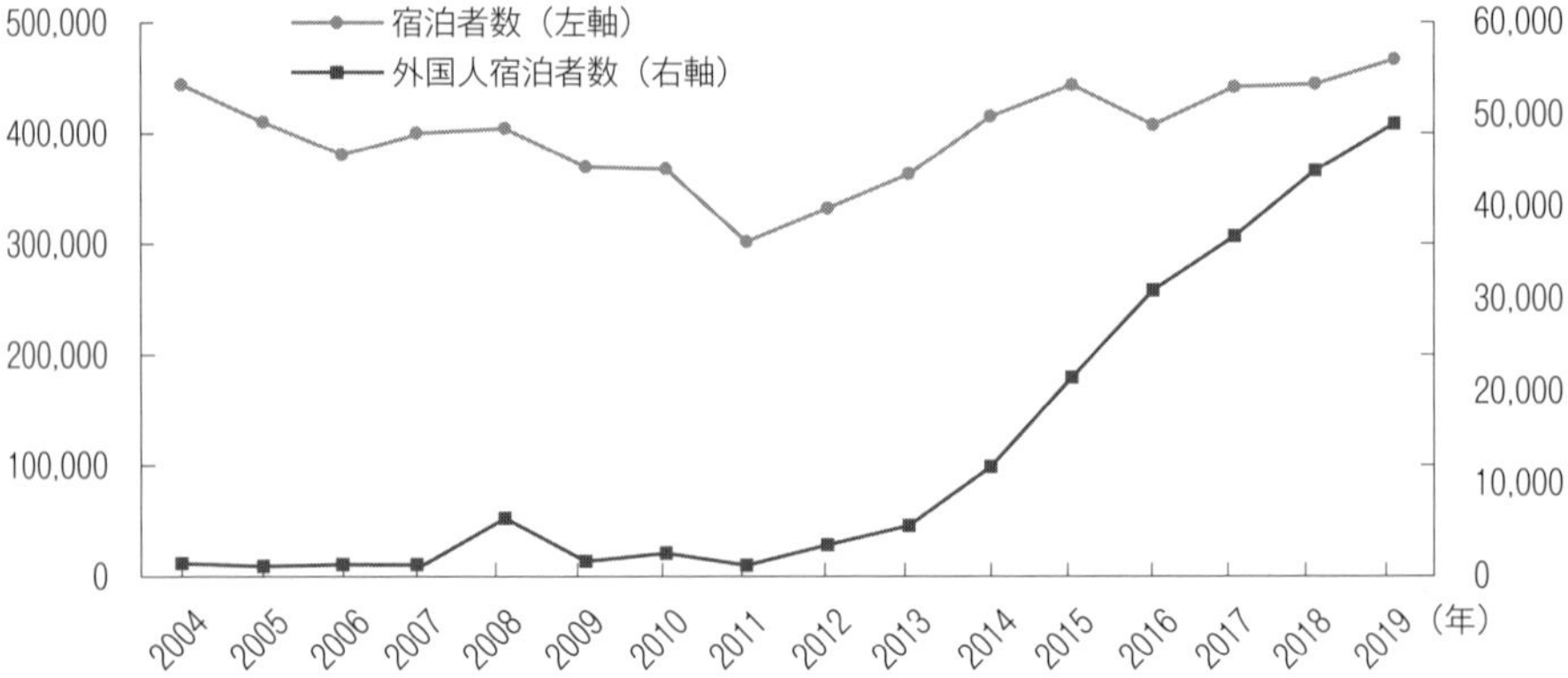

図9−2　田辺市宿泊者数推移

宿泊者数の推移は、国内客も外客もその指定の前後に大きな増加が見られるが、その後は、世界遺産効果の持続は減少していると見られる（図9−1参照）[1]。沢村も、石見銀山は、登録後と直後だけ一過性の増加を示した。その前後は長期的な傾向を示すという、（中略）典型例といえるだろう」と分析している。

次に、２００４年に世界文化遺産に指定された「紀伊山地の霊場とその参詣道」の一部、中辺路、本宮大社が存在する和歌山県田辺市の宿泊客数の推移を見てみよう（図9−2参照）[2]。

国内観光客は、世界遺産指定後、漸減傾向を示し、２０１１年の台風被害後は回復傾向を示している。だが、外国人宿泊者数は、

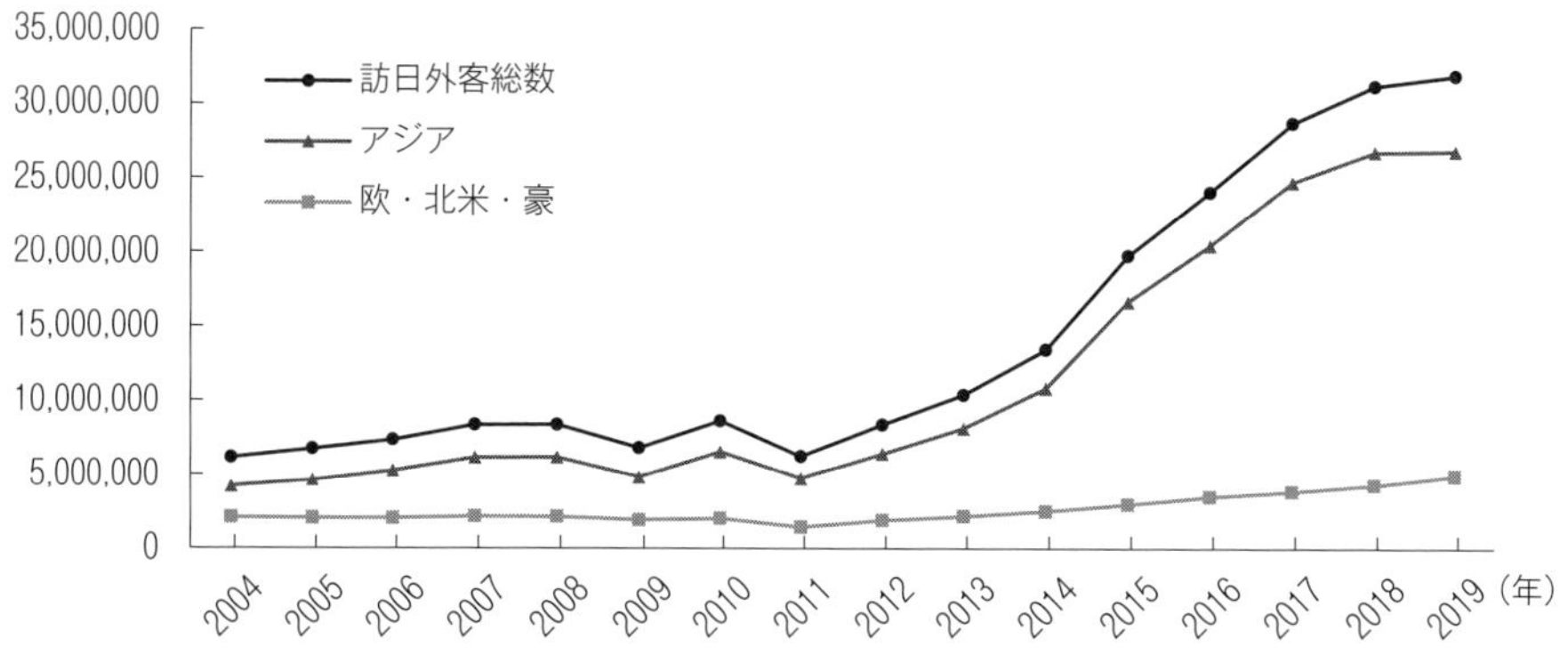

図9－3　訪日外国人客推移

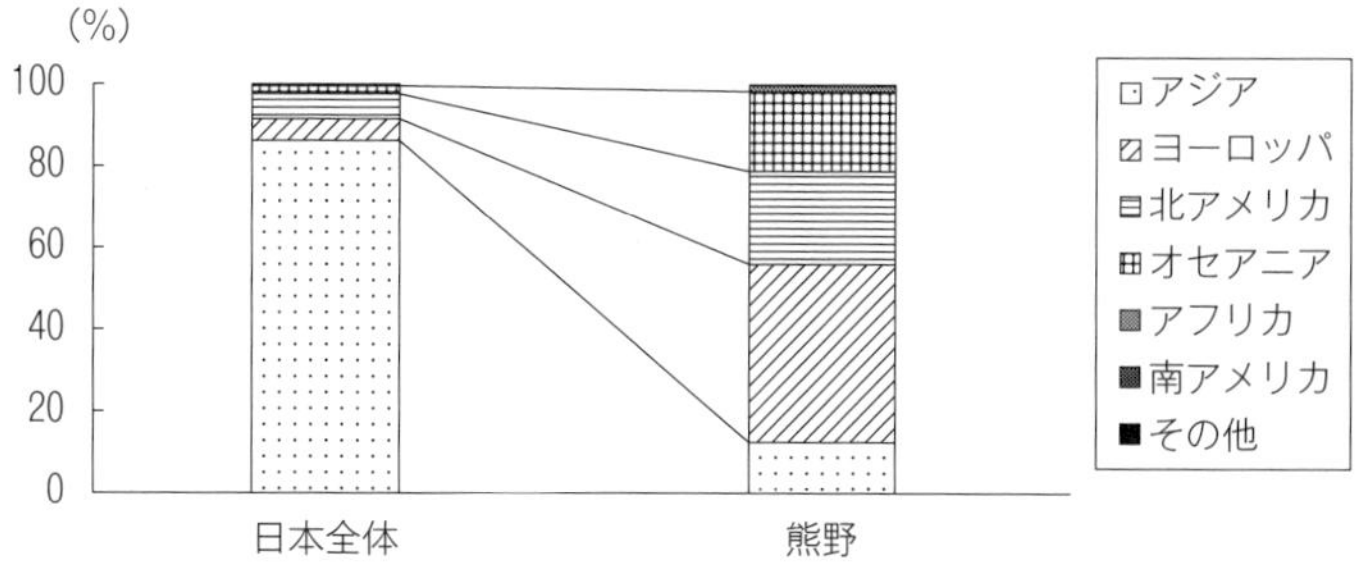

図9－4　日本と田辺市外国人客

２００８年に一旦急増し、２０１０年代以降大幅に増加している。この外国人客増加傾向は、図9-3に見られるように、日本全体のインバウンド観光の傾向と同一であるように見える。

　しかし、図9-4に見られるように、田辺市の宿泊者は、欧米豪が中心であり、図9-3に見られる近年の日本全体のインバウンド客数の押し上げの大きな要因であるアジアからのインバウンド客は10％強であり、その構成は大きく異なっている。

　２０００年代に、文化的景観という価値で世界遺産となった「石見銀山遺跡とその文化的景観」と「紀伊山地の霊場とその参詣道」の観光価値は、国内宿泊者数の推移と石見の外国人宿泊者数の推移は、Yang et al. [2019]、そして、沢村［２０１６］の述べるように効果があったとしても一時的なものであるといえる。だが、田辺市の外国人宿泊者数の推移は、まず、登録年とは4年ずれて増加があり、その後、2010年代から増加しているという点で全く異なる傾向を示している。また、この田辺市の外国人客の推移は日本全体の推移と同様の傾向であるが、その国、地域の割合は国全体の割合とは大きく異なり、欧米、英語圏が中心となっている。つまり、国全体としてのインバウンド政策の結果であると単純には言えないであろう。観光資源としての世界遺産について、より精緻に考察する必要があるだろう。

2　観光資源としての世界遺産

Peleggi［1996］は、1990年代のタイにおける世界遺産と観光の関係について、国内観光とアメリカ人観光客を中心とした外国人観光客について分析をしている。

1990年代タイでは1991年に、「スコータイの歴史上の町と関連の歴史上の町」と「アユタヤ歴史公園」、「トゥンヤイ―フワイ・カーケン野生生物保護区」が世界遺産に指定された。続いて、1992年に「バーンチエン遺跡」が指定されている。これらの遺産について、「スコータイとアユタヤを除いて、他の重要な遺産は外国人観光客のほんの一部しか引き付けていない」としている。西洋外国人観光は、魅了される対象はタイのナショナルアイデンティティに関係した国家公認の歴史に基づいた世界遺産ではないとしている。彼等が引きつけられるのは、「アメリカの起業家であり、1950年代に地域のシルク産業を復興した」人物であるジム・トンプソンの家であり、映画「戦場に架ける橋」の舞台となったカンチャナブリーのクワイ川橋であるとしている。

世界遺産への登録は、国際機関であるユネスコによってなされるが、登録への推薦は、その遺産の存在する国によってなされており、推薦国の公認の歴史、ナショナルアイデンティティに基づいているといえる。その国家の自己イメージは、国内観光客はともかく、外国人可能客を必ずしも引きつけるわけではない可能性があるといえるだろう。

また、Tucker et al.［2014］は、イスラーム圏であるトルコにあるキリスト教の遺跡である世界遺産「ギョレメ国立公園およびカッパドキアの岩石遺跡群」の国際観光について分析している。カッパドキアにはローマ帝国時代の岩窟に造られた修道院が残されており、あるさまざまな外国人観光客を引きつけている。これら観光客のグループは、それぞれの出発地からガイドが同伴おり、ガイドは遺跡についてそれぞれ独自の解説を行っている。それらの解説について、Tuckerらは、特にギリシア正教徒グループの司祭が行っているレリーフの破損についての説明を「イスラム教の信仰に対する理解度が低い」と非難し、「ギョレメの世界遺産に関連する複数の価値が衝突し、互いに蝕ん」でおり、「観光のための『寛容さ』のために、「現代トルコ人自身の宗教的価値観をほとんど犠牲にしている」としている。

Tucker et al.［2014］は、世界遺産が「『管理された』説明を提供する正式な、あるいは固定された解釈がない」ため、「『他者化』傾向を刺激され、偏見に駆り立てられやすい」と指摘している。偏見に満ちた解釈がなされるかどうかは分からないが、少なくとも観光の場面において解釈に多くの可能性があることは確かであろう。

日本の世界遺産はどうであろうか、英語圏の著名なガイドブックであるLonely Planet Japanにおける日本の世界遺産の扱いで確認してみよう。

2015年に「明治日本の産業革命遺産」が世界遺産に登録された。例えば、山口県の萩市では、反射炉、松下村塾、城下町などがそれに含まれている。だが、指定後初の改訂であった2017年版では城下町の描写において一言「世界遺産に指定された」と触れられるだけで、「産業革命遺産」であるとの説明はない。また、反射炉は取り上げられてすらいない。そして、萩市以外の産業革命遺産の多くは紹介されてすらいない。つまり、Peleggiがタイの世界遺産において発見した知見と同様に、必ずしも国際的な観光価値に結びついていない可能性が考えられる。

また、2000年に「琉球王国のグスク及び関連遺産群」が指定された沖縄の紹介では、首里城と識名園以外は2011版以降のバージョンでは取り上げられなくなっている。そのうち、中城城趾、今帰仁城跡は指定以前の1997年版では取り上げられていたにもかかわらず2011年以降は紹介されなくなっている。また、取り上げられていた時の今帰仁城の解説では、ペリーが立ち寄ったとう日本のガイドブックではほとんど取り上げられない事実が記述されている。Tucker et al.［2014］がトルコの遺産で分析したように、遺産はそれぞれに独自に解釈されている。

これらを踏まえるならば、世界遺産の指定は必ずしも観光価値の増加に繋がっているとは言えないのではないかと考えられる。そして、今帰仁城の解説に見られるように、解説の多様性も存在すると言えるだろう。

3　本章が対象とする観光言説の範囲

以上をふまえて、本章においては、世界遺産とインバウンド観光について、観光言説の面から分析を試みる。

そのために、まず、２００４年に世界遺産に指定された「紀伊山地の霊場と参詣道」の一部である熊野参詣道の和歌山県熊野地方の中辺路を中心とした観光情報と２００７年に指定された島根県の「石見銀山遺跡とその文化的景観」の観光情報をLonely Planet Japan の各版の経年的な記述の変化から、世界遺産の観光価値を確認する。そして、世界遺産指定直後ではなく、10年ほど経過してから観光客の増加が認められる熊野古道の海外向けの観光情報の発信について、その中心となっている田辺市熊野ツーリズム・ビューローの取組を中心に考察したい。

Lonely Planet は世界最大の発行部数を誇るガイドブックである。その日本を対象地としたガイドブック、Lonely Planet Japan は、インターネットが観光情報取得の主流となる２０１０年代以前は、主要な観光情報取得手段であった。また、観光庁による「訪日外国人の消費動向」において、２０１３年までは、訪日外国人の情報源として、ミシュランと共に「その他旅行ガイドブック」とは分けられ、独立した項目として集計されており、アメリカ人の情報源として「他国籍・地域と比べると、『ロンリープラネット』（15・3％）の選択率が高い」とされているように、英語圏からの訪日客にとって重要な観光情報であると考えられる。

また、「紀伊山地の霊場と参詣道」と「石見銀山遺跡とその文化的景観」は、「文化的景観」という世界遺産に１９９２年に加えられた新しいカテゴリーによって指定された遺産であり、その指定された時期も２０００年代であったという共通点がある。

さらに、世界遺産指定以前には観光地としての評価がそれほど高くはなかったという共通点がある。かつて交通公社出版事業局（のちにＪＴＢパブリッシング）が発行していたガイドブック『新日本ガイド』は各観光地を特Ａから無印までの５段階で評価しており、その評価には定評があった。その『新日本ガイド』においてこれらの世界遺産は、「紀伊山地の霊場とその参詣道」の那智の滝が「特Ａ」に評価されていた以外は、Ｂ（地方レベル）、Ｃ（都道府県内の観光物件）という評価にとどまっており、評価が高いとは言えない。また、Lonely Planet Japan においても、石見銀山は世界遺産に指定された２００７年版より前のバージョンでは記載されておらず、熊野は、２０００年出版の第７版以降は、本宮、新宮、那智の３つの地域の記述が徐々に増えてはいるが、それ以前、例えば１９８５年の第２版では那智以外は、宿泊地である温泉地が取り上げられる以外の観光対象の説明はほとんどない。つまり、『新日本ガイド』と同様の評価であったといえる。

このような扱いであった石見、熊野が世界遺産指定後どのように Lonely Planet Japan において変化したかを、取り上げる項目の変化、記述の単語数の変化という量的な側面と、どのように記述されたかという質的な側面から調査する。

さらに、記述量も大きく増加し、図９-２からも分かるように外国人観光客数も大きく増加した熊野地域の外国人向け観光情報の発信について、Lonely Planet Japan において「日本で最も進歩的な観光組織のひとつである」と評価された田辺市熊野ツーリズム・ビューローを中心に、インタビュー調査、およびｗｅｂ、世界遺産センター等における英語による観光地の解説をもとに分析したい。

4　世界遺産の観光情報の変動と地域の取組

Lonely Planet Japanは、1981年に初版が出版され、その後、2019年の16版まで、改定が続けられている。その中で、世界指定前後の変化を検証するために1997年（第6版）から2019年（第16版）を取り上げ、変化を見てみよう。

（1）Lonely Planet Japanの変化

項目の変化

まずは、「石見銀山遺跡とその文化的景観」の世界遺産に指定された対象が取り上げられたかどうかを確認しよう（表9-1参照）。2007年が登録年であり、「◎」は独立した項目として取り上げられたことを示しており、「○」は本文中に言及があった項目である。また、世界遺産指定後初の改訂版を網掛けて示している。登録された2007年以降取り上げられるようになったことから、世界遺産指定による観光価値に対する効果は明らかにあると言える。ただし、10年経過した2017年版から取り上げられる項目が減少しており、指定効果が薄れている可能性がある。

次に、「紀伊山地の霊場と参詣道」に指定された地域の中から、和歌山県熊野地方にあたる、田辺市、新宮市、那智勝浦町で取り上げられた項目を見てみよう（表9-2参照）。

熊野地域においては、世界遺産指定（2004年）以前から世界遺産指定地域は取り上げられていた。ただし、2003年まで最も詳細に紹介されていた場所は、表9-2に参考として掲載した瀞峡である。熊野地方の日本のガイドブックにおける記述は、国立公園に指定された海岸部の自然資源から、熊野古道（参詣道）沿いの人文資源に変動し

表９－１　Lonely Planet Japan における石見銀山遺跡と文化的景観

	1997	2000	2003	2005	2007	2009	2013	2015	2017	2019
石見銀山					◎	◎	◎	◎	◎	◎
大森町					○	○				
石見銀山資料館						○	○	○		
大森代官所跡						○				
城上神社							○	○		
熊谷住宅						○		○	◎	◎
羅漢寺					○	○	○	○		
五百羅漢							○	○	◎	◎
石見銀山世界遺産センター						○		○	◎	◎
清水谷精錬所跡							○	○	◎	◎
龍源寺間歩					○	○	○	○	◎	◎
大久保間歩						○				
温泉津						○	◎	◎		
元湯温泉						○	○	○		
薬師湯温泉						○	○	○		

表９－２　Lonely Planet Japan における紀伊山地の霊場とその参詣道（熊野）

	1997	2000	2003	2005	2007	2009	2013	2015	2017	2019
田辺							◎	◎	◎	◎
滝尻王子									◎	
本宮	◎	◎	◎	◎	◎	◎	◎	◎	◎	◎
熊野本宮大社	○	○	○	○	○	○	○	○	◎	◎
熊野本宮遺産センター							○	○	◎	◎
湯の峰温泉	◎	◎	◎	◎	◎	◎	◎	◎	◎	◎
坪湯		○	○	○	○	○	○	○	◎	◎
東光寺		○	○	○	○	○	○	○		◎
新宮		◎	◎		◎	◎	◎	◎	◎	◎
熊野速玉大社		○	○		○	○		○	◎	◎
神倉神社		○	○		○					◎
那智	◎	◎	◎	◎	◎	◎	◎	◎	◎	◎
那智大社	○	○	○	○	○	○	○	○	◎	◎
那智の滝	○	○	○	○	○	○	○	○	◎	◎
青岸渡寺					○	○	○	○	◎	◎
那智山奥の院					○	○	○	○	◎	
大門坂					○	○	○	○		
熊野古道コラム	◎				◎		◎	◎	◎	◎
瀞峡（参考）	◎	◎	◎							

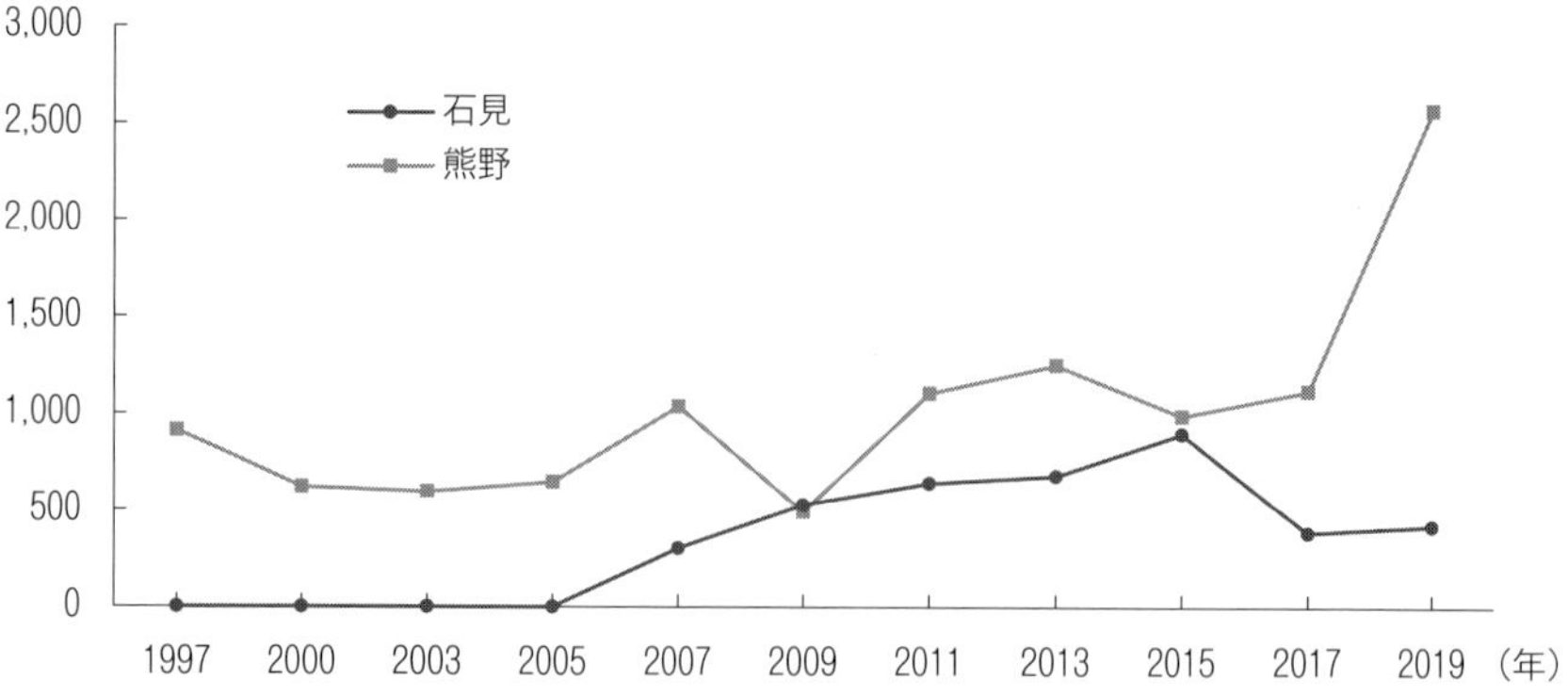

図９－５　世界遺産サイトの単語の変化

たとされる〔寺田２０１４〕が、Lonely Planet Japanにおいても同様の変化があったと考えられる。そして、やはり、２００７年以降、取り上げられる項目が増加したことは石見と同様である。だが、石見の項目が減少した２０１７年版以後も、逆により詳しく世界遺産部分が取り上げられるようになっていると言える。

単語数の変化

次にこれらの変化を記述の量から見てみよう。１９９７年の第６版から、２０１９年出版の第16版までのLonely Planet Japanにおける島根県大田市、和歌山県の田辺市、新宮市、那智勝浦町の記述の中で、宿泊・移動情報を除く記述を対象として、世界遺産が取り上げられた項目、及び、それぞれの地域情報の中で世界遺産が取り上げられたパラグラフを対象として単語を集計した（図９－５参照）。

石見地方は、「項目」のところで見たように、２０１７年版から減少に転じている。それに対し、熊野地方はコラム記事のなかった２００９年に一度減少した後に、上昇に転じ、版ごとに変動はあるものの、世界遺産指定後は一定量を維持しており、２０１９年版では大幅に上昇している。

記述の変化

では、記述面における変化はあるだろうか。世界遺産以前から取り上げられている熊野地方の記述の変化を見る。

指定直前の2003年版において、最も評価されているのは、熊野地域の中では1986年版と変わらずに那智勝浦町である。新宮は「この町には見るべき特別なものはないが」という前置きに続いて、熊野三山へのアクセスのハブであるとされている。また、本宮も「それ自体は特に面白くはない」と紹介され、近郷の温泉地（湯の峰、川湯）への出発地であると位置づけられている。それに対し、那智は、「聖なる」那智の滝の周りにいくつかの名所があるとされている。

この那智を最も見所があるとする視点による記述は、世界遺産指定後の、大幅に単語量が増えた2007年版においても変わらない。世界遺産指定された新宮大社、本宮大社の存在する新宮市、本宮町（田辺市）の記述の変化は、バスの値段や時間の変更程度である。**表9-2**からわかるように項目において増加が認められたのが那智であったが、記述においても青岸渡寺を「素晴らしい」「見るべき価値がある」とし、大門坂を最大の語数を使い紹介し「最も趣のある道」であると高い評価をしている。また、単語数の増加には、375語使用した「熊野古道、古代の巡礼路であり最新の世界遺産」と名付けられたコラムの存在が大きいが、その中でも、「三つの大社の一つを組み合わせてルートを手っ取り早く味わいたいのならば、極めて趣のある大門坂の那智への道をお薦めする」として、那智山を歩くことを推奨している。つまり、世界遺産指定によって、注目の量は増加したが、質としては那智が地域の中心的観光価値であるということには変化がなかったといえる。

だが、2010年代後半においては、単語数としてはそれほど変化が認められなくとも、内容は大きく異なる。もっとも那智勝浦と新宮にはそれほど大きな違いはない。2017年版においては、那智勝浦は、青岸渡寺と那智山奥の院の項目が新たに加わったかわりに「最も趣のある道」とされていた大門坂は那智の滝の説明にふくめられるという項目の増減にとどまった。そして、新宮は、交通のハブであるという説明に巡礼路の終点であるいう説明が加えられたぐらいである。

大きく変化したのは、本宮と田辺から本宮へ到る中辺路である。本宮は、「世界遺産サイトの神社の所在地であり、本宮は近隣の、渡良瀬、湯の峰、川湯温泉へのよい出発点である。もう一つの見所は、熊野本宮大社と熊野本宮世界遺産センター、そして、いくつかの神道の遺跡である。愛すべきゲストハウスやカフェに入ると、素敵な一日になるだろう」と記述されている。温泉地への出発点という以前の評価から、世界遺産指定対象である、本宮大社と遺跡が見所とされ、それに付随する世界遺産センターも評価される見所の多い場所に変わった。この和歌山県世界遺産センターに対する高い評価は、Lonely Planet と同様に定評のあるガイドブックである Michelin の Green Guide（２０００年版）においても同様である。日本には「世界遺産センター」の名付けられたビジターセンターがいくつかあるが、星印を与えられているものは和歌山県世界遺産センターのみであり、本研究において比較の対象とした「石見銀山遺跡と文化的景観」の石見世界遺産センターは掲載すらされていない。

また、田辺は、「熊野古道の玄関口」と位置づけられ、「このフレンドリーな町の役所には、英語での情報や観光局に英語がしゃべれるスタッフなどがおり、外国人観光客を歓迎するために多大な取り組みをしている」と行政の取組を含めて評価されている。

そして、熊野古道の典型的なルートとして「田辺からバスを利用しながら、２日間本宮へ歩くこと」が挙げられ、その道中にある滝尻王子が独立した項目を設けられている。つまり、２０１７年版においては田辺から中辺路をとおり本宮へ到るルートに焦点が当てられるようになったと言えるだろう。

そして、２０１９年版ではこのルート自体が熊野古道として独立した項目となっている。その中で「最もアクセスしやすく、最も人気のあるルートは、中辺路」であるとされ「ほとんどの旅行者は田辺から出発し、バスと足を使って移動」するとしている。田辺からの徒歩を中心とした移動を前提としているため「熊野古道のハイキング（HIKING THE KUMANO KODO）」というコラムが設けられ、徒歩での移動についての詳しい説明や、ヘッドランプを持って行った方がよいとか、マムシやムカデに気をつけるべきであるなどの具体的な注意がなされている。

Lonely Planet Japan の変動まとめ

Lonely Planet Japan の1997年版から2019年版までの10のバージョンを使用し、2000年代に文化的景観という比較的新しい価値によって世界遺産に指定された「石見銀山遺跡と文化的景観」の島根県石見と「紀伊山地の霊場と参詣道」の和歌山県熊野地方の記述の変化を検証した。

石見は、2017年版から減少へと転じ、世界遺産の効果は時間の経過とともに薄れていくという先行研究の知見を、観光情報の面から裏付けるものとなっていた。だが、熊野地方は世界遺産関連の記述が維持され、増加傾向を示しており、それは、実際に欧米圏からの観光客の増加という形で実態としても現れている。そして、熊野地方の記述の中にも変化が見られた。指定から間もない版では、世界遺産指定以前から評価の高かった那智大社周辺が記述の中心であった。10年代後半のバージョンでは、かつては取り上げられてすらいなかった田辺から中辺路を通過して本宮へいたるルートに焦点が当てられるようになった。

そして、行政の取組についての記述にも変化がみられた。2007年版の熊野古道のコラムでは、「地方自治体は今、この新しいステータスが地区に与える観光客の可能性を利用しようと躍起になっており、目の前にあるすべての歩道や敷居を、有名な熊野古道の一部として宣伝している」と地域の自治体の熱心に売り込む姿が描写されてはいるが、評価はされてはいない。だが、2017年版では、「フレンドリーである」とされ、特に田辺市の田辺市熊野ツーリズム・ビューローについては「日本で最も進歩的な観光組織のひとつである」とされ「ルートの詳細な情報や地図、ホームページ上の英語の宿泊予約サイトを用意しており、旅行プランニングを簡単に行うことができる」と高い評価がなされている。また、2019年版においても、より詳しい情報や登山地図を手に入れたいのであれば、ツーリズム・ビューローが運営するウェブサイトや田辺の事務所を訪れることが推奨されている。

次項から、この田辺市熊野ツーリズム・ビューローを中心に、欧米の外国人観光客向けの情報発信について見ていきたい。

（2）熊野における外国人向け観光情報発信

２００５年に旧田辺市が、日高郡龍神村・西牟婁郡中辺路町・大塔村・東牟婁郡本宮町と合併し、現在の田辺市となった。その翌年に、「新市全体を視野に入れたプロモーション」[3]のために田辺市熊野ツーリズム・ビューローは作られた。その業務の中に外国人誘客も業務として含まれていたが、そのために、ＡＬＴ（外国語指導助手）として本宮町での勤務の経験があった男性をスカウトして担当者とした。彼が外国語ホームページの作成や外国語パンフレットの作成を担い、英語による情報発信の中心となっている。この田辺市熊野ツーリズム・ビューローによって発信された観光情報を中心にその内容を検証したい。

ツーリズム・ビューローが発足する前、世界遺産に指定された翌年である２００５年に世界遺産登録推進三県協議会によって造られた、「世界遺産　紀伊山地の霊場と参詣道 World Heritage Sacred Sites and Pilgrimage Routes in the Kii Mountain Range」という英語・日本語併記のパンフレットがある。

このパンフレットの日本語と英語の説明文を、中辺路について説明の部分の冒頭を例にとり見てみよう。

日本語による説明は「中辺路　京都あるいは西日本から熊野三山へ参詣するルートのうち最も頻繁に使われた経路で、大阪湾沿いに南下し、紀伊田辺から東に転じ山中に分け入り、『熊野三山』を巡る道である」となされている。

次に英文における中辺路説明部分の冒頭は、“Nakahechi This pilgrimage route was most used for the pilgrimage from Kyoto or west Japan to Kumano Sanzan. The route from its origin goes down to the south along Osaka Bay and turns at Kii Tanabe to the east, entering the mountain area to approach Kumano Sanzan（中辺路　この巡礼ルートは、京都や西日本から熊野三山への巡礼に最も利用された。起点から大阪湾に沿って南下し、紀伊田辺で東に曲がり、山間部に入って熊野三山にアプローチするルートである）”である。

また、滝尻王子の説明も、日本語では「熊野の神域の入り口とされ、王子の中でも重くみられた五体王子のひとつである」であり、英語では“the Takijiri-oji site is considered to be the entrance to the sacred area of Kumano, and one of the five major Oji that have received the most reverence.”となっている。

このように、このパンフレットの英文は日本語の説明の直訳となっている。そして、それは世界遺産指定時の「紀伊山地の霊場と参詣道」の推薦書の内容とも重なるものである。

次に、２００９年の田辺市による“Sacred Kumano”と名付けられた日本語・英語併記のパンフレットにおける、熊野古道の説明の冒頭部分における日本語と英語の説明を比較する。

日本語では、

> 京の都から真南に位置する熊野は、極楽浄土の世界。淀川を下り海岸沿いに南下し、田辺からいくつもの峠を越えて熊野を目指したルートが、今最も注目されている「中辺路ルート」です。単なるネイチャーウォークでもなく健康ウォークでもない……。１０００年も前から続く祈りの道、そこには手を合わせる対象物が今もなお古道沿線に点在し、田舎の生活や文化を体験することが可能です。ほかにも高野から熊野へ続く「小辺路」、吉野から続く修験道「大峯奥駈道」、伊勢からの「伊勢路」などがあり、熊野本宮はすべての参詣者が目指した結びの地なのです。

となっている。

一方、英語による熊野古道の説明の冒頭は、

> For over 1000 years people from all levels of society have made the arduous pilgrimage to Kumano. These pilgrims used a network of routes, now called the Kumano Kodo, which stretches across the mountainous Kii Peninsula. The walk itself was an integral part of the pilgrimage process as they undertook religious rites of worship and purification. Walking the ancient Kumano Kodo is a fantastic way to experience the unique cultural landscape of Kumano's spiritual countryside.（千年以上の間、社会のあらゆる階層の人々は熊野への困難な巡礼を行ってきた。これ

らの巡礼は、現在熊野古道と呼ばれている、山の多い紀伊半島を横断し伸びる道のネットワークを使っていた。歩くことそれ自体が、祈りと浄化の宗教儀礼への取り組みの不可欠な要素である。古代の熊野古道を歩くことは、熊野のスピリチャルな田園のユニークな文化的景観を経験する素晴らしい方法である）

となっている。直訳ではなく、小辺路や大峯奥駆道などの固有名詞は省略され、道を歩くことの宗教性が強調されている。

この日本語の説明をベースとした直訳による説明でない紹介文は、現在の田辺市熊野ツーリズム・ビューローによるウェブサイトに記載されている観光情報や、ツーリズム・ビューローが英文部分を担当した田辺市本宮町にある和歌山県世界遺産センターの展示物のキャプションにも共通している。

例えば、２００５年のパンフレットでも取り上げた、滝尻王子の説明を見てみよう。

滝尻王子は富田川と石船川が合流する地点に鎮座します。かつてはこの王子社が熊野三山の霊域のはじまりとされていました。

滝尻王子は、熊野九十九王子社のうち五体王子社にも数えられ、中世に熊野御幸が盛んであった頃には、皇族貴族により奉幣や読経の他、法楽のための里神楽や歌会が盛大に催されました。

平安時代後期には藤原秀衡の寄進により四町歩（1万2千平方メートル）の境内に七堂伽藍が建立されていたといわれています。

となっているが、英語による説明は全く異なる。日本語訳のみを記載するが以下の通りである。

滝尻王子は熊野古道巡礼路の最も重要な場所であり、五大王子社の１つである。聖なる山への道が始まるのはここであり、神々の住まいと仏教徒の再生の楽園への入り口である。かつて広大なホール、湯屋、巡礼者のための宿泊所、ここに住む神職、巫女、僧侶のための住居があった。（12、13世紀の）熊野への皇室巡礼の黄金時代の間、礼拝の前に心身を清めるために厳しく冷たい水による沐浴の儀式が繰り返し行われたのはここである。それに続く入念な儀式の間、経典、祈り、舞、相撲、詩歌が地元の神と仏の習合に対して供された。

滝尻王子において合流する2つの川は、その社の歴史的、宗教的な面で重要な役割を果たしている。『滝尻』とは「滝の根元」を意味しており、近くの富田川（岩田川）と石船川の合流に由来している。

いくつかの伝承によれば、1つは、三途の川に関連している。それは生ける者の世界と死せる者の世界を分かつ川である。

鎌倉時代（1185年―1333年）初期の文献において、王子の右手の川は、慈悲の菩薩である観音の黙祷の領域であり、右手の川には、すべての病を癒す聖なる水が流れていた。

日本語の説明は2005年作成のパンフレットの記述と比較した場合、歴史上の固有名詞が加えられている。一方、英語による説明では、分量が多いにもかかわらずそれらは全く記載されていない。そして、言葉をつくして説明されているのは川の宗教的象徴性である。

（3）田辺市熊野ツーリズム・ビューローによる情報発信

田辺市熊野ツーリズム・ビューローによる英語による情報発信が、日本語情報と大きく異なることについて、インタビュー調査をもとに明らかにしてきたい。

担当者によれば、田辺ツーリズム・ビューローのウェブサイトにおける英語による情報発信も、もともとは2005年のパンフレットと同様に業者が作成した直訳によるものであった。それを破棄し自分で作成するようになった事情について、日本語話者と英語話者の「バックグラウンド」の情報量の違いがあるという。(4)例えば、日本人ならば当然常識として知っている「藤原定家」についても英語圏のほとんどの人間にとっては全く知られていない。神社についても「日本人の音声ガイドの説明では深いこと」を伝えることが可能であるが、「英語の世界ではこれは鳥居です。鳥居とはなんだ」ということから説明する必要があるという。

バックグラウンドの情報量の違いだけではない。日本人は質問をする習慣はないが、「ヨーロッパとかは科学的な感覚、みんな理由を探してくる」。

このような、質問を積極的に行う、また、質問の内容が日本人観光客と異なることは、ツーリズムビューロー担当者だけではなく、熊野において外国人向けのガイドを行っている団体の代表も同様の証言をしている。神社を案内すれば、鳥居が赤く塗られている意味、道端の地蔵を見た場時には、よだれかけが赤いことの意味を求められると述べている。(5)

つまり、宗教的な事柄に対してさまざまな象徴的な意味が込められていることが当然であるとされるキリスト教文化兼からの観光客は、観光対象である、宗教的文化財に対して、その象徴的意味を詳しく説明することをもと求める。そのような潜在的観光客に対応するために、ツーリズム・ビューローの担当者は、「たくさんの本を買っている。ケンブリッジ大学とかハワイ大学とかハーバード大学の宗教、仏教とか神道とか、数多くの専門書を参考にしている」と述べ、人類学や宗教学の知識に基づいて観光対象の説明をしている。

そして、それらを「文化とか宗教の勉強をしていない」人、例えば担当者の母親にも理解できる文章にすることを心がけていると述べている。

さらに、JNTOのマーケティングの専門家のネットワークを利用し、プレスツアーを行い、トラベルライターが熊野を記事にするときに、「無料写真提供」と同時に「地名が正しいか、ここの説明が正しいかとか、このファクトチェック」も行っている。

これらの活動を通して、英語圏の人びとの志向の沿った熊野の情報、すなわち、宗教学や人類学に基づいた宗教的文化財の象徴的な意味に焦点を当てた名所の説明が発信されているということになる。

もちろん、熊野ツーリズム・ビューローが、インバウンド関係に果たしている役割は、英語圏向けの名所の説明だけではない。Lonely Planet Japan（2017年版）が指摘しているように、「英語の宿泊予約サイト」を造り上げ、予約時だけはなく、宿泊時にも、たとえ宿の人が英語を話せなくても、ツーリズム・ビューローに電話をすれば英語で対応するなど外国人が求めるサービスをツーリズム・ビューローに集約しながら、提供しているということが挙げられる。

だが、2010年代後半のLonely Planet Japanにおいて、熊野古道を歩くことのが推奨され、宗教的象徴性が解説されるようになったように、英語圏の潜在的観光客の志向に沿った形で熊野古道の情報を調整も外国人観光客の増加の要因になっているといえるだろう。

5　世界遺産指定と観光価値の変動

まず、2000年代に文化的景観として、世界遺産に指定された日本の2つの地方の観光情報の変動をLonely Planet Japanを例にとって調査を行った。

「石見銀山遺跡とその文化的景観」が存在する島根県石見地方と「紀伊山地の霊場と参詣道」の一部が存在する和歌山県熊野地方の外国人観光客数の推移を2010年までで比較するならば、世界遺産指定による一時的な増加と見なせるものであった。そして、それらはYang et al.［2019］の先進国の世界遺産と観光客の関係を棄却するものではない。

それらのLonely planet Japanの記述は、石見においては「長くてもせいぜい10年余りで終わる可能性が高い」とする沢村の主張を裏付けるものであった。

だが、「紀伊山地の霊場と参詣道」の一部である熊野古道は、観光客数においてもガイドブックにおける注目度においてもそれとは異なる動きを見せている。すなわち、指定後10年を経過してからも外国人観光客数も落ちず、むしろ上昇し、ガイドブックの注目量も同様に上昇しているということである。

世界遺産指定による観光価値の上昇とその維持、そして、その後のさらなる上昇というこの熊野古道の観光価値の変動には、田辺市熊野ツーリズム・ビューローの存在が大きな要因であると考えられる。ツーリズム・ビューローの果たした役割として、道案内板やマップなどを英語によって整備し、予約から実際の宿泊までを英語のみで可能にするシステムを実現するなど言葉の壁を低くした受け入れ体制の整備が指摘できるだろう。だが、本稿で検証したように、観光対象についての説明を潜在的観光客の文化的背景に配慮し、知的好奇心の指向に沿った形で調整した上での情報発信も重要である。

外国人向けの情報発信として、知識のない外国人に対して、より詳しく説明すべきだと考えがちである。例えば、観光庁の「観光立国実現に向けた多言語対応の改善・強化のためのガイドブック」では、訪日外国人観光客向けの補足説明として「日本について知識のない訪日外国人旅行者の視点を意識した記載内容」を「メインの解説文についての補足」として「我が国の歴史・文化を正しく理解し、共感・理解を持つことに資する場合には、その文化・歴史についての説明を積極的に盛り込む」(6)べきだとしている。

田辺市熊野ツーリズム・ビューローによる情報発信は大きく異なる。前述の滝尻王子を例にとれば、名所を訪れた「藤原定家」を知らない外国人に対して、「古代末期から中世初期の下級貴族であり、著名な歌人である」という説明するのではなく、彼等の知的興味の対象となるその地が名所となった宗教上の象徴的意味を説明している。

そして、そのような指向は Lonely Planet Japan においても版を重ねることによって見られるようになったことは前節において述べたとおりである。

社会運動研究においては、その運動に、潜在的な賛同者を実際の社会運動に動員するために、その社会運動を正当化し、参加を動機づけるような、参加者に共有された状況の定義づけが必要であるとされる［Snow et al. 1986］。つまり、社会運動を行うグループが、何が問題でありどのように改善すべきであるのかを聴衆にわかりやすく説明することが参加者を増やすために必要であるとされる。この説明に共鳴する条件として、西城戸［２００３］は、聴衆側が、真実と思えるような経験的信頼性か直接体験したという体験的通約性のような文化基盤が必要であるとしている。

観光言説も、潜在的な観光客に対して、観光地を分かりやすく魅力的に説明することによって、現実の観光地へ動員するという点においては、社会運動の言説と同様の構造があると言える。つまり、観光情報を発信する場合には、メッセージの受け手側の文化的基盤を理解し、そこに共鳴するように調整する必要があると言える。

このように考えると、田辺市熊野ツーリズム・ビューローの担当者の述べた、バックグラウンドの違いを理解し、「理由を探す」という興味の指向の違いに基づいた観光情報の発信は、受け手側に共鳴しやすくするための調整であるといえる。

また、本章では、詳しく検証はしなかったが、２００５年のパンフレットと２００９年のパンフレットの滝尻王子の記述の違いにも明らかであるように、日本語の説明においては、歴史的固有名詞が増加している。これも日本人の文化的共通基盤である日本史の知識を増加させることによって、日本人に共鳴しやすく調整していると考えられる。

このように、メッセージの受け手側が共鳴しやすくなるように発信する情報を調整することによって、観光資源としての価値の維持、増幅が可能であると考えられる。

おわりに

以上、２０００年代に文化的景観として指定された世界遺産のインバウンド観光における観光価値について、Lonely Planet Japan の記述をもとにその変動を検証し、その中で、価値が持続し、増加していると考えられる和歌山県熊野地域の観光情報について考察をおこなった。

その結果、２つの地域は、指定による観光価値の上昇は認められた。ただし、本章で詳細に検証はしなかったが、

２０１５年に、「明治日本の産業革命遺産　製鉄・製鋼、造船、石炭産業」として8県に点在する近代化遺産が世界遺産に指定されたが、軍艦島以外の地域は、ほとんど紹介されていない。萩市街地についての説明では「世界遺産サイト」であるとの言及はあるがあくまでもその魅力は‘picturesque samurai district’であった。このようにただちに観光価値をと結びつくものではない。そして、「石見銀山遺跡とその文化的景観」の記述の変動に見られるように、永続的にその価値を保証するものでもない。

つまり、世界遺産への指定が直ちに観光資源としての価値の上昇と、その高まった価値の永続を意味するものではないといえる。

その価値を維持し、増幅するためには、遺産の価値を伝えるメッセージを受信者の文化的背景を踏まえて調整し、発信することが必要であると言える。

注

（1）https://www.pref.shimane.lg.jp/tourism/tourist/kankou/chosa/kanko_dotai_chosa/（２０２０年11月22日閲覧）をもとに作成。

（2）https://www.pref.wakayama.lg.jp/prefg/062400/doutai2.html（２０２０年11月22日閲覧）および、田辺市熊野ツーリズム・ビューロー配付資料をもとに作成。

（3）２００６年9月8日田辺市にて聞き取り。

（4）２０１９年3月10日に和歌山県田辺市にて聞き取り。

（5）２０１９年3月11日に和歌山県田辺市にて聞き取り。

（6）https://www.mlit.go.jp/common/001029742.pdf（２０２０年11月22日閲覧）より。

参考文献

〈邦文献〉

観光庁［２０１４］「訪日外国人消費動向調査」。

西村幸夫［２０１７］「観光――社会・経済・環境保全の視点から考える」，西村幸夫・本中眞編『世界文化遺産の思想』東京大学出版会。

西城誠［２００３］「抗議活動への参加と運動の『文化的基盤』――フレーム分析の再検討」『現代社会学研究』16。

沢村明［２０１６］「世界遺産登録と観光動向（修正加筆稿）――日本の10事例から」『新潟大学経済論集』１００。

寺田憲弘［２０１４］「熊野の観光メディア言説の変動――ガイドブックと旅行雑誌における記述を対象として」『観光研究』26（１）。

〈欧文献〉

Gao, Y. and Su, W. [2019] “Is the world heritage just a title for tourism?” *Annals of Tourism Research*, 78.

Kirshenblatt-Gimblett, B. [2006] “World Heritage and Cultural Economics,” Museum Frictions : Public Cultures/Global Transformations.

Peleggi [1996] “National heritage and global tourism in Thailand,” *Annals of Tourism Research*, 23 (2).

Snow, D. A., Rochford, E. B., Worden, S. K. and Benford, R. D. [1986] “Frame alignment processes, micromobilzation, and movement participation,” *American Sociological Review*, 51 (4).

Tucker, H. and Carnegie, E. [2014] “World heritage and the contradictions of ‘universal value,” *Annals of Tourism Research*, 47.

Yang Y., Xue, L. and Jones, T. E. [2018] “Tourism-enhancing effect of World Heritage Sites : Panacea or placebo? A meta-analysis,” *Annals of Tourism Research*, 75.

（寺田憲弘）

Column 3

「日本の秘境」にインバウンドを呼び込む
――田辺市熊野ツーリズムビューローの先進的取り組み――

2019年の春、シンガポールで旅行好きの米国人ビジネスマンと出会った。「おいしいんだよ、日本人にとっては清潔じゃないかもしれないけどね」と教えてくれた肉骨茶屋で、彼は「忘れられない」といういくつかの旅の思い出も話してくれた。デリーの雑踏、ヒマラヤの朝陽、そして熊野古道のトレイル。……おお、そうか、そこに熊野古道なのか。両手でつまんだ豚の骨をしゃぶりながら、思わず唸った。海の向こうの山奥にある自分のフィールドが、世界の旅人たちの憧れの風景と堂々と肩を並べているではないか。

たしかに、最近は熊野古道で外国人旅行者の姿をよく見かけるようになった。しかし、そもそも熊野は、都からの「遠さ」ゆえにあの世へとつながる聖地とみなされてきたともいわれるほど、由緒正しい「秘境」である。「紀伊山地の霊場と参詣道」として世界遺産となった現在でもその「遠さ」は変わらず、空港や駅などからのアクセスという点ではまさに「条件不利」観光地である。それにも関わらず、ここ数年は年間何万人もの外国人旅行者が熊野を訪れ、リュックサックを背負って古道を歩くようになっているのだ。熊野古道にいったい何があったのか。

このコラムでは、そんな「日本の秘境」である熊野に世界中から旅行者を呼び込んだインバウンド誘致の立役者、「田辺市熊野ツーリズムビューロー」の活動を紹介したいと思う。

2018年10月、田辺市の一般社団法人「田辺市熊野ツーリズムビューロー」が「第10回　観光庁長官表彰」を受賞した。これは魅力ある観光地づくりやその魅力の発信、訪日外国人観光客誘致など観光振興に貢献し、その業績が顕著であると評価された個人や団体に対して授与されるものであり、和歌山県内では初めての受賞となるものだ。

いまやインバウンド誘致に関する先進的な取り組みで全国に広く知られるようになった「田辺市熊野ツーリズムビューロー」。とくに2010年に法人格を取得し旅行業に着手してからは、独自の旅行予約システムなどが田辺市の外国人宿泊客数の劇的な伸長をもたらし、2012年に3389人ほどだった外国人宿泊客数は、2018年にはおよそ13倍となる4万3939人にも達した。

そんなツーリズム・ビューロー設立のきっかけは「平成の大合併」だった。もともと世界遺産「紀伊山地の霊場と参詣道」は和歌山、三重、奈良と三県にまたがる広大な範囲をもつ文化遺産であることを特徴とするが、熊野古道のメインルートといえる中辺路もまたいくつもの市町村をまたいでおり、各地域が連携した包括的な観光振興が困難な状況にあった。しかし、この「平成の大合併」で2005年に誕生した新・田辺市は、田辺市、中辺路町、本宮町、龍神村、大戸村という1市2町2村が合併したものであり、中辺路のほとんどをそのエリアに収めるものとなったのである。これによってはじめて、中辺路、そして熊野古道観光の総合的かつ一元的なプロモーションが可能となったのだ。

そして2006年、「田辺市熊野ツーリズムビューロー」が設立される。これは新・田辺市の官民協同事業の先駆けとして位置づけられ、その活動コンセプトとして「マス（団体）よりも個人」「乱開発よりも保全・保存」「ブームよりルーツ」などが掲げられることとなった。これは2004年の「紀伊山地の霊場と参詣道」世界遺産登録時に大型観光バスが行列をなして殺到するような「熊野古道ブーム」に地域が振り回されたという苦い経験から、地域に根差した持続可能な観光地の実現を目指すものであった。そして、そこで彼らがターゲットとしたのがFIT（海外個人旅行者）であり、とくに「熊野地域の精神文化や巡礼文化を理解されるであろう欧米豪の個人旅行客」だった。

同じ世界遺産といえど、すでに外国人観光客に対しても一定の知名度があった高野山と異なり、ツーリズムビューローの設立当時の熊野古道は「外国人旅行者なんてほとんどいない」というような状況であった。そのため、①「まずは熊野を知ってもらう」ことが課題とされた。そこで熊野での生活経験のある外国人スタッフ主導のもと、多言語HPの構築、外国人向けの公式ガイドブックの英文書下ろし、海外メディアへの発信など積極的に海外へ向けた情報発信を行っていく。それらの働きかけは世界的な人気を誇る旅行ガイドブック「ロンリープラネット」において「世界の訪れるべき地域ベスト5」への選出や「ミシュラン・グリーンガイド・ジャポン」での三ツ星獲得などという形で実を結び、ついに熊野古道はツーリスト・スポットとして国際的な知名度を得ることになった。

②そしてそのような海外へのプロモーションと同時に彼らが重視したのが地域の外国人客受け入れ体制のレベルアップである。熊野には大規模な旅館やホテルは多くなく、ほとんどは個人経営の小さな民宿である。その経営者やスタッフには高齢者も多く、それまでほとんど経験のない外国人客の受け入れに難色を示されることも少なくなかった。また外国人客に不慣れなのは、宿泊業だけでなく、飲食施設、みやげ店、神社、交通事業者なども同じであった。そこで業種ごとに必要なコミュニケーションのワークショップを何度も開催し、また英語が話せなくても客との意思疎通を可能とする指差しのコミュニケーション・ツールなどを制作。これらの取り組みが「外国人観光客を泊めるなら、自分も英語をしゃべらなくてはいけないのではないか?」という受入側の人々の不安を取り除くことに成功した。

また史跡や古道の日英併記看板や案内板、多言語パンフレットなど、外国人観光客が安心して古道を歩くことができるための環境づくりの取り組みも行われた。これらは単に日本語を直訳すればいいというものではなく、外国人にもわかりやすいように日本人とは異なった視点からの説明文の作成が必要と考えられた。また各用語に関しても、たとえば「熊野本宮大社を示すローマ字表記が19通りもあった」というような状況であったため、地名や地域生活、地域文化、そして熊野信仰に関わる言葉などもひとつひとつ入念に検討し、表記を統一していくという気の遠くなるような作業も必要となった。

しかし、③それぞれの取り組みが功を奏し熊野に関心を持つ人々が増えるにつれ、反対に「しかし、熊野は行きにくい」という声が多く聞かれるようになってきたという。熊野に興味を持って実際に訪れようとしても、宿の事情も分からないし、交通機関も分かりにくい。熊野の魅力の発信は順調に進んでいたが、実際に熊野を訪れてみようとする旅行者をサポートする「歩く仕組み」の整備が遅れていたのである。「歩く仕組み」がないのにプロモーションをするのは無責任だったのではないか？」と関係者は振り返る。しかし既存の旅行会社にかけあってもなかなか熊野古道を「歩く仕組み」を商品として手掛けてくれない。そこでついに2010年に法人化、第2種旅行業登録を獲得し、旅行商品をツーリズム・ビューロー自らが企画し販売することが可能となった。従来の発地型観光から、旅行者を受け入れる地域が主体的に観光商品の開発、運営、情報発信などを行う着地型観光、つまりDMOへのシフトである。その後、ツーリズム・ビューローは行政や商工会議所、森林組合など地域のさまざまな人々と連携しながら、台風によって被害を受けた熊野古道をボランティアとして補修するというツアーなど地域の事情に根差したユニークな旅行商品の数々を売り出すことになる。

なかでもインバウンド誘致に大きな役割を果たしたのが、地域特化型の旅行予約サイト「KUMANO TRAVEL」である。現在では約150件の事業者と契約しながら、外国人向けに宿の予約と決済の代行などを行っており、そしてさらに宿と宿泊客の間でのトラブルなどの対応にあたるために24時間のホットラインも設けられている。これらの取り組みは「言葉の壁」と「決済の壁」という、地域の民宿が外国人客を受け入れる際の不安要素となる「二つの壁」をツーリズム・ビューローが代行するものであり、これによって熊野を訪れる外国人客は飛躍的に伸びることになった。また、現在では紀伊田辺駅前に実店舗を設け、宿などの予約なしで飛び込みで熊野を訪れる外国人観光客に対応している。

そして、これらの田辺市熊野ツーリズム・ビューローの成功のキーパーソンとされるのがブラッド・トウル氏である。1999年から3年間、本宮町で外国語指導助手（ALT）として勤務、その間に熊野古道のほぼ全域を踏破、地域文化への造詣を深めた。その知識と経験が買われ、現在はプロモーション事業部長として、対外的な情報発信はもちろん、受入側のサービスを「外国人目線」で見直していくなど、田辺市熊野ツーリズム・ビューローの幅広い業務において大きな役割を果たしてきた。比較的、人材の豊富な都市部の事業者が旅行者を送り出す発地型観光と異なり、着地型観光においては人材の確保が課題のひとつとなることが多いが、その成功事例のひとつと位置付けることができるだろう。

社会的にもＳＤＧｓ（持続可能な開発目標）が大きく注目されるなかで、近年、観光政策における主要課題も、観光客をいかに呼び込むかという誘致から、オーバーツーリズムなど観光が環境や地域にもたらす種々の弊害のコントロールに移行しつつある。観光を通して単に消費されるだけでなく、どのように利益を地域に還元し、またその弊害を低減していくかは、これまでの観光産業のあり方よりも、より地域に根差した形で展開されていくＤＭＯに期待されるところである。地域がマス・ツーリズムの「ブーム」に巻き込まれた苦い経験から立ち上げられたＤＭＯである田辺市熊野ツーリズム・ビューローには、行政とは異なりビジネスという側面から問題に取り組む、新たなスタンスからのアプローチが期待されている。

（中井治郎）

参考文献

佐滝剛弘［２０１６］「着地型観光（DMO）におけるインバウンド対応の取り組み――世界遺産「紀伊山地の霊場と参詣道」の事例を中心として――」『高崎商科大学紀要』３１。
『田辺市熊野ツーリズムビューロー　インバウンド事例調査レポート』JINTO（日本政府観光局）。

第10章　問い直される世界遺産
――台風12号災害を契機とした熊野古道をめぐる語りの変容――

はじめに

2011年9月、西日本を襲った台風12号は紀伊半島全域に深刻な被害をもたらし、この数十年の間でもっとも災害規模の大きな台風災害として激甚災害に指定された。「紀伊山地の霊場と参詣道」（2004年世界遺産登録）は和歌山県・奈良県・三重県にまたがる広大な地域を擁する世界文化遺産であるが、その「文化的景観」もやはり被害は大きく、「熊野古道」の名で知られる参詣道のほか、那智大社や那智の大滝などの社寺や景勝などへ訪れる観光客は一時激減することとなった。

当初より甚大な被害の復旧は長期間に及ぶことが予想されたが、和歌山県は2017年3月末の段階で公共土木施設（道路、河川、砂防施設、港湾・海岸など）における被災箇所の復旧（国の直轄事業を除く）を完了したと発表。しかし、その復旧の過程においては、たとえば、遺産を「文化的景観」とみなす世界遺産制度と自然的景観として評価する国の制度の復旧方針の食い違いや、「世界遺産登録時の状態に復旧してもまた同じように災害で流される」「災害復旧以前に、那智山は世界遺産に登録された時点ですでに荒れ果てていた。復旧すればいいという問題ではない」というような地域の人々からの問題提起など、平時にはあまり意識されることのなかった問題や矛盾が表面化した。

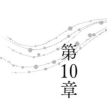

本章は被災と復旧事業の中で意識されるようになったこれらの問題を、世界遺産制度をとりまくローカル、ナショナル、グローバルという三つの文脈から分析する。特に災害という契機によって表面化する、グローバルという新しい文脈がローカルとナショナルという二つの文脈の従来のパワーバランスにもたらした変化に注目して考察を進める。(1)

1　文化遺産の再文脈化と災害
――視点と仮説――

(1)「文化的景観」をめぐる語りの変容

本章は、災害を契機とした世界遺産の「文化的景観」をめぐる語りの変容をローカル、ナショナル、グローバルという三つの文脈の政治性から考察するものである。この文化遺産の政治性という問題は、その事物に対する評価や解釈、権威の付与、または所有の問題として、たとえば、ある事物が近代国民国家の文化遺産とされることによりナショナリズムに回収されてしまうことの問題〔吉野 1994；西川 1995〕や、後述する世界遺産制度のイデオロギー性〔鈴木 2010；稲葉 2007〕などを事例に盛んに議論されてきたテーマである。

災害と文化遺産に関する研究としても、文化遺産の災害対策に関する研究〔土岐 2011〕や、また阪神・淡路大震災のモニュメントや「災害展示」〔堀田 2006；奥村 2005〕などを事例に災害の痕跡や記憶を文化遺産化する事例の検証が行われてきた。

しかし、本章でとりあげる、災害を契機に文化遺産をめぐる政治性にどのような変化がもたらされるかという問題についてはほとんど研究されていない。

そこで本章では、先行研究を文化遺産研究に求めるだけではなく、災害がもたらす種々の社会変動、また地域社会・地域文化への影響に関する災害社会学の蓄積も参照する。そこでは、被災した社会では非常事態に対応する中で政治、経済、産業、文化など様々な領域において、個人の行動や自律性が抑制され、ネーションのコントロールが増す傾向があることが指摘されている［Sorokin 1942］。

では、本章で事例とする世界遺産の「文化的景観」をめぐる語りの変容もまたその結果なのか。それとも文化遺産という制度、なかでもネーションよりも大きなグローバルな文脈によって権威づけされた世界遺産という制度特有の事象としての性質を持つものなのだろうか。

(2)　文化遺産をめぐる再文脈化

世界遺産としての文化遺産の政治性を考察する本章で基本的な視点となるのは、以下に述べる文化遺産の再文脈化である。

博物館に展示されているモノはすべて、それらが本来依存していた個々の文脈（原文脈）から引き離され、博物館のなかに再文脈化されることによって存在している［小川　２００２：３８］。

あるモノが国家などの制度によって文化遺産とされるということは、そのモノが原文脈から引き離され、それまでの意味や価値をはく奪され、再文脈化された文脈の中で新たな価値と意味を付与されるということである。たとえば地域の人々の信仰の対象であった寺院の仏像を国指定の文化財などの文化遺産とする場合、国は、その仏像がもともとあった文脈における意味や価値ではなく、歴史性や美術的価値など、国の文化財としての新たな文脈からその仏像に対する価値の査定と意味付与を行う。そのうえで博物館や文化庁などの管理下で、しかるべき基準に則って保存されるべき文化遺産として指定する。「文化財指定とは宗教的価値に対する俗なる尺度の制度的導入」［小川　１９９１：１２３］ともいわれる、このような文脈とその権威が有する政治的な権力を背景にして行われるモノの再文脈化の過程には次に述べるように様々な問題が生起している。

（3）世界遺産への再文脈化

あるモノが世界遺産とされる際にも、そこには再文脈化をめぐる同様の問題がある。本章で事例とする熊野地域は、世界文化遺産「紀伊山地の霊場と参詣道」（２００４年登録）の一部である。そもそも世界遺産制度は、１９７２年にユネスコによって採択された「世界の文化遺産及び自然遺産の保護に関する条約」（世界遺産条約）により始まったものである。そこでは「顕著な普遍的価値（outstanding universal value）」をもつ遺産は、それを有する地域や国、民族などにとっての誇りであるということを超えた世界的な価値をもつという思想のもと、国家という枠組みを超え、人類共通の遺産として保護するという目的が謳われている。それまで各国の文化遺産制度が、制度の運営という側面だけでなくその背景にあるナショナリズムなどのイデオロギーという側面においても国家と分かちがたく結びついてきたことを考えると、世界遺産という制度はたしかに画期的なものであった。

このような制度に基づいてあるモノが世界遺産化されるとき、その再文脈化には、主にローカル、ナショナル、グローバルという三つの文脈が関わることになる。どのようなモノにも、それが存在してきた歴史の重層性の中で、それに関わる人々の様々な立場や関係性、経験などから個別的で多様な意味が付与されている。それがモノが一元的かつ普遍的な制度に回収されないローカルな文脈にある状態である。

しかし、そのモノが国の文化遺産に指定されると、それは「国家の威光」を示すものとされる。そこではモノの価値はより一元的な価値を提示するナショナルな文脈へと回収され、ローカルな文脈における個別的で多様な意味や価値は抑圧、後景化されてゆく。その多様性の縮減は、たとえば文化遺産の維持管理の名のもとに、各個人とそのモノとの関わり方が国家によって限定されるということにも象徴される。文化遺産とされたモノに「自分なり」の関わり方をすることは、時には（文化財保護法違反などの名目で）国家によって処罰対象ともなりうるのだ。

さらに世界遺産制度では、モノは国家を超えたグローバルな文脈の中に置き直される。そこでモノは「顕著な普遍的価値」をもつとされ、個人でも国家でもなく「人類共通の遺産」であるとされる。この文脈においては国家でさえそのモノとの関わり方や価値を自由に決めるべきではなく、ユネスコやイコモスの意向に沿った関わり方をすべきとされる。このように文化遺産をめぐる再文脈化ではモノに新たな意味や価値が付与されていくが、通常はより普遍的な文脈が他の文脈を抑圧し、その意味や価値を後景化させてゆく。(3)

（4）災害が明らかにすること

では本章で災害とその復旧過程に注目する意味とはなにか。それは災害という契機が社会と人々にどのような影響をもたらすのかを考えることから始まる。

災害やその緊急的な復旧現場においては各制度や機関、システムが一時的な混乱状態に陥り、そこでは平時には観察されない様々なトラブルや問題が生起する。そして平時に社会生活を可能にしている「通常システム」とはことなる「緊急システム」が立ち上がる〔田中 2007a：44〕。それは本章で検証する文化遺産に関しても同様で、平時には大きく問題化されることがなかった地域住民と行政との食い違いや違和感など、様々な問題提起の語りが表面化する。たとえば、現在ではそのうちのいくつかが世界遺産に登録されている京都市内の社寺の拝観料への課税（古都保存協力税）をめぐる社会紛争を分析した田中は、そこで「当事者間のぶつかり合い」を検証することの意義について以下のように述べる。

緊張の中において、彼らのパースペクティブは内部矛盾を起こし、混乱し、ときには瓦解する。そこにおいて、彼らのパースペクティブの本質が姿を現す〔田中 1991：138〕。

では、文化遺産を襲った災害という「緊張」を契機に語られることになった違和感や問題提起は、どのような「パースペクティブの本質」を示すものなのか。災害をめぐる語りに着目することにより、普段は潜在し不可視化されている文脈間のパースペクティブの違いや関係性をより明確に観察できるのではないかというものが本章における仮説である。

2　熊野の文脈と台風被害

本章で事例とする熊野は、2004（平成16）年にその文化的景観が評価され文化遺産「紀伊山地の霊場と参詣道」として世界遺産リストに登録された一群の史跡と、熊野三山とそれらをつなぐ参詣道を擁する。そして、この参詣道は一般には「熊野古道」という通称で知られ、国内外から多くの人々が訪れる紀伊半島の一大観光スポットとなっている。

しかし、現在では世界遺産の景観として広く認知されるこの熊野も、その歴史をさかのぼると、霊場をつなぐ巡礼の道であったことはもちろん、自然科学的な希少価値や「国家の威光」を示すシンボルのひとつとして、また時には南国情緒を喚起させるある種のエキゾチシズムなど、時代により様々な文脈の中に配置され、そこに付与されてきた意味や価値も多様に変化してきたことが分かる。ここでは、熊野がこれまでどのような文脈の中で位置づけられ、どのような意味や価値を付与されてきたのかを概観する。

（1）　熊野信仰の霊場として（中世〜明治期）

熊野古道の中心となる熊野三山（熊野本宮大社、熊野那智大社、熊野速玉大社）は仏教・神道・修験道の霊場であり、熊野信仰（10世紀〜）の中心的霊場である。中世から始まった熊野信仰は16世紀には全国から集まる巡礼者により「蟻の熊野詣」と評されるほどに栄え、信仰の地としての熊野三山と参詣道はこの頃にピークを迎える。

しかし江戸時代の紀州藩による神道化政策などにより熊野信仰は衰微していき、明治政府による神仏分離令（明治元年）や修験道禁止令（明治5年）、さらに熊野地域の8〜9割もの神社と神社林が滅却された神社合祀令（明治39年）によって巡礼者は激減した。とくに那智山を拠点とした熊野修験は、以後約100年ほども断絶する。さらに明治政府の近代社格制度による神社の序列化と国家神道への再編がすすみ、現在の文化財保護制度の端緒となる古器物保存法（明治4年）や古社寺保存法（明治30年）なども制定され、寺社の建造物、仏像なども文化財として国家の管理下に置かれた。熊野三山も明治3年に国幣社、県社へ（大正4年、三社とも官幣大社へ昇格）認定されている。宗教は国家に奉ずるものとして、そのモノの意味や価値を担保する文脈が宗教から国家へと移行したのだ。

（2）景勝の自然科学的価値（大正～戦前）

そして明治から大正期にかけて、熊野に対し新たな価値付与がなされる。熊野信仰の衰退に伴い、熊野の霊場に代わり、奇岩の景観で有名な渓谷・瀞峡が紀伊半島においてもっとも注目される景勝地として浮上する。そこには、それ以前の信仰的価値や文学的価値に代わる、この地域において新たな「見るべきもの」としての価値が見出されていた。[4]

大正期から、天然記念物や国立公園が制度として成立していった時期には、自然科学的価値に支えられた地質学的な岩の造形美に注目が集まったといえるだろう。この時期には「浸食作用によって暫時後退した遺跡」である瀞峡が風光優絶として、「ぜひ見たい」場所であり、那智の滝も、実際に高さを計測し、文学的描写よりも前に、岩の種類が紹介されていた。［寺田 2011：214］

その価値とは地質学、つまり自然科学の文脈における価値であった。人々はそれ以前の信仰などの文脈における価値ではなく、新たな自然科学的文脈における価値をそこに見出したのである。そして1936（昭和11）年、その貴重な地質学的景観などが評価され、「吉野熊野国立公園」として国立公園に指定される。それはこの地域に、信仰や文化財としての美術的価値、歴史的価値とはことなる、自然科学的な価値が国家によって認定されたことを示す。

（3）「文化的景観」としての熊野古道〔戦後〜現在〕

戦後から昭和40年代にかけての紀伊半島においては熊野信仰をめぐるものの存在感は薄く、熊野三山のうち那智大社だけは「日本一の滝」として著名な那智の大滝によって継続的に多くの観光客が訪れていたものの、観光の中心は瀞峡やエキゾチックな南国イメージで「新婚旅行のメッカ」となった白浜などに完全に移ってしまっていた。

しかし昭和50年代には国内旅行ニーズの多様化などのため、紀伊半島の観光産業はかげりを見せ始める。そこで新たな観光資源として注目されたのが、もはや歩く人の姿もほとんどなく、地域住民の多くにさえ忘れられていた熊野三山を結ぶ参詣道であった。1978（昭和53）年、文化庁がこれを「熊野古道」として「歴史の道」に選定したことを皮切りに、各種のイベントやキャンペーン、平成7年の熊野三社の社殿の重要文化財指定、さらに町村による参詣道の土地買い上げや2000（平成12）年から「熊野参詣道」を国指定史跡に指定していくなどの取り組みの結果、2004（平成16）年、紀伊半島の霊場とそれらをつなぐ参詣道の「文化的景観」が評価され、「紀伊山地の霊場と参詣道」として世界遺産リストへの登録が実現された。この世界遺産の登場により、紀伊半島における観光も再編される。それまでもっとも人気のある景勝地であった瀞峡は世界遺産に指定されずに存在感を低下させ、またこれまで別々の霊場であり観光地であると認識されていた熊野三山と高野山も、ツアーなどの旅行商品においてはひとつのパッケージとされるようになった。これは観光に訪れる人々が、熊野を何よりもまず世界遺産の一部として見るようになったという認識の変化に呼応している。

この世界遺産としての熊野古道において価値とされた「文化的景観」とは、建築物だけでなく、自然的景観、人々の暮らしや信仰の実践の風景そのものを文化遺産とする概念である。本遺産の場合は、ユネスコに提出された文化庁作成の推薦書において「信仰の山」としての「文化的景観」が強調され、とくに、かつて国家によって禁止された修験道などの山岳宗教の信仰の場であることが評価された［中井 2011］。そして現在、那智山の青岸渡寺の副住職・高木氏のグループ［高木 2006］や、新宮市の神倉山を拠点とする神州院の住職・平見氏らのグループなどにより熊野修験の再興が試みられている［天田 2011］。

しかし、この文化的景観というカテゴリについては、とくにどのような価値をもって文化遺産として認めるのかという、その評価をめぐって次のように指摘されることも多い。

〈見る目〉を持った人が〈その目〉で見なければ評価できない［本間 2007：33］。

世界遺産リストに登録される文化遺産の近年の傾向として、たとえば観光客としてそこを訪れてもただ目にするだけで圧倒され満足できるものではなく、その価値を実感するためには「背景にあるストーリー性、多様性についての知識が必要」［西村 2011：20］とされるようなものが多くなっていると指摘されている。その中でもとくに文化的景観は「解釈される遺産」ともいわれており、その景観が文化遺産としてふさわしいとされた解釈の文脈を持ち合わせているか否かで、評価がとくに大きく変わるといわれている。なぜこのようなカテゴリが世界遺産に導入されたかを考えるためには、そこに「どのように多様性をくみ取るか」という世界遺産制度が抱える問題があることを知らねばならない。

そもそも世界遺産制度は1972年のスタートから、登録される文化遺産がヨーロッパ地域に偏り、非欧州地域の登録が極端に少ないというヨーロッパ中心主義的性格を持っていた。その不均衡は遺産の評価基準がヨーロッパ文化の価値基準を色濃く反映したものであることにより、非欧州地域の文化遺産の多くが「価値がない」とされてしまった結果である。そして1990年代、日本の世界遺産条約加盟を契機にこの問題に対する批判と見直しの動きが高まり、多様性を志向する指針が『均衡性・代表性・信頼性のある世界遺産一覧表構築のためのグローバルストラテジー』（1994）などの形で明文化された。このように文化の多様性をどのように評価するかは、現在なお大きな課題となっている。

その中で、無形文化遺産など文化の多様性に対応したカテゴリが新たに設定された。そのひとつが「文化的景観」なのである。それゆえに「適切な解釈」を持った人間でないとその価値が分からない、「第三者にとってはただの景観」ともいわれるのである。

このような分かりにくさが、その遺産に関係する人々の間でのさまざまな認識の食い違いの原因となり、地元住民の間でさえ熊野古道は文化遺産ではなく複合遺産であると誤解されていることもある。現在では紀伊半島におけるもっとも有力な観光スポットとして海外からも多くの人が訪れる熊野古道だが、彼らがそこで何を見て、何を評価しているのかという点は特に注意を払わねばならない問題である。地域の観光行政においても、語り部活動や「世界遺産マスター」制度、熊野の信仰や文化などに関する各種セミナーなどを頻繁に開催するなど、その遺産を評価するための適切な解釈を発信する活動が盛んである。

このように熊野地域と熊野古道の歴史とは、時代によりことなる文脈の中に配置され様々に付与され評価されてきた、意味や価値の変遷そのものであるともいえる。

3　災害と文化遺産復旧をめぐる語り

（1）　台風12号災害の被害とその影響

2011年9月初旬に西日本を襲った台風12号は各地に多大な被害をもたらした。とくに紀伊半島南部では被害が甚大であり、「紀伊半島豪雨」とも呼ばれる。奈良県と和歌山県で発生した堰止湖（土砂ダム）は17カ所に及び、ヘリコプターからの映像とともに連日その決壊の危険性が報道された。同年9月20日には、被害の規模と深刻さから激甚災害に指定され、最終的な死者・行方不明者数は94人にのぼった。これはこの地域では1889（明治22）年の十津川大水害以来の被害であり、わが国においても平成以降、最悪の台風災害である。この災害が地域社会に与えた影響は深刻で、2012年2月まで警戒区域として住民が帰宅できなかった地域（奈良県五條市・十津川村一部地域）や、集落の多くの家屋が壊滅し、地形さえ変わってしまったため「地区解散」にいたった集落もある。

もちろん世界遺産「紀伊山地の霊場と参詣道」を構成する寺社や各史跡も大きな被害を受け、特に熊野古道として知られる各参詣道の被害は甚大であった。これらの被害とまたその報道による「風評被害」により、熊野古道への観光客は一時7割以上も落ち込んだ。JRや各旅行社の協力を得ながら和歌山県などの主導で観光入込客数回復のための各種取り組みが展開されたが、とくに復旧状況が報道される機会が少ない関東圏などでは被害報道の印象が強く残り、関係者は「被災地」イメージの払拭に苦慮することとなった(7)。

(2)　何が問題とされているのか
世界遺産は誰が守るのか

世界遺産リスト作成や、各遺産の審査と登録を行うユネスコやイコモスが行うのはあくまで審査や登録のみであり、保全や管理は各国の制度に任せられている。そして、現場で遺産に接するのは地権者や社寺関係者などローカルな人々である。しかし、今回の災害とその復旧事業においては、平時においては強い力を持つ世界遺産制度や国の文化財保護制度の文脈からは、ある意味で逸脱するような語りが彼らから多く聞かれた。

「被災直後に、文化財はどうなっていますか？　とはなかなか聞きにくい雰囲気でした」。

「各市町村の教育委員会は機能停止状態。各地区の文化遺産の被害状況の把握もできない状態。特例として県の方から出向いて、調査を行いました」。

「今回は災害の規模が大きすぎたので、今までどおりの市町村主導の文化財復旧は無理でした」。　（和歌山県　文化遺産課）(8)

「普段なら書類での事前審査を行うのですが、今回の災害復旧においては急を要するということで事後承諾も多かった」。
（環境省　国立公園事務所　自然保護官）(9)

「今でも生活道路の復旧が最優先で、とてもじゃないけど熊野古道のことまで手が回らない」。（十津川村民俗資料館館長）[10]

これらの語りは、想定を超える規模の被害とその復旧事業の緊急性により、平時から準備されていた災害に対応する種々の制度や支援体制などの緊急システムが部分的に破たんをきたしていたことを示すものである。特に災害時には住民生活の再建が最優先されるため、「被災直後に、文化財はどうなっていますか？　とはなかなか聞きにくい」というように、たとえ世界遺産といえど「手が回らない」という事態に陥るのは当然の帰結ともいえる。

しかし事態の緊急性だけではない、文化遺産、とくに文化的景観の復旧ならではともいえる困難も存在する。次に挙げる語りは熊野三山の中でも最大の被害を受けた那智大社と那智の大滝の復旧をめぐるものである。今回の災害でもっとも多くの犠牲者を出した市町村である那智勝浦町に位置する那智大社は、神殿の一部が土砂に埋まり、また那智の大滝は建造物の被害だけでなく、流木やがけ崩れ、また景観の中でひとつのシンボルとなっていた大岩（おかみしろ）が流されるなど、その景観が大きく損なわれることとなった。

「土砂に埋まった奥の宮には一般人を入れるわけにはいきません。だからせっかくボランティアの人がたくさん来てくれても、手伝っていただくことができなかった」。（熊野那智大社　宮司）[11]

「（那智の大滝の流木・がけ崩れなどについて）水害による流木などは自然現象ということになりますので、国立公園の基準としては除去を必要とするものではありません」（カッコ内は引用者）。（環境省　国立公園事務所　自然保護官）[12]

これらの証言はまさに文化的景観という文化遺産が抱える制度的な問題を映し出しているといえよう。国による文化財制度においては、政教分離の観点もあり、あるモノが文化財としての価値があるかどうかは、「宗教性、精神性を排除した、まさに物として評価」[13]がなされる。そこには前述した文脈の再配置があり、そのうえで信仰の文脈ではなく、文化財・文化遺産としての取り扱いを受けることとなる。

もちろんこの二つの文脈におけるタブーの在り方はことなり、様々な場面でそこに衝突が生じる。今回は、「世界遺産が被災した」との報道を受け、信徒や神職者ではない多くの一般人が災害ボランティアとして駆けつけたが、宗教的タブーにより復旧作業に参加できなかったというものである。これは、それが世界遺産であると認識する人々と、それが宗教的事物であると認識する人々という、異なる解釈の文脈を持つ人々のすれ違いともいえる。

また那智の大滝の復旧をめぐる語りも、それを評価する二つの文脈がことなることによる食い違いを示す好例である。ここでは、大滝を信仰の実践や歴史を評価する文化的景観と考える世界遺産の文脈と、自然科学的な価値から評価する自然的景観の一部として考える国の国立公園法の文脈の食い違いが、その景観にとって何が価値で、何を守るべきかをめぐって浮き彫りになっている。

「現状維持」神話とローカルな文脈の正当性

世界遺産に関わる様々な立場のインフォーマントへの聞き取り調査の中で、これまで頻繁に聞かれてきた語りのひとつが世界遺産の維持・管理基準の厳しさをめぐるものである。そのなかでも、とくに世界遺産登録時の現状を維持しなくてはいけないという「現状維持の原則」は、世界遺産化されたことによる不自由や苦労などが話題になった時に、象徴的なタームとして語られることが多い。それは「世界遺産に登録されたから、登山道に看板を立てるのも難しい」や「参道に手すりひとつ付けるのにも厳しい審査が必要」などというような形で語られる。しかし実際には、世界遺産であってもその遺産の維持管理は、国の既存の制度（文化財保護法や自然公園法など）によって行われるため、「世界遺産だからこそ厳しい」ということは、少なくとも制度上はなく、行政の担当者も「世界遺産である国指定の文化財も世界遺産ではない国指定の文化財も、どちらが優先ということはない」と答えている[14]。これらのモノは、現実にはナショナルな制度のまま維持・管理が行われているが、世界遺産化されることでその遺産は「国のモノ」から「世界のモノ」となった。つまりこれらの「現状維持の原則」をめぐる語りは、身近なモノがグローバルな文脈への再配置されたことに対してローカルに生きる人々が感じる権威の威圧感や圧迫感の、ひとつの表現であったのではないか。しかし、今回の災害をきっかけに、この「現状維持の原則」に関して、これまでとはことなる語りや実践が多く見られるようになる。

「（儀礼の場〝御旅所〟が河原にあることについて）現状維持、原状復帰とはいうけれど、世界遺産登録時の場所に復元してもまた流されてしまうかもしれない。そもそも明治時代に（神社合祀政策によって）国に移動させられるまではもっと高台の安全な場所にあったのだから、そこに戻せないのだろうかとは思う」（カッコ内は引用者）。(15)

（熊野速玉大社　神職）

江戸時代の那智山は水源林として伐採を禁じられたカシなどの広葉樹林だった。明治以降に多くが経済林になった。那智の滝が世界遺産の今、昔に戻せないものか。「熊楠の願い」は見果てぬ夢なのか。

『くまの文化通信』２０１２年３月１日

災害以後、それまで厳格なものとして考えられていた世界遺産制度の「現状維持の原則」を、ある意味で相対化するような語りが聞かれるようになってきたのである。新宮市で発行されている『くまの文化通信』（発行者　小村滋）は、那智山の被災をきっかけに、「どうする那智山」キャンペーンを断続的に行っている。これは明治期に南方熊楠が告発した那智山の乱伐、「スキンヘッド状態」だった１９６０年代の那智山、コンクリートの堰堤に向かって勤行せざるをえない現在の修験者などを取り上げていく特集である。そして、それはいかに世界遺産登録時への状態に復旧させるかではなく、より根本的に那智山の在り方を再検討するものであり、世界遺産という枠にとらわれまいとする視点に貫かれている。

また、未だ復旧には至らない熊野古道を案内するガイドや語り部たちは、迂回路として「江戸時代に使われていた参詣道」などとして地元で知られていた道へ観光客を案内することになった。(16) もちろんこれは復旧までの一時的な措置であったが、これについては行政担当者が「観光客が混同しないように、これは世界遺産の正規のルートではないということを必ず周知してくださいとお願いしている」と語っている。これはつまり、訪れる人に対して与える情報に注意を払わないと、何が世界遺産なのかを容易に「勘違い」されてしまう「文化的景観」という遺産だからこそ重要な「お願い」ともいえる。つまり、「江戸時代に使われていた」というローカルな正当性を持って迂回路を案内することの、世界遺産制度にとっての危うさである。それはある側面では世界遺産の権威や正当性を相対化しかねないものだからである。[17]

これらの語りや実践は、これまで強く意識されてきた世界遺産の「現状維持の原則」に対する疑義の表明ともいえる。またそこで表明される疑義や実践は、文化遺産というナショナルな文脈によるものではなく、そこに住む人々の経験や重層的な歴史に基づくローカルな文脈によるものである。つまり、平時は「文化財だから」「世界遺産だから」という文脈により抑圧されていたローカルな文脈が、災害復旧の場においてグローバルな文脈やナショナルな文脈に対抗しうるものとして再び浮上しているのである。そして、これらのローカルな文脈から発せれた疑義は、とくに遺産の維持管理を直接的に担うナショナルな文脈の各種の制度やそれに携わる人々との間に葛藤を生じさせる。

4　ローカルな文脈の再浮上はなぜ可能になったか
――災害文化と「文化的景観」――

ローカルな文脈の正当性や価値の表出は、災害と復旧という「緊張」の中で文脈間のパワーバランスが崩れ、これまで下位に置かれていたローカルの文脈が現場でより強い力を持つ論理として前景化し、他の文脈との不整合を表面化させた結果であるといえるだろう。

では、混乱する各文脈の中で、なぜローカルな文脈がより強い正当性を獲得できたのか。ここではそのヒントを熊野の「災害文化」に求めたい。災害文化とはその地域における防災・減災にかかわる文化である［田中 2007b］。熊野は全国でも最も降雨量、そして水害の多い地域であり、多くの人々から「我々は水害に慣れている」というような語りを聞くことができる。[18] また、かつて和歌山県内だけで１２００人を超える犠牲者を出した十津川大水害（明治22年）は地域の記憶として共有されており、今回の災害においても、たとえば「前（十津川大水害）はここまで水が来たけど、今回（台風12号災害）はここまで」というように十津川大水害との比較のうえで語られることも多い。

「この辺りは明治22年の水害でもぜんぶやられてますからね。アガリヤといって普段の生活の場とは別に、高台にもう一軒家を持っている人が多いんです。だから早くから、何日でも避難できるんです」。（熊野本宮大社　神職）[19]

門前町一帯が二階の高さまで浸水するも人的被害のなかった本宮大社の神職がこう語るように、「水害に慣れている」という彼らの災害文化は、十津川大水害の記憶とともに、ある種の自負として熊野の地域アイデンティティを構成する重要な要素となっている。

もちろん災害文化とは第一義的には防災・減災を目的とした「生活の知恵」［田中 １９８９］であるが、いかに物的・人的被害を軽減するかというだけではなく、復興期以降においてはいかに自分たちの記憶や歴史の中に災害経験を定位するかにも関わる。それは地域で共有される「災害観」ともいえるもので、地域住民が災害という現実を受容するための重要な前提となっている［堀田 ２００６］。そして、それは水害から集落を守るために築かれた輪中に住む人々が自分たちのメンタリティを「輪中根性」[20] と評するように、防災・減災にとどまらず、災害常襲地域に暮らす人々の地域アイデンティティの象徴にもなりうる。テキスト化され国内外へ広く知られるようになった『稲村の火』（和歌山県）[21] の伝承や、堤の維持管理にちなんだ祭りがおこなわれる信玄堤（山梨県）[22] など、郷土文化のシンボルとなっている災害文化も多い［長尾 ２０１０］。そしてそのように形を持ったものでなくとも、「悲惨で深刻な状況であろう、と外部の者が同情を持って語ることをひっくりかえしてしまうような心意気」［嘉田 １９９５］といわれるような、災害常襲地域で暮らしてきた人々の災害に対するある種の「たくましさ」や「自負」も広い意味での災害文化といえるだろう。

そして今回、熊野の多くの文化遺産が被災した。世界遺産制度や国の文化遺産制度は熊野の水害に対応できるのか、それが地域の人々の眼前で試された。各文脈の正当性が、あらためて問い直されたのだ。そこで立ち上がったのが彼らが熊野で育んできたローカルな災害文化である。儀礼の場が河原にあることの危険性、那智山の現状への問題提起、崩落した古道の代わりの迂回路、世界遺産としての熊野の史跡の在り方を相対化するようなこれらの語りや実践は、どれも彼らの災害文化とそれへの自負に裏打ちされたものである。

そして、もう一点。熊野の世界遺産が「文化的景観」であったということも、結果としてローカルな文脈の再浮上を準備することになった。前述のように、「文化的景観」とは世界遺産制度にいかに各地域の多様性や個別性を取りこむかを趣旨として設定された文化遺産カテゴリである。それゆえに適切な解釈を持った人間でないと評価できないともいわれ、文化遺産化された後にも、人々の間で常に解釈のゆらぎ（制度的には不適切な解釈ということになるが）が存在する。「何が評価されて遺産とされているのかが地元の住民に正しく理解されにくい(23)」と行政担当者が漏らす、そのゆらぎこそが今回の災害と復旧の現場においてローカルな人々による解釈の問い直しを可能にする土壌となったのだ。それはローカルからナショナルな文脈へ、そしてさらにグローバルな文脈へと、より普遍的な文脈へ再配置されるたびに捨象されていったローカルな多様性や重層性を、「文化的景観」という多様性に開かれたカテゴリのために再びその制度内に引き入れてしまった結果である。

また前述のように、災害とその復旧過程では、緊急事態に対応するために国家や政府のコントロールが増加することが指摘されている［Sorokin 1942］。しかし、今回の事例では、災害文化に裏打ちされた正当性と、文化的景観が持つ解釈のゆらぎという性質が、平時には抑圧されていたローカルな文脈の再浮上を可能にした。つまり、グローバルな文脈の世界遺産制度が、（文化遺産の維持管理を主導する）ナショナルな制度への対抗的文脈として再浮上するローカルな文脈と、期せずして共犯関係を構成してしまったのである。

おわりに
――災害が文化遺産にもたらすもの――

本章では、2011年に世界遺産「紀伊山地の霊場と参詣道」を構成する熊野古道を襲った平成23年台風12号の災害の被害とその復旧を契機として、文化遺産をめぐる語りにどのような変容があったかを検証した。そして、これまで他の文脈に抑圧されていたローカルな文脈の意味付けや語りが表出したことに着目し、それが熊野の災害文化と「文化的景観」のもつ解釈のゆらぎによって可能になっていることを述べてきた。このローカルな文脈の語りは、グローバルな文脈である世界遺産制度の「文化的景観」という特に多様性に開かれたカテゴリによって可能になったものであり、実際に遺産を維持管理するナショナルな文脈や制度への疑義となって表出したものであった。このような語りや実践は世界遺産にとどまらず、文化遺産をめぐる各文脈において何が価値とされ、そこで守るべき「文化」とはなんであるのかについてのローカルからの問い直しともいえるのではないだろうか。

注

（1）本章で取り扱うインタビュー・データは、主に2012年2月から9月にかけて行った聞き取り調査の際に得られたものである。

（2）熊野地域とは、現在では紀伊半島南端部、和歌山県南部と三重県南部にあたる地域であるが、熊野という地名は上古の時代の「熊野国」に由来し、その名の示す地理的範囲は時代または文脈により拡大縮小する。たとえば通常は熊野地域に含まれない十津川村の玉置神社も、熊野信仰の文脈で語られる際は「熊野三山の奥の院」と位置付けられ、文化圏としての熊野に含まれる。なお和歌山県東牟婁振興局・熊野エリア観光推進実行委員会は、熊野エリアを東牟婁郡・新宮市・田辺市本宮町としている。

（3）イコモス（ICOMOS/International Council on Monuments and Sites）とは遺跡や歴史的建造物の保存を目的とするユネスコの世界遺産委員会の諮問機関。文化遺産保存分野の専門家などで構成される。各国から推薦される文化遺産に対して、調査、評価し、世界遺産委員会に報告を行う。
（4）20世紀初頭までの熊野地方に関するガイドブックにおいては、紀行文、和歌、あるいは物語の中のエピソードを引用することによって名勝が紹介され、また価値づけられていた［寺田 2011］。
（5）複合遺産とは、複合遺産は世界遺産としての文化遺産、自然遺産のそれぞれの登録基準が評価された世界遺産のカテゴリ。現在までの登録件数は1000件近くある世界遺産のうち20件程度と極端に少ない。
（6）十津川大水害は1889年（明治22年）8月に熊野川流域で起こった水害。奈良県十津川村では全村民の4分の1にあたる3000人が生活の基盤を失い、その多くが北海道へ集団移住し、新十津川村がつくられるきっかけとなった。また和歌山県における犠牲者総数は1200人を超えるといわれている。
（7）2012年9月6日、和歌山県商工観光労働部観光局観光課　職員からの聞き取り。
（8）2012年9月7日、和歌山県教育委員会事務局文化遺産課　職員からの聞き取り。
（9）2012年3月7日、環境省近畿地方環境事務所　熊野自然保護官からの聞き取り。
（10）2012年3月8日、十津川村民俗資料館館長からの聞き取り。
（11）2012年2月24日、熊野那智大社　宮司からの聞き取り。
（12）2012年3月7日、環境省近畿地方環境事務所　熊野自然保護官からの聞き取り。
（13）2012年9月7日、和歌山県教育委員会事務局文化遺産課　職員からの聞き取り。
（14）同上。
（15）2012年2月23日、熊野速玉大社　神職からの聞き取り。
（16）2012年3月7日、熊野参詣道・小辺路　語り部の男性からの聞き取り。
（17）2012年9月7日、和歌山県教育委員会事務局文化遺産課　職員からの聞き取り。
（18）2012年9月7日、新宮市社会福祉協議会　事務局長（災害ボランティアセンターを運営）からの聞き取り。
（19）2012年2月24日、熊野本宮大社　神職からの聞き取り。
（20）輪中（わじゅう）とは、水害常襲地帯であった木曽三川の流域に見られる集落を囲む堤防。「輪中根性」とは、輪中に暮らす人々は同じ輪中内の人々の結束は強いが他の輪中の人々に対しては排他的であるというメンタリティを表現したもの。

(21)　1854年の南海地震の際、紀伊国廣村の人々が無事に高波から避難できるように誘導した濱口儀兵衛の逸話をもとにした物語。小泉八雲により英米圏に紹介された後、ひろく海外に普及しているといわれる。
(22)　笛吹川と釜無川の氾濫と水害被害を低減するために武田信玄によって築堤されたといわれている。
(23)　2012年9月7日、和歌山県教育委員会事務局文化遺産課　職員からの聞き取り。

参考文献

〈邦文献〉


天田顕徳［2011］「現代熊野における修験系教団の展開」『宗教研究』84（4）。

稲葉信子［2007］「〈顕著な普遍的価値〉をめぐる議論について」『月刊　文化財』10。

小川伸彦［1991］「制度としての文化財——明治期における〈国宝〉の誕生と宗教・美術の問題」『ソシオロジ』155。

——［2002］「モノの記憶と保存」、荻野昌弘編『文化遺産の社会学——ルーヴル美術館から原爆ドームまで』新曜社。

奥村弘［2005］「大規模自然災害と地域歴史遺産保全——歴史資料ネットワーク10年の歩みから」『歴史評論』666。

嘉田由紀子［1995］『生活世界の環境学——琵琶湖からのメッセージ』農山漁村文化協会。

木曽三川水と文化の研究会編［1992］『木曽之川に生きる——長良川流域の人々の声』山海堂。

熊野新聞社編［2011］『2011（平成23）年9月　熊野地域を襲った台風12号災害記録』熊野新聞社。

鈴木晃志郎［2010］「ポリティクスとしての世界遺産」『観光科学研究』（首都大学東京）、3。

高木亮英［2006］「熊野修験再興」『天台学報』49。

田中滋［1991］「古都税問題へのアプローチ——〝パースペクティブの triangulation〟と媒介者論の構想」『古都税問題研究——政治と宗教のプロブレマティーク』追手門学院大学文学部。

田中重好・林春男［1989］「災害文化論序説」『社会科学研究』（早稲田大学）、35。

田中重好［2007a］『共同性の地域社会学——祭り・雪処理・交通・災害』ハーベスト社。

——［2007b］「災害社会学のパースペクティヴ」『シリーズ災害と社会1　災害社会学入門』弘文堂。

寺田憲弘［2011］「明治から昭和初期における熊野地方の観光対象の変遷——瀞峡と那智の滝を中心として」『国際社会文化研究所紀

要』（龍谷大学）、13。

土岐憲三［２０１１］「文化遺産の災害対策」、安江則子編『世界遺産学への招待』法律文化社。

中井治郎［２０１１］「〈熊野古道〉をめぐるノスタルジアの価値――世界遺産としての文化的景観と熊野修験の再評価」『龍谷大学社会学部紀要』（龍谷大学）、39。

長尾朋子［２０１０］「洪水常襲地域における災害文化の現代的意義」『国立歴史民俗博物館研究報告』１５６。

西川長夫［１９９５］『地球時代の民族＝文化理論――脱〈国民文化〉のために』新曜社。

西村幸夫［２０１１］「世界遺産はストーリー性・多様性を重視する時代に」『観光とまちづくり』５０４。

堀田浩之［２００６］「災害の記憶と災害文化史観――『災害史』という展示の構想から」『兵庫県立歴史博物館紀要』17。

本間眞［２００７］「アジア・太平洋地域の文化的景観、信仰の山への挑戦――ファシリテーターとして参加して」『月刊　文化財』11。

吉野耕作［１９９４］「消費社会におけるエスニシティとナショナリズム――日本とイギリスの〈文化産業〉を中心に」『社会学評論』44。

〈欧文献〉
Sorokin, P. A. [1942] *Man and Society in Calamity*, New York: Dutton（大矢根淳・藤田弘夫訳『災害における人と社会』文化書房博文社、１９９８年）.

〈雑誌〉

「どうする那智山どうなる熊野――１００年後、孫・ひ孫が〈カシ餅大会〉」『くまの文化通信』２０１２年1月5日。

「どうする那智山どうなる熊野――熊楠の森、再生させよう」『くまの文化通信』２０１２年2月2日。

「どうする那智山どうなる熊野――まず間伐、息長く取り組もう」『くまの文化通信』２０１２年3月1日。


（中井治郎）

第11章　世界遺産のインパクト
――既存観光地と新規観光地――

はじめに

観光は、観光客を受け入れる地域の経済、社会、環境に影響を及ぼす。だからこそ、地域の活性化を目指し、観光へと舵取りを図る地方自治体は後を絶たない。世界遺産への登録は、遺産の保存維持・管理が目的であり、観光資源として使用することを第一義の目的とはしないが、登録への運動の多くは、観光客数増加とそれによる地域経済活性化への期待を動機としている［千葉 2014：137］。人口減少や高齢化が進行する地域において、地方独自の文化や自然が世界から価値を再発見［大野 2008：73］されたことの意味は大きい。世界遺産登録そのものが観光地のブランド化を促進する制度として認知されており、観光振興や地域振興の文脈の下に、世界遺産登録が目指される場合も多く見受けられる。

2004年7月に世界遺産に登録された「紀伊山地の霊場と参詣道」は、和歌山県、奈良県、三重県と広範囲にわたり、登録市町村の多くは過疎地域を抱えている(1)。そのうち和歌山県田辺市は、熊野三山の一つである本宮大社や温泉といった観光地（既存観光地）を擁するが、その多くの地域が人口減少や高齢化の著しい山間地域である。ところが市内には、世界遺産登録を契機に埋もれていた資源が見直され、観光地化された地域（新規観光地）も見いだされる。世界遺産登録というインパクトにより地域はどのように変化していったのだろうか。既存の観光地域と新規に観光化された地域の変化を比較検討していきたい。

1　世界遺産地域の観光地化

世界遺産登録地域の変化を分析するためには、世界遺産化による観光地域の変化に関する分析と観光地形成要因の分析が必要である。

世界遺産登録による観光地域の変化に関する研究は、観光客の動向により類型化を行う研究［服藤 2005；長谷川 2010］や観光客の質的変化を明らかにする研究［川浪 2016］など、観光客に注目する研究が見られる。また、住民の視点から見た世界遺産地域の保全に関する研究［才津 2006］も見られるが、世界遺産登録によって観光地化した地域社会の変化やその影響を捉えた研究は、日本を事例としたものは、ほとんど見られない。

観光化の展開と各段階における効果・影響との関連性について考察した中崎は、1992年に中国初の世界遺産登録を果たした張家界森林公園を例に経済・社会面のインパクトについて述べている。年間100万人が訪れるようになった世界遺産地域では、雇用の主流が林業から観光業へと産業構造の変化が起こった。また、外部資本による施設建設・運営が行われ、旅行業に従事する漢民族が大量に流入した。そのため、少数民族が暮らす地域の人口は3倍に膨れ上がり、急速な所得の上昇（54倍）が起きている［中崎 2010：56―59］。

中国雲南省の世界遺産麗江古城の事例では、登録以降、年間数百万人の観光客が訪れることで経済発展は成功したが、生活環境の悪化から古城内に住んでいた人の多くが周辺新市街地へ流出し、その空き家を賃貸もしくは購入するという方法で外部から商売人が流入する現象が進んでいる［山村ほか 2007：33］。さらに、流入した商売人が、文化遺産である家屋を過度に改造すること、もうけが出たらそこを引き払って別の地域へと出ていくことが多いこと、麗江古城内の住民構成が急速に変化することで、これまでの住民によるコミュニティが機能しなくなり、くらしのルールや制度上の仕組みが追いつかなくなっていることを問題として指摘している［高倉 2016：100］。

世界遺産と観光振興についてニ・ヌガンガー・スアルティニは、棚田が世界遺産となったインドネシア・バリ州ジャルティィ村における観光振興の現状について現地コミュニティの果たす役割に焦点を当てて論じている。地域住民は、観光と農業を両立させるために行政による指導を受けながらも現地コミュニティの住民をメンバーとする組織を結成し、観光客や観光業者に料金を加算することで自主的な管理運営を行っている。住民が経営するホームステイ型民宿で対応することにより、観光と農業の両立が目指されている［ニ・ヌガンガー・スアルティニ 2015：78―80］。

これらは、海外における世界遺産化の事例であるため、世界遺産登録後に新規参入者が観光地に移住する方法と、観光業に従事する方法は日本と違いがある。しかし、以前からの居住者に加えて、世界遺産化で多くの移住者が観光業に新規参入し、観光地で生計を営むことに視点を持つことは、日本の世界遺産地域を見る上で参考になるであろう。

一方、農山漁村における観光地化形成の分析は、観光と住民生活の関係について研究を蓄積してきた観光地理学の分野で散見される。温泉観光地域の研究を進めた山村は、温泉観光集落形成の発達と構造を集落内部の階層構成や機能集団の活動姿勢から分析している。そして、この社会経済的内部構造の差異が行政体や観光協会などの機能集団の開発姿勢に反映され、その結果、地域的性格が形成されることを明らかにした［山村 1969：502］。

また、観光地域の形成を地域の全体構造の中で捉えた淡野［1985：20］は、観光地域の形成には内的・外的要因が作用するとしている。内的条件の解明には、観光地化する以前の地域構造とそこに新しい構造をもつ地域の形成を誘引する潜在的な要因（内的要因）をとらえる必要がある。外的条件の解明には、観光需要や観光市場など地域外から観光地域の形成に影響を及ぼす外的要因をとらえる必要がある。この内的要因と外的要因が作用することにより、新たな運動が生じ、地域のもろもろの要素との間に問題を起こしながらも、観光地域が形成されるとした。

本章では、世界遺産に登録した地域の観光地化現象を捉える上で、観光地域の形成に影響を及ぼす外的要因として世界遺産化を捉え、世界遺産登録以前の地域構造とその中に新しい構造をもつ地域の形成を誘引する潜在的な要因について考えてみたい。その上で、外的要因である世界遺産化によってその後の地域構造にどのような変化が生じたかについて分析する。

世界遺産登録地域の一つである田辺市の中から既存観光地を一地域、新規観光地を一地域選び、世界遺産以前と以後の変化を、それぞれの地域の社会構造の違いに着目しつつ比較していきたい。

2　田辺市の世界遺産観光施策

調査対象地となる和歌山県田辺市は、世界文化遺産「紀伊山地の霊場と参詣道」のうち「熊野三山」の構成要素である熊野本宮大社、及び平安時代から貴族をはじめ多くの参詣者が熊野本宮大社を目指すための「参詣道」を有している。田辺市は、世界遺産登録の翌年２００５年5月に田辺市、西牟婁郡中辺路町、西牟婁郡大塔村、東牟婁郡本宮町、日高郡龍神村の1市2町2村が合併して設立した。本章の対象地域である温泉街の湯峯区は、合併前には本宮町に位置していた。旧本宮町における２００５年の産業別就業者割合をみると、全就業者のうち飲食店・宿泊業が21・5%を占め、観光業が盛んであった。２０１５年時点では20・3%と1・2ポイント減少しているが、それでもサービス業の次に多い職種である。人口は、２００５年には３５７０人だったが、２０１５年には３０８７人と13・5%減少、高齢化率は46・6%で人口減少と高齢化が著しい地域である［国勢調査 ２００５；２０１５］。

一方、もう一つの対象地域である近露・野中地区は、合併前には中辺路町に位置していた。旧中辺路町は、２００５年の産業別就業者割合によるとサービス業、建設業、製造業に次いで農林水産業18・3%となっており、田辺市の他旧町村と比較すると高い割合である。飲食店・宿泊業はわずか4・3%であった。しかし、２０１５年では飲食店・宿泊業は8・4%と全体構成比に占める割合は高くなっている。人口は、２００５年が３４５０人、２０１５年が３００９

人で12・8％減少し、高齢化率は44・6％である〔国勢調査２００５：２０１５〕。旧本宮町と同様に人口減少、高齢化が進行している地域である。

田辺市の合併は、それまで町域で分断されていた熊野参詣道・中辺路の65・5キロメートルを同一市域で管理することを可能にした。田辺市は、世界遺産観光を重点政策に置き、「田辺市観光アクションプラン」を策定して一体的な世界遺産観光を推進した。具体的には、５つの旧町観光協会を継続するとともに、各観光協会やＮＰＯ、商工会などを加盟団体として田辺市からのプロモーション事業委託と職員派遣により官民共同事業の形で２００６年「一般社団法人田辺市熊野ツーリズムビューロー」を設立させた。

同ビューローは、熊野古道ガイドの養成、熊野王子社のスタンプラリー化、巡礼道で世界遺産登録されたスペインのサンティアゴ・デ・コンポステーラと熊野古道の両地域共通発行券の作成、熊野古道ウォークコースの提案、熊野古道看板整備などの現地整備や観光コースづくりを行った。また、世界遺産ブランドと共に国内・国外向けのプロモーションに力を入れ、年間１００本程度の番組プロデュースを行うなどのメディア対応を行っている。２０１０年には、第二種旅行業（着地型旅行業）を取得し、インターネットを利用した旅行予約システム「熊野トラベル」を開設した。サイト内で宿泊などの予約・決済・キャンセルを行うシステムを確立し、個人旅行者に対するプランニングのサポートや現地対応ができるよう工夫している。特に外国人観光客の誘致に力を入れ、２０１７年には60カ国の外国人旅行者が「熊野トラベル」を利用している。予約状況は、オーストラリア15・9％、アメリカ14・2％、日本13・2％と、日本よりは海外からのインバウンドツーリズムを多く取り扱っている。旅行事業売上高は２０１８年度には3億６０００万円にも及ぶ。これらの功績が評価され、２０１８年第10回観光庁長官表彰を受賞している。

田辺市における観光客数の推移（図11-1）を見ると、世界遺産登録前年の２６３万人から登録年の２００４年には３６５万人と急増し、それ以降高止まりを続けて、２０１９年は３９２万人と世界遺産登録以降に急増した観光客数を維持している。高止まりの要因には、前述した田辺市熊野ツーリズムビューローのプロモーション効果と世界遺産登録

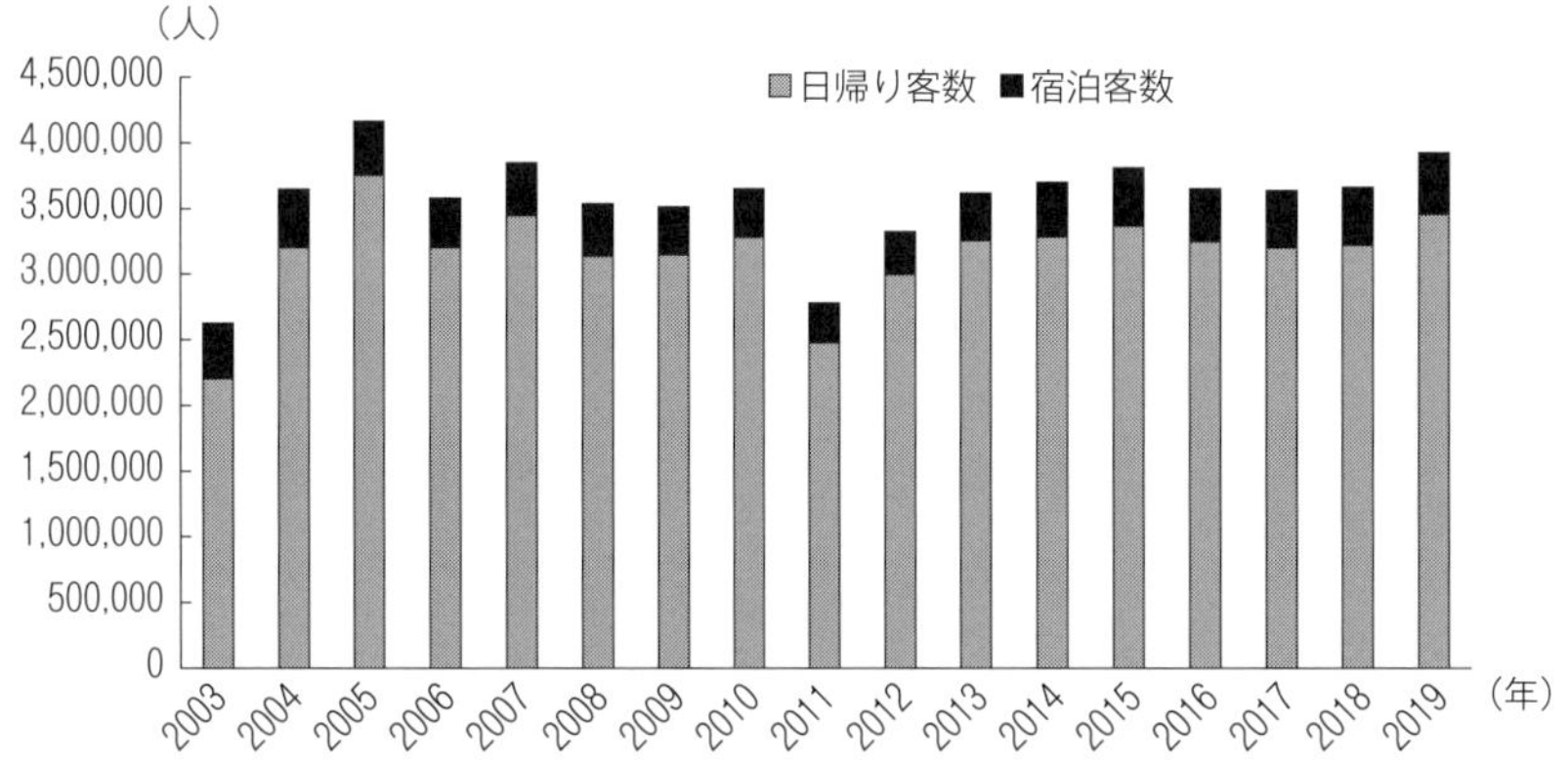

図11−1　田辺市観光客数の推移

（出所）和歌山県商工観光労働部観光局『観光客動態調査報告書』（各年）。

以降に実現した交通網の整備が挙げられる。２００７年に阪和自動車道が南紀田辺まで開通し、２０１１年には阪和自動車道海南ＩＣ～有田ＩＣが４車線化したことにより交通アクセスが改善されて、京阪神からの観光客が増加している。また、２０１５年紀勢自動車道すさみ南ＩＣが開通して、名古屋方面からの交通アクセスも改善されている。

　このような交通網の整備による日帰り客増加の一方、宿泊者数の伸びは大きくない。宿泊客数は、２００８年まではかろうじて40万人を推移していたが、２００９年からは37万人、やがて30万人へと減少していった。しかし、２０１４年からは再び40万人台に回復し、２０１９年には世界遺産登録年の宿泊者数を超えて46万７０００人となっている。これには、外国人宿泊客の動向が関係している。外国人宿泊客数は、２００４年にはわずか１４０９人であったが、２００８年から徐々に増加し、２０１８年には４万３９３９人と急増している。田辺市熊野ツーリズムビューローの予約利用状況から見ると、宿泊客が多く利用する地域は、湯の峰温泉４６８８人、近露・野中３５３０人（２０１７年）、２地区で全エリアの45・９％を占めている。いずれも外国人宿泊客の伸びが著しいのが特徴である[2]。

　次節からは、既存民宿型観光地域である湯峯区と世界遺産化以降、観光地として再興された近露・野中地区を例に、世界遺産前の地域の様子とその後の変化を比較しながら世界遺産の影響について見ていきたい。

3　既存観光地における世界遺産化前後の社会構造

(1)　湯峯区の概要

田辺市本宮町湯峯区は、25世帯48人が暮らす山峡の集落である（２０１９年）。湯の峰温泉と呼ばれ、湯の谷川沿いに源泉、宿舎施設、浴場施設が集中する民宿型観光地域である。１３１年に熊野国造・大阿刀足尼により発見されたといわれ、平安時代から熊野本宮大社に参拝する前に湯垢離（ゆごり）を行う場所であり、湯治客や病患浴客が滞在する由緒ある温泉として知られている。江戸時代に庶民の間で流行した温泉地を大相撲の番付に見立てて格付けした「温泉番付」では、東の大関・草津温泉、西の大関・有馬温泉とともに、別格の行司役として湯の峰温泉が登場している。江戸時代には関東や東北から参詣する「関東べエ」と呼ばれた人々が伊勢参りをした後に熊野三山に参拝し、西国三十三カ所の霊場巡りをすることが流行して、湯の峰温泉にも次々と宿泊者が訪れている。大正後期からは、道路交通が次第に発達し、余暇と結びついた観光が広まる中で、関東からの団体旅行客や新聞社が募集した旅行団がこの地を頻繁に訪れた。１９３３（昭和８）年5月17日付の『熊野新報』には、「湯峯温泉は目下観光団体殺到の有様にて東屋旅館を始め伊勢屋、大阪屋共他各旅館とも殆ど満員の状態」と記述されている［本宮町編さん委員会 ２００４：８２６］。温泉街は、２旅館、12民宿が営業し、江戸中期創業の旅館もある。１施設当たりの客室数は5～8部屋、収容人数は20名前後と小規模で、主に家族経営である。50名以上収容できる宿泊施設は湯峯区に2軒、隣接地区に1軒のわずか3軒である。１９６０年代頃に現在のような旅館街となり、旅館・民宿数の増減はその頃からほぼない状態である。

(2)　世界遺産以前の社会構造

湯の峰温泉の旅館・民宿は、すべて源泉から引湯をして内湯を設置している。温泉付きの宿であることがこの地区にある宿泊施設の大きな特色である。現在使用されている8つの源泉のうち、7つを四村川財産区が管理・所有し、1つを民間が所有している［環境省 2018：2―6］。

湯峯区では、鉱泉地を含めた土地と公衆浴場を共有財産として共同管理していた。明治の大水害やたびたびの火災による経営難から1935（昭和10）年に温泉に関する権利は、明治の村域である四村（よむら）に譲渡された［本宮町編さん委員会 2004：838］。昭和の町村合併前となる1956（昭和31）年に四村川財産区管理会が結成されて特別地方公共団体となった。財産区の業務は、町村合併により1959（昭和34）年には本宮町、2005年には田辺市に移管されているが、源泉などの財産区の管理は、四村に在住する者から委員を選出して行われている。四村川財産区管理会では、財産区が管理を有する温泉および付帯施設に関して、使用の手続き及び使用料その他財産区が温泉事業を経営する上での必要な事項を定めている。例えば、宿泊施設経営者で給湯を受けようとする場合は、設置前に管理会に申請し、給湯の決定を受ける必要がある。申請がなされなかった場合は、「給湯しない」ものとする。また、「温泉受給者はその権利を第三者に譲渡し、または転貸してはならない」と厳しく定められている。一方、四村川財産区管理会により管理・運営されている公衆浴場は、四村に居住する者であれば、無料で使用することができる（田辺市四村川財産区湯峰温泉公衆浴場及び温泉使用条例）(3)。このように、地区内にある源泉及び温泉施設は、集落全体の生活材を供給する重要な場所として代々集落や村で共同管理・共同利用されてきた。

加えて湯峯区は、国立公園内に集落を有する特別な地区である。本宮町を含む紀南地域一帯は、観光事業拡大のために大正末期から国立公園指定運動が起こった。その結果、1936（昭和11）年には、奈良県吉野エリア、和歌山県熊野エリアが吉野熊野国立公園指定を受けることとなった。さらに1941（昭和15）年には、湯の峰温泉及び同町の川湯温泉が第二種特別地域に指定されることで自然公園法により農林漁業活動について努めて調整を図る地域（建物などの工作物の設置、屋根・壁面等の色彩の変更、木の伐採、土地の形状変更、広告物の設置をする際は、許可または届出が必要）として保護されることになった。そのため指定地域では、建物建設や増改築や木の伐採までもが届出・許可が必要となり、制限された［環境省 2018：23―27］。1957（昭和32）年9月には、「温泉の公共的利用増進のため、温泉利用の効果が十分期待され、かつ、健全な保養地として活用される温泉地である」と、湯の峰温泉と川湯温泉の両温泉が国民保養温泉地に指定されて全国的に知名度が上がった。湯峯区では、建設許可が下りにくいために新規旅館は建設できず、この機会を好機とした隣接地区では中規模な温泉宿泊所が建設され、湯の峰温泉と称されるエリアが広がっていった。

以上のように、湯峯区では、地元住民が源泉を財産区として保全し、自主管理することで、自分たちに有用な資源の枯渇や乱開発を食い止めてきた。それに加えて、地区全体が国立公園の第二種特別地域に指定されることで、自然公園法により温泉宿泊地でも開発抑制がなされている(4)。このような地区内外からの規制の強化により、外部資本を寄せ付けない地区となり、同じメンバーで旅館街が維持されていく体制ができあがっていった。

（3）世界遺産登録後の変化

2004年の世界遺産登録により旧本宮町内では、熊野本宮大社や熊野参詣道である中辺路、そして、湯の峰温泉や川湯温泉などの本宮温泉郷が脚光を浴びた。特に、湯の峰温泉内で四村川財産区が管理する岩風呂「つぼ湯」が浴場としては唯一世界遺産登録されたことで注目を浴びた。湯の峰温泉では、世界遺産登録直後、多くの宿泊客が押し寄せた。ただし、全体収容人数は約440名と小規模であるため、増加人数は限られていた。大人数を収容できる宿泊施設は旅行業者と提携し、個人経営の小規模施設では、従来同様に熊野本宮観光協会を通した個人客やリピーターへの直接対応で客を確保していた。宿泊客数は、世界遺産登録年の2004年は4万2502人と増加したが、翌年には3万3616人、その後世界遺産ブームの熱が冷めると共に徐々に減少していった。

しかし、その後の宿泊客数の減少に歯止めをかけたのが田辺市熊野ツーリズムビューローである。同ビューローは、2010年に着地型旅行業を取得して本格的に旅行代理店としての運用を開始した。そして、同ビューローへの登録を旅館業者に募り、登録業者に宿泊客を紹介することで紹介料を受け取る仕組みを構築した。その際、2007年頃から増加しつつあった外国人宿泊客の受け入れを各旅館に打診した。湯峯区の登録旅館業者は、当初外国人受け入れに躊躇したが、外国籍ビューロー職員の存在や地区内で英語対応可能な数名の旅館経営者の存在を頼りに受け入れを承諾した。

２０１１年には紀伊水害の甚大な被害と風評被害により宿泊客の大幅な減少に見舞われたが、２０１６年から徐々に持ち直し、２０１８年には3万５０６７人と増加に転じている。その間外国人宿泊者の比率は急増し、２０１８年には、宿泊客の40・2％を外国人が占めるようになった(5)。熊野地域を訪れる外国人観光客の多くは、家族や小グループ単位である。いくつもある参詣道を徒歩で踏破し、熊野三山に参詣することを主な目的にしている。そのため、熊野本宮大社の参詣道に位置し、かつ日本情緒と家庭的な雰囲気を持つ湯の峰温泉の宿泊施設は非常に人気があり、外国人のリピーターも見られる。今や宿泊客の9割が外国人となった宿泊施設も見受けられる。

このように世界遺産以降、さらに人気の高い温泉地となった湯峯地区であるが、これを機に新規旅館経営を開始した施設は1軒しかない。世界遺産以前から特別地域に指定されていたため建物設置の届出・許可が必要な地区で世界遺産以降はさらに文化財保護法及び田辺市景観条例による保護地域となり、厳しい保全体制が課せられていることが要因の一つである。そして、依然として内集団の統率力は強いものがある。世界遺産化以降、湯峯区では旅行者のために川沿いに足湯施設を設置する計画が持ち上がった。行政の許可が下り、各旅館の承認を得て実施しようとしたが、1名の反対者が出たため、計画は全面撤回された(6)。このエピソードに見られるように、湯峯区では、地区全体に関わる事項は、全会一致の決定が原則である。このような地域共同体としての紐帯の強さが現存する同地区へは、他地域から新規参入することをためらう傾向にある。

ただし、経営者の高齢化、跡継ぎ不在の問題はこの旅館街にも迫ってきており、構成員に変化の兆しが見られる。A旅館は、江戸時代中期から続く老舗旅館であったが、２０１１年9月に起きた紀伊水害の影響で客足が戻らず、やむなく廃業した。その後、屋号や建物・設備は変更せず経営者のみが交代して２０１５年にリニューアルオープンした。B民宿も屋号や建物設備は変更せず、経営者が交代したが、前経営者が従業員として残り、ノウハウを伝える形で第三者が後を継いでいる。新しい旅館名と経営者になった施設は1軒のみある。経営者の高齢化、跡継ぎ不在で廃業したC民宿は、日本国内で12店舗を運営する京都の旅館業者に土地と建物を売却した。２０１７年には、温泉付きのゲストハウスとして開業し、多くの外国人宿泊客が訪れている。しかし、この施設でも旧経営者の所有した建物と内湯設備がそのまま引き継がれている[7]。このように、この地区では、旅館・民宿を廃業した場合、経営者は第三者に交代したとしても、経営基盤をそのまま引き継ぐ「継業」という形で旅館設備や屋号が継承されている。

また、旅館の宿泊形態がわずかではあるが変化してきている。世界遺産化以降は、外国人観光客を視野に入れた宿泊形態を提供する必要性が出てきている。外国人宿泊客の中には、食事や温泉に重点を置くよりは、安価に気兼ねなく宿泊することに重点を置く者も見られる。湯峯地区の旅館・民宿の宿泊形態は、朝夕の食事と内湯温泉付きが主流であるが、素泊まり形式を始める旅館も見受けられる。地区内には飲食店がほとんどないが、仕出し弁当や他地区飲食店への車送迎などの工夫を行い、旅行者のニーズに合わせた幅広い料金体系を設定する旅館・民宿も見られる。前出の3施設では、食事の提供をしない素泊まり形式に転化して経営している。経営者の高齢化が進行する湯峯区では、旅館業の身体的負担感や世代交代の難しさが深刻な問題となりつつある。温泉のある土地をだれが守り、誰に受け継がせるのかが、この先重くのしかかってくる課題となりつつある。

4　新規観光地における世界遺産化前後の社会構造

（1）近露・野中地区の概要

田辺市中辺路町近露・野中地区は、近露２２２世帯３９１人、野中98世帯１９９人計３２０世帯５９０人（２０１９年）からなる明治時代の近野村である。近露・野中地区は、熊野古道中辺路の田辺から本宮に至る交通の要衝であり、中辺路のシンボルともなっている牛馬童子像や野中の一方杉、近露王子や継桜王子、日本名水百選に選ばれた野中の清水などの名勝旧跡が点在している。江戸時代後期までは熊野詣の宿場町として発展し、地区内には25軒の宿場名が残されている［中辺路町誌編さん委員会 2000：482］。日清戦争戦勝に沸く1894（明治28）年には、伊勢神宮への「おかげ参り」を経て熊野参りを済ませ、大阪を目指した「関東べエ」が中辺路を通り、往還の道は大いに賑わったようである［中辺路町誌編さん委員会 2000：14］。大正中ごろまでは関東べエが団体でよく通った［宇江 2004：151］が、昭和の時代になるとごく一部の人以外はほとんど途絶えた［山崎 2017：68］。地区内の宿泊施設は、世界遺産登録前までには数軒を残すのみとなっていた。

近露・野中地区を含む中辺路町は、明治以降、農林業を主要産業としてきた。交通不便で耕地の少ない兵陵地であることから、1889（明治22）年の大水害以降に北海道や九州への移住、昭和初期からは満州に移住、戦後は九州地方へ移住する世帯が多くみられた［中辺路町誌編さん委員会 2000：361─393］。1949年に行った近露・野中地区における全世帯調査によると、農業2割、製炭1割、半農半労2・5割、日雇労働3割で、その所得は、全国平均の40％にすぎなかった［中辺路町誌編さん委員会 2000：18］。2005年国勢調査では、農業3割弱、サービス業3割弱、建設業1割半ば、製造業1割弱、卸・小売業1割弱、林業1割弱であった［国勢調査 2005］。同地区は、日本画家である野長瀬晩花と渡瀬凌雲の出身地で、作品を所蔵する美術館が建設されている。また中山間地には珍しく、徒歩圏内に保育園・小学校・中学校・診療所が備わる比較的利便性の高い土地である。

（2）近露・野中地区での観光の展開──行政と住民組織の連携による地域おこし

熊野参詣道は、参詣の風習が見られなくなった時期以降も、地域の生活道として利用され続けていた。中辺路は、1978（昭和53）年文化庁が「歴史の道」として古代からの熊野街道を調査分析し、保存整備を進めて古道の形態を復興させていった。その後も古道を歩く人はまばらであったが、2004年の世界遺産登録以降は、熊野古道中辺路の中継地点として再び脚光を浴びることとなった。世界遺産登録直後は、団体旅行者がバスで乗り付け、熊野古道をスポット的に散策することが多くなっていた。

世界遺産化により熊野地域全域が盛り上がる中で、過疎化している山村を盛り上げていきたいという思いは地元住民の地域おこし活動の原動力となっていく。2005年度より日本風景街道主催（国土交通省、県、市の協力）シーニックバイウェイモデル地区に熊野紀南地域が選定されたことを契機に、地区のNPOや地域住民が「近野の風景を考える会」を結成し、古道沿いの休耕田に睡蓮を植えて景観づくりを行った。自治体との連携でワークショップを行う中で、交流拠点の創出や地元を紹介するイベント開催案が出された。2006年11月には、古道沿いの民家を開放して産品販売や生け花体験、古道ウォークなどを行う地元住民手作りの「近野まるかじり体験」が開催された。このイベントは、その後も継続開催されることとなり、地域内外から毎年3000人以上が集まる年1度の恒例行事となっている（主催「まるかじり体験実行委員会」）。

地区内には、日本画家野長瀬晩花の生家で築100年を超える古民家が空き家になっており、観光客や住民の交流拠点施設として利活用する案が浮上した。田辺市は、2011年から3年間「熊野古道ちかの〝平安の郷〟プロジェクト」を立ち上げた。プロジェクトでは、地元の「ちかの『平安の郷』推進協議会」が主体となり、市や県と協議しながら景観の整備や新たな観光商品開発などを進めていった。そして2013年7月には、野長瀬晩花の生家は、和歌山県観光資源第1号として近露観光交流館「ちかの平安の郷かめや」となり、オープンした。さらに、江戸中期建築の元旅籠で、持主の高齢化により空き家になっていた地区内の古民家を、田辺市が補修し、観光の情報拠点施設として活用することとなった。2016年4月、観光情報拠点「とがのき茶屋」としてオープンし、「ちかの『平安の郷』推進協議会」が指定管理者として運営を担うことになった。このように世界遺産以降、地区を挙げての地域おこしが、県や市と連携しながら継続的に行われるようになった。

（3）背景としての村落共同体

近露・野中地区は、中山間地域には珍しく保育園・小・中学校が一カ所に集中している。そのため、ほぼ同じメンバーで長期間学校生活を送ることになる。そして、若年層から高齢者までが同じ近野中学校同窓生として「○○期生」と呼び合い、交流を深めている。この地区で毎年開催される地区運動会は、全年齢が参加する地区を挙げての一大行事となっている。旧中辺路町内には高校がないために、中学校卒業後は、田辺市内や上富田町、新宮市などの近隣市町の高校に進学し、その後関西圏で進学・就職して地元にはとどまらないのが一般的である。しかし、近露・野中地区出身者は、県外で定住した後も毎年大阪で「関西近野会」を開催して親睦を深めている。そして、郷土で開催される「近野まるかじり体験」への寄付や開催時に合わせた帰省を行なっている。このように近露・野中地区特有の教育環境が地区への強い団結力を育て、他出者の人的・資金的支援を可能にすることで、郷土のイベントを存続させている。

ところで、地域おこしの主体となった「まるかじり体験実行委員会」や「ちかの『平安の郷』推進協議会」、後述する「近露・野中生活圏寄合会」は、「(社)近野振興会」を母体にしている。近野振興会は12地区の区有林を管理する財産区が前身で１９６４年に近露・野中地区に在住する約３００戸を会員とする社団法人として設立した。明治期の近野村村有林１５６７ヘクタールを所有し、そこからの収益や山林を担保にして医療補助や就学援助など住民の社会福祉に役立てるほか、学校の建設や道路建設などの資金を拠出してきた。世界遺産化以前にも過疎対策事業として建設された地区内観光施設の管理運営を行っていた組織でもある。

ところが、時代を経るごとに広大な森林の人工造林や林道建設の費用はかさみ、その資金を賄うために立木売却で得た収益金を充当する計画もむなしく、度重なる木材価格の低迷で借入金は膨らんでいった。負債の返済期限が迫る中、２００２年には、大阪の産廃業者が共有林の一部を買い取り、産廃施設を作ることを打診してきた。２００３年理事会では借金返済期限が迫る中、産廃業者への売却を進めようとしたが、住民側からは反対運動が起こった。反対住民は、ただちに有権者の６割以上の反対署名を集め、和歌山県と中辺路町に手渡した。町は、ユネスコへの世界文化遺産登録が有力視されているこの時期に、イメージを低下させる損失は計り知れないと考えた。そして、地方債の一つ「地域環境保全のための森林整備事業」を利用して共有林の一部を購入、「町民の森」として保存することを近野振興会に提案した。近野振興会住民総会では、共有林を町へ売却することが全会一致で可決され、中辺路町へ山林は売却された。そして町議会は、「水道水源保護条例」を可決して産廃施設の将来にわたる町内での建設を食い止めた(8)。このようにして保全された「町民の森」は、県が推進する「企業の森」事業を活用して2005年以降に複数の企業に貸与されることとなった。それぞれの「企業の森」は、毎年社員と地元住民が植栽や下草狩りの手入れを協働で行い、世界遺産の文化的景観の保全に寄与している。

以上のような地区共有林をめぐる騒動は、地域住民の地元意識を感化させ、その後の近露・野中地区全体で起こした地域づくりの動向を左右するものになったといえよう。近野振興会では、「地域が何もせずに、たまに帰ってくる人に、『ここには人がおらんなあ』、と言われるようでは冴えない、という思いと、昔からの思いを伝えるにはいいものは残しておかないといけないという思い」を持っている(9)。そのために、「ちかの『平安の郷』推進協議会」「まるかじり体験実行委員会」や「近露・野中生活圏寄合会」などの会を住民自身が立ち上げ、地域一体となり、イベントや拠点づくりを行うこととなった。地域の良さを外部へ発信することで、地域内部の住民を鼓舞し、結束力をより強めようとしている。

（4）観光従事者の増加

世界遺産登録以降、近露・野中地区を訪問する観光客は、増加していった。それは、住民による地域おこしもさることながら、外部資本の参入も影響している。南海電車の系列会社が2010年3月に地区内に熊野古道の観光拠点として「古道歩きの里ちかつゆ」をオープンさせた。大型バスや自家用車が駐車可能な休憩所兼物産販売所、中辺路ツアーガイドの受付場所を開設することで、観光客の集客力が高まった。さらに、2015年には海外向け旅行会社奥ジャパン（本社京都）現地事務所が地区内に開設された。田辺市熊野ツーリズムビューローとともに、海外旅行客に地区内の宿泊施設を直接斡旋することが可能となり、この地区で宿泊業が新設される要因となった。

このような世界遺産以降の観光地化の状況から、世界遺産前には地区内の飲食店は2軒、民宿は5軒であったものが世界遺産登録以降は飲食店8軒、民宿13軒へ増加、食品加工品製造・販売も5軒へと増加している。旅館業に関しては、既存組合がないことが、かえって新規参入を容易にしている。新規宿泊施設の多くは、地区内の古民家を改装した民泊で、収容人数は4～8名と小規模である。食事は提供しておらず、自炊や地区内飲食店の出前を推奨している。簡易宿所営業の形態であるため比較的容易に開業することが可能である。新規宿泊施設は、空き家や飲食店など地区内の資源を有効に活用しながら宿泊客のニーズに対応している。

これら新規事業者の大半は、世界遺産化以降に近露・野中地区に移住したUターン、Iターンである。彼らの近露・野中地区での就業と定住には、この地区独自の移住者受け入れ活動が背景としてある。

きっかけとなったのは、２００６年に近露地区にUターンしたN氏の存在である。N氏は、大阪で調理師として働いていたが、地元でカフェを経営したいと帰省し、店舗探しを始めていた。併せて地元住民から「まるかじり体験実行委員」や「ちかの『平安の郷』推進協議会」の委員に誘われ活動するうちに、「地元をにぎやかにしたい。子育て世代が少ないので、若い人を呼び込み、小中学校が廃校になることは避けたい」といった意識を持つようになった。地区内には、２００３年から県の施策である緑の雇用事業で林業に従事するIターンが数世帯居住しており、地域住民の移住者に対する抵抗感はあまり強くなかった。その頃和歌山県や田辺市は、新規移住者に対して空き家バンクや定住支援協議会を設置し、「若年移住者暮らし奨励金」制度を設けて仕事や住宅の支援を行っていた。しかし、地区内の空き家で登録している家はわずかで、行政からの支援だけでは定住人口の増加は見込めなかった。そこで、Nさんは、個別に相談を受けた移住希望者に対して、県外に在住する空き家持ち主との交渉、移住後の仕事の相談など移住希望者の職と住まいへの支援を行うようになった。そのような移住者支援の結果、２００９年にTさん、２０１１年TUさん、２０１３年にIさん、２０１４年にMさんらが次々に移住した。N氏は、移住後も生活に関するアドバイスを行い、移住者を支援し続けた[10]。さらに2014年には地元有志が「近露・野中生活圏寄合会」を結成し、総務省の補助金を利用して、近年移り住んできた移住者の生活を伝える動画を制作して、中辺路町や近露・野中地区への移住をPRした。

高齢化が進み、地域活動が継続困難になることを自覚している地元組織のメンバーは、移住者に直接声掛けをして得意分野で地域おこし活動に関わってもらうようにしている。例えば、飲食業に従事するIターン者には、地元の産品を使った商品の開発やそれに関する情報発信を任せている。都市でイベントの企画を行っていたIターン者は、地区のイベントの企画やまちかど情報誌の発行に従事し、この地区のPR活動を行っている。このようなIターン者に対する地元住民の積極的な働きかけのおかげで、Iターン者は見知らぬ土地でも早期に人間関係を形成することが可能となり、それが就業につながっている例もある。そしてこのような活動の仕方は、彼らの生き方や働き方に合致するものでもある。

移住者たちは、週休二、三日と比較的余裕を持った働き方を行いながら、商売をすることで自分の生活を楽しみ、人との関わりの中で心豊かに過ごすことを重視している。彼らの職業への従事の仕方は、生業ではあるが、経済的なものを追うのではなく、楽しみや喜びといった情緒的価値をもたらすもの、趣味性などのマイナー・サブシステンス［松井1998］の生き方を追求している。そのため彼らは、地域おこしにも積極的である。「ちかの『平安の郷』推進協議会」では、役員やメンバーにもIターン移住者が多数含まれている。特に地区内にある二つの交流施設の管理メンバーは、Iターン・Uターン者が8割を占めている。さらに、Iターン者は、県の無形文化財に指定されている野中の獅子舞でも継承者として存在感を発揮している。財産区への加入も地区内在住者であれば自動的に加入できる仕組みがとられている。移住者には、3、40代も多く、近野小中学校合わせて児童数は30名ほどであるが、今では学校の保護者世帯の8割が移住者世帯である[11]。中辺路町内にある他二つの中学校は統合されたが、近野中学校は、児童・生徒数の増加により合併せず、小中学校合同となり存続している。このようなUターン者が移住者の仲介役となり、パトロン・クライアント関係のような個人的、継続したつながりの上でIターン者のアフターケアを行い、地域組織のリーダーが移住者を支援することでIターン者の移住と定住に貢献している様子は、Iターン者が多く定住する他観光地でも見られる現象である［柴田 2017：112］。

おわりに

本章では、世界遺産地域の観光地化現象を捉える上で、観光地域の形成に影響を及ぼす外的要因として世界遺産化を捉え、世界遺産登録以前の地域構造とその中に新しい地域構造の形成を促す潜在的な要因、そして、世界遺産化によってその後の地域構造にどのような変化が生じたかについて分析してきた。

既存観光地である湯峯区の場合は、職業の同質性が高く、世襲で旅館を経営してきた。温泉権を核とした地域共同体が形成され、コモンズの共同ルールが適応可能な狭い範囲で共同体意識が形成されていた。土地が乏しく、国立公園特別地域に指定されているために、外部者はこの地での新規参入を避ける傾向にあった。世界遺産登録以降は、さらにこの地区が注目され、宿泊客数の増加、そしてブーム後の減少を経験したが、外的・内的制約が厳しいために旅館街や地域の社会構造は変化せず、ほぼ同じメンバーで旅館街が維持されてきた。

一方、新規観光地である近露・野中地区の場合は、主たる産業はなく、進学と同時に転居する人が絶えない山村であった。しかし、世界遺産登録を契機に、埋もれていた地域資源が見直されるようになった。明治以降のナショナルな価値の下で忘れられていた地域資源が、世界遺産化することで、グローバルな価値により再興されている。この地域資源の再興により、外部資本が地区内に観光施設を開業しただけでなく、地域共同体が地域おこしを牽引することにより、観光地域が形成された。さらに、地域おこし活動が地域挙げての定住促進の動きにつながり、移住者が定住するようになった。新規移住者は、観光産業を担うことも多く、民宿経営や飲食経営を行うことにより、ますます観光地域が形成されていった。このような着地型観光への取り組み例を研究した森重［2009］も指摘しているように、着地型観光へ取り組むことにより地域に対する共有意識や共同性が高まり、コミュニケーションの場が生まれることでコミュニティの活性化がもたらされている。

以上のように、世界遺産化というインパクトにより、既存観光地では、地域構造を大きく変えることなく対応し、新規観光地は、観光地化を契機として外部者を取り込むことでそれ以前の地域構造や経済構造を変化させている。

ただし、既存観光地である湯峯区の場合は、経営者の高齢化、後継者の不在といった地域集団の内的要因により地域社会に変化の兆しが見え始めている。親子間で旅館経営の継承が困難となった場合、第三者に経営を引き継がせる「継業」の形を取る旅館が見受けられるようになった。その場合、経営者は交代するものの、有形資産だけでなく屋号、顧客、ブランドなどの無形資産をそのまま継承することで、地域内部や外部に対して既存の関係性や地域社会での地位を担保することになっている。そのため、現在の時点では、地域社会構造をあまり変化させずに現状が維持されている。

ところで、本章で事例として取り上げた観光地は、いずれも地区住民の紐帯が強い。そのことは、時として閉鎖性を伴い、外部者の新規参入を阻害することにもなりやすい。それには、地区にある共有財産の有無が関係している。有産地区の場合は、地域の共有資源の枯渇を防ぐために、厳密なルールや共通認識を維持できるように共有する成員の幅を狭める。そのために、成員の共同性は高まるが保守的となりやすく、よそ者が参入することは困難になる。

一方、無産地区の場合は、成員の幅を固定する必要がない。そのため、新たな人材を投入しても抵抗はあまりない。それどころか人的資源を新たな資源として認識し、活用していくことにも抵抗がないために、外部との間にネットワークが結びやすく、よそ者が参入することは比較的容易である。

このように既存観光地である湯峯地区の場合は、地域の共同資源の活用により観光地として地域社会を持続させようとしているし、新規観光地である近露・野中地区の場合は、外部者を受け入れ内部化することによって、従来とは異なる新たな社会関係を形成し、新たな共同性を構築することで観光地域を成立させ、地域社会の存続を図る可能性を見出している。やり方は異なるが、地域社会を存続させるための知恵を地域構造の中から見出しているといえる。

注

（1）「紀伊山地の霊場と参詣道」は広範囲にわたり、所在市町村は6市13町7村にもおよぶ。登録資産は山間部に多いために過疎地域が多く含まれている。

（2）数値については、一般社団法人田辺市熊野ツーリズムビューロー資料（2019）より引用、内容については、本宮観光協会事務局長T氏への聞き取り（2015年3月4日）、田辺市熊野ツーリズムビューロー事務局B氏への聞き取り（2019年3月11日）。

（3）四村川財産区は、特別会計で、その収入は、給湯を受ける旅館経営者からの給湯料、公衆浴場や施設の入湯料、支出は、施設整備費、施設管理費である。2018年度の田辺市特別会計は、歳入3953万8000円　歳出3322万9000円であった。なお積み立てられた現金は、管理及び処分に関する条例の規定により財政調整基金を設置し、浴場等の大規模施設修繕費に充てられている。

（4）そもそも南紀熊野国立公園指定運動は、観光客増加の期待と結びつき、昭和恐慌によって一層高まっていった。そこには、国立公園に指定されたならば、一大遊興施設が建設され、交通網が整備されるという目論見があった［本宮町編さん委員会　2004：827］ようで、観光地としての一層の拡大と集客を狙ってのことであった。したがって、今日のような自然環境保護の観点や乱開発抑制の観点があったとは言い難い。

（5）湯の峰温泉の宿泊客数や外国人比率は、2019年熊野本宮観光協会からの資料に基づく。

（6）湯峯地区についての記述は、2018年3月12日、2019年8月30日湯の峰温泉民宿Y氏への聞き取り。

（7）2019年3月12日田辺市本宮行政局M氏への聞き取り。

（8）『朝日新聞』朝刊（2003年5月22日、2003年5月25日、2003年6月24日、2003年12月25日）、『農業協同組合新聞』2003年2月13日　(https://www.jacom.or.jp/archive02/document/series/shir118/shir118s04021305.html　2019年10月22日　閲覧)。

（9）近露・野中地区の地域づくりについては、2016年9月13日近野振興会会長K氏への聞き取り。

（10）近野地区N氏への聞き取り（2019年3月13日）。

（11）近野振興会会長K氏、近野平安の里かめや内レストランオーナーM氏への聞き取り（2016年9月13日）。

参考文献

淡野明彦［1985］「沿岸域における民宿型観光地域の形成」『地理学評論』58（1）。

宇江敏勝［2004］『世界遺産熊野古道』新宿書房。

大野哲也［2008］「地域おこしにおける二つの正義――熊野古道、世界遺産登録反対運動の現場から」『ソシオロジ』53（2）。

川浪朋恵［2016］「小笠原諸島における世界遺産登録前後の観光客の変容」『地理学評論』89（3）。

環境省［2018］「熊野本宮温泉郷国民保養温泉地計画書」（https://www.env.go.jp/nature/onsen/area/pdf/hoyo_042.pdf　2020年10月12日閲覧）。

環境庁自然保護局近畿地区自然保護事務所［2000］「吉野熊野国立公園熊野地域管理計画書」（http://www.env.go.jp/park/yoshino/intro/files/plan_3.pdf　2020年10月12日閲覧）。

才津祐美子［2006］「世界遺産の保全と住民生活――『白川郷』を事例として」『環境社会学研究』12（0）。

柴田和子［2017］「Iターン移住とその仲介者たち――美山町における観光村おこしの出発点」、田中滋編『都市の憧れ、山村の戸惑い――京都府美山町という「夢」』晃洋書房。

高倉健一［2016］「生きている文化遺産の保護・活用と住民の役割――中国雲南省・世界遺産麗江古城を事例に」『国立民族学博物館調査報告』136。

千葉昭彦［2014］「世界遺産と地域経済――平泉の観光・まちづくりを対象として」『経済地理学年報』60。

中崎茂［2010］「観光の展開パターンと効果・影響の関連性の考察――TALCの適用事例（中国、張家界森林公園）を中心に」BM学群『桜美林論考　ビジネスマネジメントレビュー』（1）。

中辺路町誌編さん委員会［2000］『中辺路町誌』。

ニ・ヌンガー・スアルティニ［2015］「世界遺産と観光振興――インドネシア・バリ州ジャティルイ村の事例」『専修人間科学論集社会学篇』5（2）。

長谷川俊介［2010］「世界遺産の普及啓発と教育」『レファレンス』60（5）。

服藤圭二［2005］「世界遺産登録による経済波及効果の分析――『四国八十八か所』を事例として」『ECPR2005』1。

本宮町史編さん委員会［2004］『本宮町史　通史編』。

松井健［1998］「マイナーサブシステンスの世界――民俗世界における労働・自然・身体」、篠原徹編『現代民俗学の視点1　民族の技術』朝倉書店。

森重昌之［2009］「観光を通じた地域コミュニティの活性化の可能性」『観光創造研究』5。

山﨑泰［2017］「明治維新前後の熊野信仰――神仏分離令と廃仏毀釈」『熊野誌』63。

山村順次［1969］「伊香保・鬼怒川における温泉観光集落形成の意義」『地理学評論』42。

山村高淑他［2007］『世界遺産と地域振興――中国雲南省・麗江にくらす』世界思想社。


〈資料〉

「国勢調査」［2005］［2015］。

「観光客動態調査報告書」（和歌山県商工観光労働部観光局）［2001］［2009］［2011］［2013］［2019］。


（柴田和子）

第12章　地方移住のその先に
――地域おこし協力隊における選択的行為としての定住――

はじめに

２０００年代に入り、全国的な人口減少傾向の局面に移行し始めるとともに、縮小社会をめぐる議論が盛んとなった。東京一極集中の一方で、概して地方は人口を都市へと流出させ続け、地方は人口減少にあえいでいる。こうした状況に大きな刺激を与えたのが、２０１４年の日本創成会議（座長：増田寛也）による提言から生じた「消滅可能性自治体」の議論であった。日本創成会議・人口減少問題検討分科会によって報告された人口予測で、将来的に全国の自治体の約半数が「消滅」する可能性があるとして、全国の地方自治体に大きな衝撃を与えた［増田 ２０１４］。そうした流れのなかで、同年12月に行われた国政選挙では、地方に対する政策として「地方創生」が掲げられた。現在、自然動態、社会動態ともに自然減、社会減に傾いている多くの地方自治体では人口減少が喫緊の課題とされている。筆者らが調査を行ってきた紀伊半島（和歌山県、奈良県南部、三重県南部）でも、多くの自治体が人口減少を喫緊の課題とし、さまざまな施策に取り組んでいる。

人口減少には、自然減（出生数を死亡数が上回る）と社会減（流入数を流出数が上回る）があるが、それぞれに対応した対処が求められている。そのなかで社会減に関しては、流出数を減じる施策（教育や仕事の機会提供など）と流入数を増やす施策（移住者を増やす）という方策が考えられている。本章では、後者すなわち移住者を増やすことを目標とした取り組みに関わる動向に着目して考えていきたい。

紀伊半島のなかでも、和歌山県は県全体にわたって人口減少傾向が著しいが、ここで取り上げるのはこの和歌山県の事例となっている。

1　地域おこし協力隊にとっての定住とはどのようなものか

(1)　地域おこし協力隊とは

ここで取り上げるのは、地域おこし協力隊制度を活用して地方に移住する人々、なかでも20代から40代の若者を中心とした人々である。

地域おこし協力隊とは、総務省によって２００９年から始められた事業で、都市から条件不利地域に移住した者を自治体が地域おこし協力隊員として委嘱し、「地域協力活動」（地域ブランドや地場産品の開発・販売・ＰＲ、農林漁業への従事、住民生活支援など）を1～3年間行いながら、その地域への定住・定着を図る取り組みである。制度創設以降、受入れ自治体、隊員数ともに総じて増加しており、２０１９年度は前年度比で微減となったものの、全国の１０７１自治体で５３４９人が活動している（創設当初の２００９年は、31自治体で89人）。報償費や活動費等で隊員1人につき年間４４０万円、そのほか、起業・継業に関する経費、募集等の経費が国から地方自治体へ特別交付税として財政措置されている。全体の約7割を占めているのが、30代以下の若者である［総務省　２０２１］。

つまり、過疎などで悩む地域に任期付きで雇い入れる地域おこし協力隊のポストを用意することで、条件不利地域への都市部からの人材の移住を促し、さまざまな「地域協力活動」を行ってもらいながら、任期後もそのまま定住・定着してもらうことによって受入自治体の人口維持や増加についても視野に入れた制度である。

その要点は、（1）都市から地方への人の流れ（移動）をつくりだすこと、（2）地方への移住希望者の仕事を（任期付きではあるが）つくりだすこと、（3）隊員は地域振興や生活支援などの「地域協力活動」に携わること、（4）地域おこし協力隊任期後の定住・定着が目的の一つとされていること、（5）事業財源は総務省によって賄われていること、とまとめられるだろう。

地域おこし協力隊はその事業創設の２００９年以降、受け入れ自治体数、隊員数ともに総じて増加し続け、全国の自治体に広がっている。

総務省は地域おこし協力隊のフォローアップ調査を、２０１１年から1年おきに行っており、その調査結果をウェブサイトで公開している［総務省 ２０１２；２０１４；２０１５；２０１７；２０２０］。その結果として隊員の動向や定住状況、実施自治体の意向などが報告されている。先に述べた全隊員のうち7割を占めるのが30代以下の若者であり、6割が定住しているというのもこの調査によるものである。

ほかにも、全体の約3～4割が女性であること、定住者の約4割は女性で、全体的に男性よりも女性の方が定住傾向が高いこと、定住者の約9割が起業・就業・就農し、約2～4割が起業していること、全体の約8割の自治体が「大変良かった」もしくは「良かった」と回答していること、全体の約7割の自治体が、今後も地域おこし協力隊を活用する予定と回答していることなどが報告されている。

（2）「活動」と「定住」という2つの基軸

地域おこし協力隊は地域協力活動と定住・定着という2つの目的を視野に入れた制度となっている[1]。ここではそのなかでも特に「定住・定着」についてフォーカスしながら、地域おこし協力隊の実践について検討を加えていきたい。

地域おこし協力隊は都市部から条件不利地域への地方移住を促す制度設計となっている。地域おこし協力隊制度が、人々にとって魅力となっていることも確かである。たとえば、都市から地方への移住に関心を寄せる人々、特に若い世代にとって、地方移住は自分の理想を体現するチャンスである一方、不安や懸念もつきまとうリスクの少なくない行為でもある。都市住民への地方移住に関する意識調査などにも表れているが、地方移住に際して、生活の利便性や交通機関、医療等の条件不利性のほか、仕事や収入、住居についての不安や懸念が示されることが多い。地域おこし協力隊では、期間限定かつ（高額ではないにせよ）安定した収入が得られ、住居も手当される場合が多い。また、地域の人脈にもコンタクトを取りやすく、さらに、協力隊という公務員としての「公」の身分を確保して移り住むことができる。また、1〜3年の限定された期間で、その地での暮らし（その土地との適合性）を試すことができる。若い世代は、地方移住に資する諸力を多くは備えていないことが多い。そうしたなかで、地域おこし協力隊制度は、若者が地方へ移住する際のひとつの現実的な選択肢としての魅力を持っていると考えられる［井戸 2021］。地方移住の敷居を下げ、人々の移動を促すように機能しているのが地域おこし協力隊制度であるという事実がある。

ただし、地域おこし協力隊制度によって促される地方移住がそのまま定住とイコールになるわけではない。先ほど確認したとおり、協力隊任期後の定住・定着率は6〜7割程度であり、裏を返せば地方移住した人々のうち3〜4割程度は定住・定着していないということになる。

定住についての自治体の意向に関しては、たとえば次のような報告がある。中尾裕幸ら［2016］は中国地方5県での調査から、隊員の任期後の定住について自治体は「定住してほしい」84・6％、「どちらかというと定住してほしい」15・4％と回答したとしている。また、同じ報告のなかで、自治体は地域おこし協力隊制度において「定住が最も重要」は26・9％、「定住も重要だが、最も重要ではない」が69・2％であり、「つまり、全ての自治体で、任期終了後の定住を望んでいることに間違いはないが、定住が最重要事項というわけではなく、定住とは別により重要な目的を有している場合が7割近くある」とし、そのより重要な目的とは「地域の活性化」であるとしている［中尾・平野 2016：18］。

つまり「活動」と「定住」という地域おこし協力隊制度の2つの基軸において、定住は自治体から求められているもののの、比較してみた場合、2つの目的は同等・同質ではなく、定住という目的は活動ほど重んじられているわけではないという意識が存在していることが覗える。上記の結果は中国地方においての調査に基づくものであるが、この章で取り上げている紀伊半島での調査事例のほか、筆者が東海地方や北海道で行った調査においても同様の感触を得ている。管見の限りではあるが、こうした傾向や意識は全国的にも観察され得るものである可能性が推測される。そして、総体的にこのような傾向が存在するのだとすれば、それは地域おこし協力隊を取り巻く全体的な構造に起因するものである可能性が考えられる。

先述のとおり、地域協力活動とは、地域ブランドや地場産品の開発・販売・PR等の地域おこしの支援や、農林水産業への従事、住民の生活支援等とされている。総務省の地域おこし協力隊の概要では、斬新な視点（ヨソモノ・ワカモノ）、協力隊員の熱意と行動力が地域に大きな刺激を与える、行政ではできなかった柔軟な地域おこし策等が期待されることとして挙げられており、地方に「元気」や「未来」をもたらす存在が地域おこし協力隊であるとされる。地域おこし協力隊には「経験」「活力」「若さ」「ネットワーク力」「新しい発想」「行政ではできないこと・苦手なこと」等が求められ、「『中間支援活動』をきっかけに、地域との新たな出会いから信頼と刺激を得、そこに新たな活動や仕事を起こそうと『価値創造活動』へと展開するサポート活動」［図司 2012：28］が求められているとされる。

また、たとえば、自治体は「『地元では気づかなかった新しい視点で、町おこしを』と期待している」（朝日新聞2009年12月2日付）、「都会の人たちのアイデアを借りながら地域の活性化策を探ろう」（朝日新聞2009年12月5日付）というような新聞報道は地域おこし協力隊を扱う記事内容として典型的であるが、定住よりも活動の方に目が向けられた内容であることがわかる。

このようなところからも活動に関しては多角的に注視されていることが覗える。

地域おこし協力隊は任期後の6割が定住しているという総務省が公表している数値は、人口減少対策を課題とする地方自治体の関心を少なからず集めるであろう。しかし、活動（＝地域協力活動）については、地域貢献、地域振興、地域支援、地域おこし、価値創造などのさまざまな評価尺度からその内実に関心が集まり、質的に問われがちであるのに対して、定住・定着に関しては数字としての「多寡」（多い or 少ない）で考えられることはあっても、その内実や質については相対的にあまり問われてこなかったのではないだろうか。だがしかし、協力隊個人の主観から考えてみた場合、定住や定着は単なる数字上の問題ではなく、具体的な内容の問題であることは明らかであろう。

（3）地域おこし協力隊にとって定住とはいかなる現実なのか

ここでは、地域おこし協力隊の定住に関して、「多寡」という量的な観点とは異なる、〝定住〟の内実についてどのような示唆を得られるか検討を加えてみたい。この章では、調査事例から地域おこし協力隊にとっての〝定住〟とはどのような意味を持っているものとなっているかについての推論を導き出すことを試みている。

協力隊にとって定住・定着とはいかなる現実となり得るのか、地域おこし協力隊をめぐる構造下にある、協力隊個人の主観的な定住・定着とはどのようなものとなっているのか、事例に基づきながら検討していくことを具体的な課題として設定したい。ただし、ここで取り扱う事例は地域的にもケース的にも限定されたものであり、断片的な考察とならざるを得ないという限界があることを断っておかなければならない。

2　地方の人口減少と地域おこし協力隊

（1）和歌山県における人口減少傾向と移住定住施策

ここで調査対象地の概況について、特に人口減少と移住対策に関して、地域おこし協力隊に関わる観点から確認しておきたい。人口減少地域における移住定住施策と地域おこし協力隊の目的のひとつである定住との関連という観点から、調査対象地である和歌山県の状況を概観しておく。

和歌山県の人口は、１９８５年（約１０８万７０００人）をピークに減少に転じ、２０１５年の推計人口は約96万

6000人で、戦後と同水準まで減少した。1990年代半ばを境に、自然減、社会減に転じ、その状況が継続している〔和歌山県 2015〕。人口減少幅は拡大する傾向にあり、2018年以降は年間1万人を超える人口が減少し続け、直近の2020年の県調査統計課のデータでは、推計人口91万7252人（2020年4月）と減少傾向は持続しており、前年度比1万人減（人口1万566人減、男4840人減、女5716人減、373世帯増）となっている〔和歌山県 2020〕。1970年以降に急速な高齢化が進行し、1999年に高齢化率が20%に達し、以降も上昇し続け、2019年の65歳以上の老齢人口は約30万8000人、高齢化率は32%となっている。近畿府県内では最も高齢化が進行し、全国でも9番目という状況にある〔和歌山県 2015〕。また、年少人口（0～14歳）の割合も減少し続けており、生産年齢人口（15～64歳）の割合も1990年代から低下傾向にある。概括すると、県総人口が減少し続けているなかで、高齢人口比率が上昇し続け、その一方で、年少人口比率、生産年齢人口比率が下降しており、人口減少傾向、少子高齢化傾向が如実な傾向にある。

「和歌山県長期人口ビジョン」〔和歌山県 2015〕では、「何の対策も講じなければ、2040年における県の総人口は70万人程度まで減少」、2060年には「50万人程度まで激減」「65歳以上人口が42%となる見込」と見立てている。この予測に基づいて、和歌山県のあるべき将来人口として、「2060年の和歌山県の人口を概ね70万人確保することが必要である」と想定された。この長期人口ビジョンに向けての取り組みとして、人口流出の歯止め（転出減少、転入増加）、出生率の向上（少子化対策）、暮らしやすい社会の創造が示された。

人口減少に対する取り組みの一つとして、和歌山県が力を入れているのが移住推進策である。大都市に向けての情報発信や、田舎暮らし体験会を行ってきているが、近年の取り組みとして、「ワンストップパーソン」「移住推進市町村」が挙げられる。移住に関する相談を一手に引き受ける「ワンストップパーソン」（行政職員）をおき、スムーズな移住をサポートする「受入協議会」（地域住民や先行移住者で構成）を設置する市町村を「移住推進市町村」として、官民が連携する移住支援策を展開している。

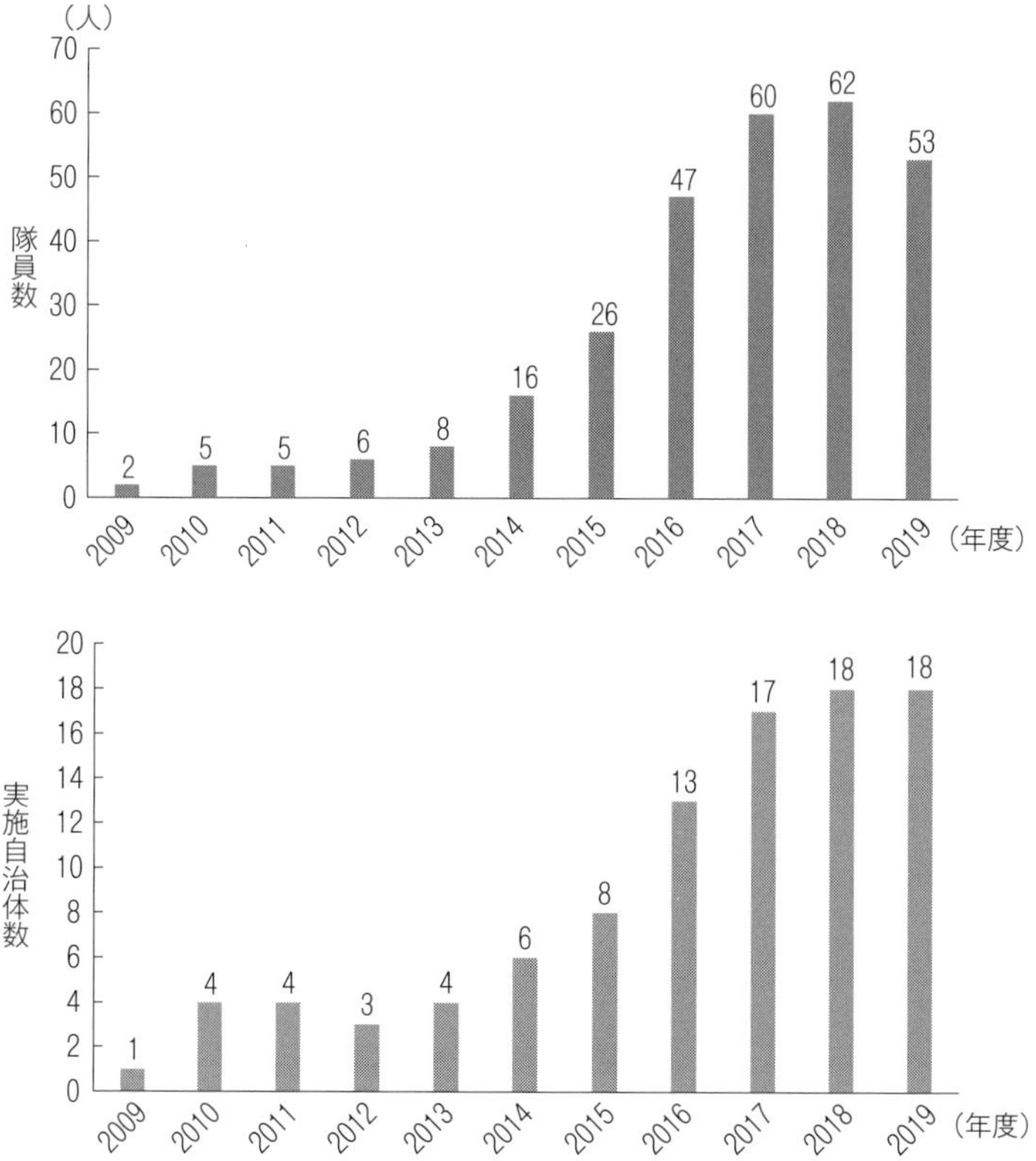

図12-1　和歌山県における地域おこし協力隊の推移

出所：総務省データなどを基に筆者作成.

和歌山県内での地域おこし協力隊設置は、２００９年度に1自治体2名ではじまり、２０１８年度は18自治体62人が活動している。前述したような流れのなかで、和歌山県でも２０１４年を境に実施自治体、隊員数が増加してきた（図12-1）。

和歌山県においては、以前から人口減少傾向や少子高齢化が進行していたが、２０１４年頃の「地方の危機」「地方創生」の動向を境として、人口減少対策や移住定住施策の具体化や拡充が進んできた。地域おこし協力隊もこの頃から増加してきている。ただ、移住定住という観点から考えてみた場合、いわゆるＩターン者やＵターン者に主眼がおかれてきており、地域おこし協力隊に力が入れられているかといえば、少なくとも県の施策からはそのようには読み取ることはできないといえるだろう。

（2）紀南での聞き取り

本章では、地域おこし協力隊員を主な対象として聞き取りを中心とする調査を行った。地域おこし協力隊に関する聞き取り調査はいくつかの地点で行っているが、今回は特徴的な語りが見受けられた和歌山県紀南地域での調査内容をもとに考察を進めたい。紀南地域での地域おこし協力隊に関する調査は２０１７年から２０１９年にかけて断続的に行った。紀南地域の中心的地域であるX、Yの二つの自治体での調査から開始し、そこからスノーボールサンプリング法を主に用いて、調査対象者を広げ、上記のX・Y以外の自治体においても調査を行った。聞き取り調査では半構造化インタビュー法を用い、協力隊になるまでの経緯や活動内容、周囲の人々や地元地域との関係などを主な質問項目として聞き取りを行った。調査対象者は20代から40代までの男女8名の現役地域おこし協力隊員（調査時点）である。そのなかで今回は4つのケースについて取り上げている。なお、調査協力が得られた地域では、受け入れ団体の方にも聞き取り調査を行った。

3　地域おこし協力隊の実践と意識

（1）特徴的な4つの語りから

ここでは聞き取り調査で得られた内容のうち、特徴的な4つの語りの内容から、地域おこし協力隊の実践的行為と意識についてアプローチしていきたい。

ケース1：Aさん（男性20代・地域おこし協力隊）［聞き取り：２０１７年3月］

Aさんは「地域おこしに興味がない」「地域おこしをするつもりはない」と語る。Aさんは当初は地域の空き家対策を活動としていたが、その後、宿泊施設を開業・経営する活動へとシフトした。Aさんは地球環境問題や資本主義システムへの問題意識を抱いており、そうした問題意識を根底においた宿泊施設を作り上げた。地域おこしは「地域が求めるもの」が何かというところから始まるべきだと考えているが、地域で懸命に活動してみた結果、「地域が求めるもの」が特にあるわけではなく、地域おこし協力隊として地域の邪魔にさえならなければよいと受け止められているのであって、変化が求められているわけではないという考えに至った。地域おこし協力隊としては、地域には受け入れられていないとAさんは思っている。しかし、地域に対する地域おこし協力隊としての意味合いに全くの無関心であるかといえばそういうわけではなく、地域おこし協力隊として定住・定着の基盤づくりができたなら、それは協力隊の事業としても地域にとって意味合いのあることとして成功したこととなると考えて活動を続けてきた。このような実践や意識に至った背景としては、先に示したような地域のニーズと活動を結び付けることとの困難性のほかにも、地域おこし協力隊として地域貢献も果たしながら、同時に移住者としての生活基盤の構築を両立させることには大変な厳しさがあり、どちらかを優先させなければならないという考えに至ったことが挙げられる。Aさんは地域貢献の意識はないといいながらも、「地域を有名にするつもりはある」と語る。自身の行ってきた活動は自分の定住・定着のための生活基盤づくりを優先させたものであり、地域貢献については第一の優先事項とは考えないで活動を行ってきたが、結果的に地域貢献につながっていると考えている。

ケース2：Bさん（男性30代・地域おこし協力隊）［聞き取り：2019年8月］

Bさんは「観光をやりたい」という志望動機から、地域おこし協力隊をそのための「修行期間」と考えて協力隊員となった。任務地である自治体の観光事業に携わる活動を行っており、観光協会へ行政からの出向という形で勤務している。Bさんも「地域をおこそうとはあまり思っていない」のであって、「自分がやりたいことをやっていこう」と考えている。Bさんは一般的に期待されるような「地域おこし」について、その期待に真正面から応えようとは考えていない。しかし、Bさんも地域おこしや地域貢献について、全く考えていないというわけではなくて、「自分のやりたいことと地域の望みと一緒だったらいい」と考えており、自分のやりたいことを活動として取り組んでいくことで、地域おこしや地域貢献に結び付いていくことを願っている。

ケース3：Cさん（男性30代・地域おこし協力隊）［聞き取り：2019年8月］

Cさんは地域おこし協力隊として、地域のまちづくり会社に行政からの出向という形で勤務している。まちづくり会社では空き家対策の事業に携わり、まちづくり会社での業務としての空き家対策事業が地域おこし協力隊としての活動内容となっている。Cさんは地域おこし協力隊としての活動を行う傍ら、副業として観光イベントや企業プロモーションなどを手がけている。前職での経験やスキル、人脈などを活かしつつ、全国的に活動を展開している。また、本業でも副業でもない活動として、移住先で形成された個人的な人脈を通じてのイベント活動を楽しみながら行っている。収入としては協力隊よりも副業の方が勝る一方で、費やす時間は協力隊としての業務の方が多い。家族との時間も大切にしており、協力隊としての業務を行い、帰宅して家族との生活時間を過ごした残りの時間などに副業の仕事を行っているという。Cさんは、「まちづくり」という言葉や「協力隊イメージ」に対して、「ぼやける」「イメージを抜いていきたい」と考えている。地域おこし協力隊という「意識は薄くなってきている」と考えている。だが、Cさんも決して地域貢献や地域のためになることを考えていないわけではない。「地域おこしは結果的になるもの」と捉えており、地域おこし協力隊としての業務内容のほかに行っている副業や、地域人脈を通じた楽しみでもあるイベント活動などが結果的に地域のためにつながっていくと考えている。Cさんがこのように考えるようになった要因のひとつには、地域おこし協力隊と「地域」の位置関係についての所感がある。地域おこし協力隊と「地域」は本来はフラットな関係のはずだが、実際には上下関係があると感じている。こうした構造的な関係性に規定される活動よりも、自身が実現したいことを基調として活動をしている内容の方が、結果的に地域にとってためになると考えている。

ケース４：Ｄさん（女性40代・地域おこし協力隊）［聞き取り：２０１８年９月、２０１９年８月］

Ｄさんは、任務地に「住み続けたい」という希望を強く抱いている。Ｄさんは地域の受け入れ団体から飲食店の経営を託されており、地域おこし協力隊としての業務内容となっている。Ｄさんは飲食店のコンセプトや商品開発など懸命に取り組んできているが、経営はなかなか軌道に乗らないという。また、地域おこし協力隊を担当する行政が非協力的であったことが「ショック」で、さまざまに働きかけをしてきたが「挫折」し、「不信感」を抱いているという。受け入れ地区の希望はＤさんの定住・定着である。定住・定着を第一に考えると、必ずしもこの飲食店の経営に執着しなくてもよいはずで、地区の人々も飲食店で地域おこしや地域貢献してもらうことに固執しているというわけではなく、別の生活基盤であってもよいので、定住・定着して地域を維持してくれることの方を望んでいる。Ｄさんによれば、ほかにも生活基盤の構築の仕方として宿泊施設経営などが実現可能性のある選択肢として考えられるという。だが、飲食店での活動、つまり地域おこし協力隊としての業務を放棄してはいけないとＤさんは考えている。Ｄさんは定住を強く希望しており、そのための生活基盤の構築が欠かせないが、かといって、実現可能性の高い宿泊施設経営に切り替えることを選択することなく、受け入れ地区から託されてはいるものの、必須条件としているわけではない、地域おこし協力隊の地域協力活動としての飲食店を続けようと考えているのである。この飲食店は、「いろんな人と出会った大事なところ」なので、行政や地区が強くこだわっているわけではないにもかかわらず、「儲けが多くなくても」「大事にしたいし、手放してはだめ」だとＤさんは考えているのである。地域おこし協力隊は、具合のよくない親を見舞う帰省のための休みも取りづらく、常に周りから見られていて、よくも悪くも「放っておいてくれない」し、予算も使いづらく、行政も協力的ではないが、それでも自分が「ずっと住みたい」という強い思いがあるが故に、手放すことなく大事にしたいと考えているのである。

4　「生き残り戦略」としての「地域」の後景化／「自己」の前景化

これまでに示してきた調査結果からは、次のような地域おこし協力隊の行為や意識の特性を読み取ることができる。それは、端的にいえば、地域おこし協力隊の生き残り戦略のひとつとして「地域おこし」や「地域貢献」を後景化しつつ、「自己実現」や「自分のやりたいこと」を前景化させるという方途を採っていることである。

地域おこし協力隊制度において、協力隊員の立ち位置からの当事者主観で考えてみると、さまざまな困難性や難しさがあり、それは容易に変更することができないような構造的な条件となっている。そのような構造的に条件付けられた状況において、地域おこし協力隊として選び出された選択が、先に示したような「地域おこし」や「地域貢献」を後景化しつつ、「自己実現」や「自分のやりたいこと」を前景化させるという生き残り戦略であったと捉えることができるのではないだろうか。地域おこし協力隊として構造化された条件下での選択としては、「撤退」という方途もあり得る。つまり、地域おこし協力隊を離任するという選択である。平井太郎らは地域おこし協力隊における途中離任の問題に関して言及しているが、在任期間が短いまま離職する傾向や在任期間が2年未満の場合に定住率が低い状況について指摘し、その手がかりを隊員の悩みに求めて考察している〔平井・曽我 2017：2018〕。協力隊員の抱え込む悩みは離職、いわば「撤退」という戦略として帰結してしまうこともあるといえる。一方で、地域おこし協力隊として生き残ろうという場合の隊員個人の側の戦略として、先に示した「地域」の後景化／「自己」の前景化戦略がひとつのタイプとして生み出されているのではないかと推察する。

「地域」の後景化／「自己」の前景化戦略においては、地域おこし協力隊としての第一義と目されている「地域」（地域おこし、地域振興、地域貢献、地域のためなど）の優先順位が下げられ、それに代わって隊員個人の「自己」（自己実現、自分のやりたいこと、自分の気持ちなど）が優先事項となる。この場合、協力隊員らは「地域」に無関心となり、蔑ろにして、

「自己」を第一優先として行為や意識を変節させる自己本位的な転向と受け取られる恐れもあるが、そのように捉えるべきではないと考える。

隊員らのなかには状況に変革を起こそうと積極的に働きかけることもあるが、Dさんのケースのように変化が起こらず「挫折」してしまうことも少なくない。そうした場合に、外的な状況変化を求めるのではなく、自己の内的な矛盾状況に、内的な解釈の変更を加えることによって状況を改善しようとする個人の営為で対処しようとするのが「地域」の後景化／「自己」の前景化戦略の特徴といえよう。この方途においては、地域おこし協力隊のおかれた状況や構造を大きく変更することなく、温存しながら対処することが可能となる。このような対処方法の場合、行政や受け入れ地域に対しての配慮を欠いた営為や、地域貢献を放棄する営為とはならず、むしろ配慮や貢献をいかに放棄することなく、そこに繋げていけるかを隊員個人が切実に感受しているが故の選択となっていると考えられる。ここに取り上げた隊員らのケースでは、地域おこし協力隊として生き残っていくために、あえて「地域」を後景化させ、「自己」を優先する前景化戦略を採ることで、結果的にそれが地域のためとなって「地域おこし」や「地域貢献」に収斂していくことを強く意識し望んでいる。地域貢献をファースト・プライオリティからあえて外すことで、結果的・実質的に地域貢献としての意味も成り立たせ、自己と地元・地域社会との関係の構築も目指す行為として解釈することができるだろう。

おわりに

選択的行為としての定住

「定住」の意味とはどのようなものであると考えられるだろうか。「定住」という言葉は辞書的な定義では「ある場所に住居を定めること。一定の場所に長く住むこと。また、定まった住所」（『日本国語大辞典（第二版）』）となっている。そこには安定的に定まっていること、時間的な持続性があることが要件となっていることがわかる。また一方で、それ以上の厳密さを持ち合わせていない用語であることも同時に読み取れる。「定住・定着」には時間的な（半）永続性が要件となっているが、輪郭のぼやけた曖昧な言葉でもあると理解できよう。

地域おこし協力隊においては任期後、任務地やその周辺地域に住み続けている場合に「定住」としてカウントしているが、その永続性や個人的な主観、周囲との関係性などといった〝定住〟の内実については問われないことが少なくないのではないだろうか。

定住を質的な視点から、すなわち、隊員個人の主観や周囲との関係などの視覚から考えてみると、自己と場所、自己と他者、自己と周囲を結び付ける何かが存在しているのかどうかと捉える観点を想定することができるのではないだろうか。そこに留まることに永続性をもたらし得る要素としての自己と場所を結び付ける何かへの着目という視点である。

住まうことに永続性をもたらす要素のひとつは自己と場所を結び付ける何かであると想定し、それらのものを結び付ける役割をなしているものを捉えるところから地域おこし協力隊にとっての定住とはどのような現実となっているかを問い直してみたい。すなわち、隊員らの主観から、定住を質的に捉え直すという思考からの問い直しである。

田中滋は、前近代から近代の社会への移行を解釈する枠組みとして〈存在と行為〉という視点を提案している。それによれば、前近代の社会では宗教や身分、家柄などが人々のあり方をほぼ自動的に決定していたが、このような人々のあり方を規定する脈絡、人々が埋め込まれていた脈絡のことを〈存在〉と捉えている。これに対し、個人が多様な選択可能性のなかから自由に行為選択して遂行することを当然とする論理を〈行為〉の論理と捉え、これが社会の中心に位置付けられるのが近代の社会であるとする［田中 2015］。

私たちの社会は〈行為〉の論理が中心におかれる行為選択の自由な社会であり、地域おこし協力隊における〝定住〟という行為も個人の自由な選択の結果ということになる。

地域おこし協力隊は移住（＝移動）と定住・定着（＝非移動）という要素が組み込まれた制度として設計されているが、

J・アーリが近代社会における移動という行為選択の自由度の高まりについて指摘しているように、移動も個人によって自由に選択／非選択される行為の一類型である［Urry 2007］。

また、A・ギデンズは近代性、つまりモダニティの特徴として、多様な選択肢が存在し、行為選択の自由な環境であることを指摘するが、それは同時に絶えざる見直しと反省による再帰的なプロセスを伴う、流動的で不安定なものであることを指摘している［Giddens 1991］。

人々のあり方が外的に規定されるのではなく、個人の自由な選択に委ねられ、個人は絶えざる選択の見直しを繰り返すことで自己のあり方を構成していかなければならない、自由ではあるが、一方で不安定で流動的であるのが現代社会の構造的基盤であるとすれば、地域おこし協力隊における定住も複数の選択肢の中から個人によって選択／非選択された行為であるといえ、また同時に本質的に流動的で不安定なものであり得るといえる。

定住に「永続性」という素因を読み込もうするとき、前近代社会のような固定的で安定的、かつ個人の選択の余地のほとんどない宿命的な永続的定住というものは、現代の地域おこし協力隊においては想定しがたいものであろう。そうであるとすれば、個人の自由な行為選択の結果としての定住に「永続性」という要素をもたらしめているものに着目する必要性が浮かび上がってくる。

改めて協力隊にとっての〃定住〃とはどのような現実となっているかを検証してみたい。前節までで確認してきたような事例からは、次のようなことが読み取れる。地域おこし協力隊として、定住を思い描いている場合、活動と並行して将来的な定住のための生活基盤の構築も併せて考えていかなければならない。しかしながら、地域おこし協力隊へのまなざしは、多くの場合、定住ではなく活動に対して向けられがちである。それは地域おこし協力隊を取り巻く構造となっているといえるが、その構造という条件の下で隊員らは日常的な実践を行っている。隊員らの実践は活動と定住という2つの評価基軸のうち、活動を意識したものとならざるを得ない。地域おこし協力隊としての周囲からの承認を得て、自己の存在を保つためには、定住ではなく活動に対しての評価を獲得することが欠かせないからである。

だがしかし、成就することが易しいものとはなっていないのが地域協力活動であり、多くの場合、困難性と苦悩をもたらすものとなっている［井戸 2017］。活動を周囲からの承認を得たものとして成立させることが困難となる状況において、撤退という選択をせず、地域おこし協力隊として生き残ろうとするときに、先に見てきた「「地域」の後景化／「自己」の前景化」という実践が生じると理解することができる。地域おこし協力隊としての役割期待に応えようとし、自己存在を賭けて地方移住という行為を選択してきた彼／彼女らにとって、地域おこし協力隊しての周囲からの承認も、自己の思いを成就させることも、どちらも外すことのできない重要な要素となっていると考えられる。

活動を成就させて周囲から承認を獲得し、なおかつ、それが「自己」の実現とも重なり、居場所としての感覚を獲得して、定住へと進んでいくことができれば、それは地域おこし協力隊として理想的なあり方となろう。だが現実にはそこに到達せず、自己の実現や生活基盤構築が成ったとしても、活動が周囲から十分に承認されていないケースや、逆に、活動は周囲から承認されているけれども、自己が実現されなかったり生活基盤が構築できなかったりというケースも十分想定できる。

「6割」とされる定住のなかには、ここで検討したような個人の主観における内的なバランスが取れていないケースも少なからず含まれているのではないだろうか。つまり、自己存在を成り立たせしめる主観的何かを欠いているバランスの取れていない暫定的な居住、すなわち、永続的な定住という行為の選択となっているのではなく、自己と地域とを結び付ける何かに欠ける〝定住半ば〟となっているのではないだろうか。

地域おこし協力隊にとっての〝定住〟とは、地域おこし協力隊をめぐる前提条件によって構造化されているものであって、単純な量的把握によっては捉えきれない内実を含み込んでいるものであると推定できる。人口減少社会における地方への定住・定着、地域おこし協力隊制度による個人の生の充実ということを旗印とするのであれば、地域おこし協力隊をめぐる〝定住〟の内実を問い直し、それにどう向き合うのかと再考すべきではないだろうか。

付記

本章は『愛知県立大学文字文化財研究所紀要』第6号に掲載された「地方移動の若者の一考察──地域おこし協力隊の実践としての生き残り戦略」を大幅に加筆・修正したものである。

注

（1）図司は地域おこし協力隊について「何を以って「うまくいっている」と評価できるのだろうか」という事業の評価軸について「その焦点は、①地域協力活動への従事、②地域への定住、の2点に置かれていると読み取れるだろう」と指摘している［図司 2013：351］。

参考文献

〈邦文献〉

井戸聡［2017］「「地方志向」の若者としての地域おこし協力隊──移動の枠組みと課題の諸特性についての一考察」『愛知県立大学日本文化学部論集』8。

──［2020］「地方移動の若者の一考察──地域おこし協力隊の実践としての生き残り戦略」『愛知県立大学文字文化財研究所紀要』6。

──［2021近刊］「地域おこし協力隊×地方志向の若者×移動──定住と定住のハザマで」、木村絵里子・轡田竜蔵・牧野智和編『場所から問う若者文化──ポストアーバン化時代の若者論』晃洋書房。

図司直也［2012］「農山村における地域サポート人材の役割と受け入れ地域に求められる視点」『JC総研レポート』23。

──［2013］「農山村地域に向かう若者移住の広がりと持続性に関する一考察──地域サポート人材導入策に求められる視点」『現代福祉研究』13。

総務省［2012］「平成23年度地域おこし協力隊の任期終了に係るアンケート結果」（https://www.soumu.go.jp/main_content/000155098.pdf　2020年11月1日閲覧）。

――――［２０１４］「平成25年度地域おこし協力隊の定住状況等に係るアンケート結果」（https：//www.soumu.go.jp/main_content/000274320.pdf　２０２０年11月１日閲覧）。

――――［２０１５］「平成27年度地域おこし協力隊の定住状況等に係る調査結果」（https：//www.soumu.go.jp/main_content/000376274.pdf　２０２０年11月１日閲覧）。

――――［２０１７］「平成29年度地域おこし協力隊の定住状況等に係る調査結果」（https：//www.soumu.go.jp/main_content/000508222.pdf　２０２０年11月１日閲覧）。

――――［２０２０］「令和元年度地域おこし協力隊の定住状況等に係る調査結果」（https：//www.soumu.go.jp/main_content/000664505.pdf　２０２０年11月１日閲覧）。

――――［２０２１］「地域おこし協力隊の概要」（https：//www.soumu.go.jp/main_content/000717586.pdf　２０２１年１月３日閲覧）。

田中滋［２０１５］「〈存在と行為〉の社会学へ――ナショナリゼーションと近代化の峻別の下で」『ソシオロジ』60（２）。

中尾裕幸・平野正樹［２０１６］「地域サポート人材の定着とその支援のあり方について――地域おこし協力隊制度と地域社会のサステイナビリティ」『岡山大学経済学会雑誌』47（３）。

平井太郎・曽我亨［２０１７］「地域おこし協力隊の入口・出口戦略」『人文社会科学論叢』（弘前大学）、３。

――――［２０１８］「地域おこし協力隊の入口・出口戦略　全国版」『人文社会科学論叢』（弘前大学）、５。

増田寛也編［２０１４］『地方消滅――東京一極集中が招く人口急減』中央公論新社。

和歌山県［２０１５］「和歌山県長期人口ビジョン」（https：//www.pref.wakayama.lg.jp/prefg/020100/tihousousei/tihousousei_d/fil/02vision.pdf　２０２０年11月11日閲覧）。

――――［２０２０］「和歌山県の推計人口（令和２年４月１日現在）」（https：//www.pref.wakayama.lg.jp/prefg/020300/suikei/d00204067.html　２０２０年11月11日閲覧）。

〈欧文献〉

Giddens, A.［1991］*Modernity and Self-Identity： Self and Society in the Late Modern Age*, Cambridge： Polity Press（秋吉美都・安藤太郎・筒井淳也訳『モダニティと自己アイデンティティ――後期近代における自己と社会』ハーベスト社、２００５年）.

Urry, J. [2007] *Mobilities*, Cambridge：Polity Press（吉原直樹・伊藤嘉高訳『モビリティーズ――移動の社会学』作品社、2015年）.

（井戸　聡）

第13章　地域おこし協力隊の「仕事」

——熊野地域の協力隊の事例を通して——

はじめに

都市の若者が田舎に移り住み、最大で3年間、毎月安定した給料と活動資金を与えられ、地域を活性化しながら自身のやりたいことを実現していく。そんな「仕事」(1)がある。総務省の政策「地域おこし協力隊制度」である。当初隊員数89名から始まったこの制度は、現在5000名(2018年時点)近くに達し、約1000の地方自治体がこの制度を利用している[総務省 2020]。この政策は、田舎にやってきた若者が、都市のまなざし(「よそ者・若者の視点」)を地域にむけることで、地域の特産品や観光資源が掘り起こされ、あるいは地域の抱えている課題解決のきっかけとなり、それが地域の活性化へとつながっていくことを狙っている。近年では新聞やテレビでも取り上げられるようになってきた(2)。最初は閉鎖的な田舎の人々から歓迎されていない若者だが、試行錯誤しながらもひたむきに地域と向き合う姿によって、徐々に受け入れられていく……そんな物語がメディア上では語られるようになった。

だがこの政策の要であるはずの「地域おこし」は非常に曖昧なものであり、実際に、協力隊員からは「何をおこなうのが地域おこしなのか?」「なにをしていいのか分からない」(3)といった声があがっている。誰にとっての、どのような状態が地域を活性化していると言えるかは明確ではなく、目に見えるような成果や結果が出るものでもないからだ。

また協力隊の仕事には〈よそ者であれ〉と〈地域住民であれ〉という2つの矛盾したメッセージが含まれている。協力隊は少なくとも任期中、もしくは任期後に定住する者はより長く、その地域の一人の住人として住むことを求められていながらも、これまで地域にはなかったような斬新な視点＝よそ者の視点を求められるからである[(4)]。この点について、沼倉・今井・敷田［２０１５ｃ：１０５］は、協力隊が地域に同化してしまうことは、よそ者のもつ長所を失ってしまうため、よそ者性を維持することが協力隊の魅力を失わない秘訣であると指摘している。しかし、ここには実際に地域に住みながらよそ者性をどのように維持しているのか、そもそもこの矛盾したメッセージにどのように対応しているのかについては描かれていない。

そこで本章では、熊野地域に着任した地域おこし協力隊の語りをとおして、協力隊として地域に赴任した若者が曖昧で矛盾したこの仕事をどのように成り立たせているのかを論じる。それにより、わたしたちが想定するような仕事の自明性をゆるがし、より多様で豊かな「仕事」の可能性を模索するきっかけとなると考える。

1　協力隊が語る協力隊の「仕事」

筆者は、２０１７年と２０１８年に、和歌山県南部の熊野地域の協力隊9名に聞き取り調査を行った。今回は協力隊員がどのように仕事を成り立たせているのかという問いから出発しており、可能な限り生活や暮らしも含めた活動をとりあげるため、特に情報量の多い2名の方の「仕事」について取り上げさせていただいた。

(1)　Aさんの「仕事」

Aさんは２０１７年のインタビュー当時20代、九州出身で関西の大学を卒業後、２０１５年秋から妻子とともに着任（インタビューは着任約1年半後）。自治体から課された業務はなく、やりたいことを柔軟にやらせてもらえるいわゆるフリーミッション型であった。Ａさんは着任当初、空き家の紹介や仲介など地域の空き家を活用することで、地域おこしを考えていたが、実際に空き家を貸してくれる人はほとんどいなかった。この件についてＡさんは以下、語ってくれた。

僕も最初半年くらい自分で頑張ってみたけど、途中バカバカしくなってきちゃって。なんかそんなに地域の人求めてないから、別に空き家堀りおこさなくてもいいかなってみたいな気持ちになってきて。（中略）地域おこしってやっぱり地域が求めていることは何かってところから始まるべきだと思うんで。〈地元の人が協力隊にもとめているものは?〉ないですよ。変化を求めてないですよ。でも、子どもが増えるのは……だから僕は結局この地域で何をしたらいいか分かんない。（中略）だから僕は空き家を探して、どんどん移住者を呼び込みたいって自分を説得してやってきたんですけど。（中略）だから結局、この地域にとって何が地域おこしかっていうのが、地域おこしって定義難しいんですよね。(5)

さらに「最初は地域になんとか貢献したいって思っていた(6)」Ａさんだが、地域の人は「変化を求めていない」と感じたため、途中でこの取り組みを止めている。そして活動の重きを自身のやりたいことにシフトすることにした。だが、これまでの活動が無駄になったわけではない。町内を半年間かけて歩いて空き家を探し回ったおかげで観光資源があるにもかかわらず宿泊施設が少ないという地域課題を見出しており、自身で空き家をゲストハウスにリノベーションし運営することにした。このゲストハウスは、Ａさんがやりたいと考えていた環境に配慮した生活を実現する形でつくられ、自家発電型の宿としてオープンしている。しかし、今まで地域になかったようなエコロジカルな宿という斬新な発想が地域の人々にたやすく受け入れるはずがないことをＡさんは知っていた。ゲストハウス設立の経緯について以下、話してくれた。

ゲストハウス事業っていうのは誰も文句言われないだろうってことですんなりいきました。ただ２０１６年3月からここ改修しはじめたんですけど、２０１６年の10月ぐらいまで、電力自給の宿っていうのは行政関係の人には言ってませんでした。ややこしいから、理解されないだろうってことで。やっちまえばこっちのもんだと思ってたんで。(7)

Aさんは、これまでも行政担当者にやりたいことを何度もプレゼンしては地域との利害関係から却下されてきた経緯がある。宿はこの地域にないことから行政から「誰も文句は言われないだろう」と許可された。しかしいくら地域の人の利益を阻害しないからといって、エコロジカルな宿というのは、よそ者的発想であり、地域の人々から受け入れられにくいことは容易に想像できた。そのため、あえて言わないという方法をとったのである。そもそもこのゲストハウスは、人や自然環境を搾取しないと生きていけない資本主義的システムからの脱却というAさんが元来から考えてきたことの一つの表現であり、必ずしもゲストハウスにこだわっていたわけではない(8)。宿が周辺にないという地域の課題を発見したこと、住民の利害に関係しないため受け入れられやすいこと、この2つの理由からゲストハウス事業を選んでいる。極端な言い方をすれば、Aさんは一見地域おこしに見えるように調節しながらも、自身のやりたいことの実現に向かっていると言える。これは、総務省が着任前に重要だとしている協力隊の「やりたいこと」と地域（受け入れ団体）のニーズとのマッチングとは全く異なる(9)。なぜなら、地域の人々はエコを前面に押し出した宿であることを知らないままであったし、そもそもAさんは理解を求めていないからである。このように〈地域住民であれ〉（地域住民に受け入れられる活動）と〈よそ者であれ〉（地域にはないような斬新な活動）という矛盾したメッセージに対して、Aさんは地域の人から理解されなくてもいいとして〈よそ者〉であることを選んだ。では、そんなAさんは地域おこしについてどう考えているのだろうか。以下、語ってくれた。

地域おこし協力隊の風上にもおけないタイプだと思うんですけど、地域おこしには全く興味がない。地球全体が抱える問題として、電力をどうするかとか化石燃料を使わずにどうやって生きていくかって、そういう課題に直面しているフェーズだと思うんですよね。それに対してこの地域でこういう風な解決方法を提示している宿がある。それにわざわざ北海道とか鹿児島とかから宿泊券を買ってくれるお客さんがいる。それが結果的に地域おこしにつながると思うんです。僕は積極的に地域おこしをしようと思わないけれども、とがったことをやっていたら、それはおのずと地域おこしになると思います(10)。

Aさんは、「地域おこしには全く興味がない」、「積極的に地域おこしをしようと思わない」と述べながらも、やりたいことを続けていくことで、「結果的に地域おこしにつながる」と語る。それは地域から理解されることよりも自身のやりたい事を追求する「よそ者」のままでいながら、地域おこしを実現させる可能性を見出していると言える。さらにAさんの考える協力隊にとっての成功とはどのようなものかについて語ってくれた。

地域おこし協力隊っていうのがこの地域に定着したら、この事業が（成り立っていけたら）、僕はそれで成功だと思っているんです。この地域に貢献しようがなにしようが、もうそこまでは求めなくてもいいと思うんですね。3年間でその人が定着できる生業が作れて、それで成功して、ずっとその地域で暮らせたら、暮らす基盤が3年間で作れたら、その事業は僕は大成功だと思っているんですね。（中略）だから地域に喜ばれなくても、僕がこの地域に生き残る基盤を作れたらいいんだというそういうつもりで、僕はやってる。[11]

Aさんにとって協力隊の成功とは任期後も定住し、「ずっとその地域で暮ら」すことであり、具体的にはその暮らしを立てる基盤＝仕事を作ることである。そのためには、地域に貢献することや地域に喜ばれるようなことは二の次にならざるを得ないのである。

（2）　Bさんの仕事

Bさんは２０１８年と２０１９年の二度にわたってお話を聞かせていただいている。一度目のインタビュー当時40代、関東出身、大手メーカーで勤務後、２０１７年にY地区に着任した（一度目のインタビューは着任約10カ月後、二度目のインタビューは着任約1年10カ月後）。Y地区には熊野古道があり、多くの観光客が集まる観光地である。Bさんも、もともと熊野古道が好きで何度も訪れており、熊野古道に訪れた人のためのゲストハウスをはじめたいと思い、その手掛かりになればと協力隊に応募している。自治体から課された任務は、地区にある観光客向けのカフェの運営であり、Bさんは現在（２０１９年時点）、カフェで地区の特産品を使ったメニューを出している。

Bさんは、当初カフェを始めるにあたって、半年間店舗を借りることができず、本来の任務が出来ない状況にあった。そのため半年間は地域の人から「あの子なにしとんねん[12]」や「お金だけもらってなんもしない子[13]」のように見られ、辛かったと話してくれた。そもそも地区の特産品を使ったメニューの考案という任務は協力隊の募集には書かれておらず、料理経験のないBさんは戸惑ったものの、なんとか地域の期待に応えようと試行錯誤してメニューを完成させている。BさんはY地域への着任について「地域おこし協力隊として大きいことしたい、地域を活性化したい[14]」というよりも、「地元の人と同じ生活[15]」、地元の人にとっての「普通の生活[16]」がしたいと思っていた。だからこそ地元の特産品を作ってほしいという地域の期待に応え、地域によりそった形で活動に臨んでいる。

そのため、Y地域で行われている祭りや会議、溝の掃除、枝の撤去など地域を維持していくための活動も「みようみまねで役に立たなく[17]」とも積極的に参加し、地域での暮らしを学んでいる。このような活動は地域の人にとって重要な仕事の一つであり、他の仕事よりも優先されるべきものである。そのため休みがとりづらいことを以下、話してくれた。

地区のことに従事してるんだったら、（お店を）休もうがなにしようがいいうえに、やってることが見えたらなにも言われないですけど、例えば見えないところで研修があるからちょっと大阪の方に行きたいって行ったりすると、あいつなにしとんねんって感じには……[18]。

地域活動のためにお店を閉めることは理解されているが、協力隊のミーティングやカフェの準備などのその他の活動で閉めることは理解されておらず、週2日あるお店の定休日に行っている。Bさんは「（お店の）売り上げもあまりないので、休みのことばかり言ってもしかない[19]」と語りつつも、休みを取ることに苦労している。そもそもY地区では自営業で稼げるときに稼ぐという姿勢の人が多く、また「365日働くのも、私生活も一緒に生活している方が多い[20]」ため、週に決まったお休みをもらっていること自体が地域からは理解されにくいことであった。

だがBさんは、共に地域活動をしたり、世間話をしたり、良くも悪くも「放っておいてくれない[21]」地域に思い入れがあり、「すごい楽しいなって思う場所[22]」であり「本当にずっと住みたい[23]」とも語っている。自身のやりたいことであるゲストハウスの運営もこの地域で営みたいと考えている。しかし空き家が見つからず、他の地域でいい物件があり、やってみないかと声をかけられたこともあるそうだが、「慣れてきたこの場所で『やりゃええやん』、『頑張れよ』って言ってくれるような人たちのところでやりたい[24]」と語ってくれた。さらに「熊野古道をもっと活性化したいって思いでやりたい[25]」という理由でも断っている。協力隊として行っているカフェの運営についても以下、話してくれた。

任期後も店は続けたい。行政の人とかはここにそんな執着しなくてもっていうんですけど、わたしもともと熊野古道が好きで来てるっていうのがあるし、ここで知り合った人ってすごい大事な人たちが多いので、実際に熊野古道で働いてらっしゃる人とか顔見知りになると嬉しいですし、熊野古道をもうちょっとなんとかしたいって思うんだったら、ここは手放したらダメだなって思ってて、売り上げがそこまでいかなかったとしても、なかなか個人で借りれる物件ではないので。[26]

このお店は、Bさんにとって、熊野古道が好きで、観光に来た人に少しでも喜んでもらいたいという本来の目的のために最良な場所であり、着任してから今まで少しずつ地区の人との関係性を築いてきた大切な場でもある。だからこそ、売り上げがあまりなかったとしても、手放せないという。新たにお店を場所として提供する事業も始めているが、場所代はとってはいない。その理由を以下、話してくれた。

場所代とるって言っちゃうと、結局それを払えるような人しか来ないので、それより結構埋もれてるのって、面白いことやってるんだけど、まだやり始めた人とか、お金持ってない人とか、趣味でやっているって人なんで、そうゆう人がこの辺多いなって。場所代いらないからやりませんかって言って、来てくれた人がドリンク代頼んでくれたらいいですよって。あとは私の持っていないコミュニケーション、つながりを持ってらっしゃるので。（中略）知らない人たちとつながり持っている人が来てくれて、その周りの人達がここにこんなんあるんだなって認識してくれたら、宣伝費みたいな。もしうまく

いって結構稼げるようになりましたよって言ったら場所代頂戴ね、みたいな。出世払いですね（笑）[27]。

売り上げが少なくとも任期後もお店を続けたいと語ってくれたことと同じように、お店の場の提供も無償でおこなっており、人とのつながりを大事にしていることが分かる。

2　曖昧で矛盾した「仕事」から自分の「仕事」へ

（1）　Aさんの場合

これまでの語りからAさんは当初、曖昧な仕事内容の中、〈地域住民〉によりそい求められる地域おこしとはどのようなことかと考えながら活動していた。だが、そもそも協力隊が必要とされていないのではと感じたことから、地域の人には理解されないであろう〈よそ者〉的発想である自身のやりたいことにシフトしていったことが分かる。その他にも、「地域おこしには興味がない」や「地域に喜ばれなくても」と語るように、〈よそ者〉としての立場をとっているように思われる。地域の人からは「税金をわが事に使うのか[28]」と活動と対価が一致しないとして非難されたり、「草刈りをしろ、花を植えろ[29]」と目に見えて分かりやすいボランティア的活動を求められることもあったという。

しかし、Aさんにとっての地域おこしとは、やりたいことを続けていった先に「結果的に」また「おのずと」地域活性化につながるものである。それはすぐに目に見えるような成果ではなく、長期的な視点から自然と地域が盛り上がっていく様を描いていることが分かる。さらに言えば元来Aさんのやりたい事とは、環境問題に対する取組など地球規模のものであり、それはわたしたち全員に関係している課題であると言え、決して個の殻に閉じこもったものではないのである。

つまりAさんは〈よそ者〉でありながらも、地域を超えた地球規模での課題というより高い次元からの視点によって、〈地域住民であれ〉と〈よそ者であれ〉という矛盾したメッセージをかわしているのだと考えられる。もちろん地球全体を考えるこの活動は巡り巡って地域にも還元されていくからだ。

そんなAさんにとって協力隊の仕事とは、この地域で環境問題など地球規模での課題に取組むことのできる暮らしの基盤を作るものであり、今ここにいる人に理解されなくとも、その成果を未来へ託していく営みだと言える。

（2）Bさんの場合

一方でBさんはAさんとは異なり、協力隊制度の矛盾したメッセージに対して、当初から地域の人と同じ暮らしがしたいと〈地域住民〉の立場をとっており、実際にはBさんにとってはあまり矛盾するものではなかった。ただ、休日の話にあるように、地域の「普通の暮らし」に戸惑うこともあった。Y地区では、「365日働くのも、私生活も一緒に生活している方が多い」ため、「仕事」と「仕事でないもの」の区分が曖昧である。そのため仕事と明確に分離して毎週決められた曜日に休日があるようなBさんの休み方は理解されにくい。特に長期で休みを取る場合には1カ月程前から地域の人に少しずつ説明をするなど、理解してもらえるよう丁寧に交渉している。〈地域住民〉と同じ生活を送りたいと考えるBさんだからこそ、反対に〈よそ者〉性が浮き彫りとなることがあった。

さらに任務当初の半年間はお店がオープンできなかったことから、「あの子なにしとんねん」や「お金だけもらってなんもしない子」のように見られて辛かったと語っており、労働とその対価の不明瞭さによって地域から理解されていないと感じることもあった。Bさん自身も、「優遇されてるとか（思われてしまう）、やっぱり、お給料もらえているじゃないですか、明らかに稼げてない状況で[30]」や「（お店の）売り上げもあまりないので、休みのことばかり言ってもしかない[31]」と語っており、給料がもらえてしまうことに負い目を感じている。そのため、「ちゃんと働いてますよ[32]」とアピールすることは非常に大事なこととなる。お店がオープンするまでの半年間は「毎日掃除に来たりとか、なるべく顔を出す[33]」ようにしていたという。成果とまでは言わないにしろ、地域活動への参加やお店をオープンしているかどうかなど、地域の人が確認できるような形で仕事をする必要があるのだ。

他方でお金はなくても面白いことをしている人に貸したいと、店舗の貸出しは無料で行っており、また任期後も、お店の売り上げが少なくとも、手放すことは考えておらず、利益よりも、人とのつながりを大切にしたいと考えていることが分かる。ただ「ゲストハウスを運営したい」や、ただ「お店に売り上げがあればいい」というのではなく、あくまでこの地域で、そして観光に来る人のために熊野古道をなんとかしたいというこだわりがあるからだ。利益だけを優先するような考えではないBさんだからこそ、面白いことをやっている人を応援したい気持ちがあり、またそういった人の間でつながりが広がっていくことを望んでいるのだろう。

そんなBさんにとって協力隊の仕事とは、地域の人とともに暮らしながら、熊野古道とそれにかかわる人とのつながりを大切にし、広げていくことで、お店を中心とし地域の人、観光客、面白いことをしたいと志を持っている人などさまざまな人が集まるような場をつくること、さらにこの関係性のなかでゲストハウスという夢の実現に向けて働くことである。

AさんもBさんもそれぞれ、〈よそ者〉として、〈地域住民〉として、その態度は違うものの、両者ともに協力隊として任された曖昧で矛盾した仕事を試行錯誤しながら「自分の仕事」へと変えていることが分かる。

3　協力隊の仕事とわたしたちの仕事

二人の語りから、曖昧で矛盾した協力隊の仕事とは、①「よそ者として地域活性化を行いながら地域住民として暮らす」という矛盾したメッセージを含んでおり、また②「仕事」と「仕事でないもの」の区分が曖昧であるため、③成果が見えづらく、④給料がどの労働に対する対価なのかが不明瞭といった面をもつことが分かる。

このような働き方はわたしたちが普段「仕事」と聞いて想定するようなサラリーマン的仕事像とはかけ離れていると

言える。一般的に仕事と言えば、労働の対価として毎月一定の賃金が支払われながら、上司の指揮命令のもと明確な業務内容に従って、また就業時間として決められた時間の中で、オフィスといった限られた空間内で行われるものである。そのため、近年ワーク・ライフ・バランスが謳われるように、仕事はその他の余暇や家庭などの生活とは切り離されて確立されている。またその評価や賃金は、業績や成績、勤続年数などによる一定数決められた評価軸の中で行われる。

他方、これまで見てきたように、協力隊の仕事は「仕事」と「仕事でないもの」の区分が曖昧であり、地域おこしの活動だけでなく、協力隊自身のやりたいこと、そして祭りや寄り合いなどの地域での暮らしを維持していく活動、全てが「仕事」である。内山［1988］が長野県の山村で暮らす人々の生活について、「『仕事』の過程がそのまま生活であり、生活の過程がそのまま『仕事』であるような世界」［内山 1988：33］と述べているような仕事像がここにはある。この点について、中谷・宇田川［2016：4］は、人類学的視点から、仕事と仕事でないものの区別は多様かつ曖昧であることを述べ、どの仕事がより高く評価されるのかといった序列化は、社会的価値が大きく関わっていることを指摘する。たとえば、Bさんの住むY地区では、この祭りや寄り合いなどの地域活動に社会的価値が置かれており、優先されるべき「仕事」である。つまり、より利益が出るもの、数的な業績や成果がより出るものが必ずしも高く評価される仕事とは限らないのである。

給料の面だけで言えば協力隊の仕事は、サラリーマン的である。国からの予算として、協力隊員一人につき年間200万円、月に16万6000円の報酬が毎月支払われている。だが、仕事の曖昧性ゆえに、支払われる賃金がどの労働に対する対価であるかは不明瞭であると言える。仕事そのものは曖昧でありながら、賃金だけは決まった額が支払われるという、このアンバランスさによって、地域の人から給料（税金）をもらっているにもかかわらずと非難を受けることがある。協力隊自身も対価に見合った成果を出せていないと重荷に感じることもある。しかし、先に見たように、Y地区では地域行事への参加やお店をオープンしているかどうかなど、地域の人が実際に目で見て確認できるような活動に価値が置かれ、Bさんもこういった社会的価値に合わせて、日々の暮らしの中で少しずつ続けていけることを積み重ねている。利益や生産性や効率を求めるような姿勢はここにはないのである。

このような協力隊の仕事からみてみれば、わたしたちが想定するような仕事像がいかに限定的であるかが分かる。業務内容が明確であるもの、対価として賃金が支払われているもの、成果や業績が見えやすく、それをもとに評価されるもの、生産性や効率が求められるもの等々。これに対し協力隊の活動は、多様でより開かれた豊かな仕事だと言える。

また仕事の曖昧性ゆえに「なにをすればいいのか分からない」という戸惑いが生じることは、一方で「地域おこしとはなにか」を問うことであり、それは「何をすれば地域のためになるのか」あるいは「自分が行っている仕事は誰にとって何の意味があるのか」といった仕事をする上での根源的な問いを問うことでもある。さらに〈よそ者であれ〉と〈地域住民であれ〉という矛盾した状況に置かれることは、自身がどういった働き方をするのかを常に問われ続けることでもある。AさんもBさんも、「地域のためになることとは」、「地域によりそうとは」を問い続けながら、試行錯誤し、自分たちのやり方で仕事を成り立たせている。両者ともゲストハウスの運営に取組んでいるが、その根底には「地球環境のために」や「熊野古道をなんとかしたい」という思いがあり、そのための仕事である。鷲田［2011：12］が「皮肉なことに、現在では、会社での労働よりも無償のボランティアのほうが、かつての仕事、他者のために身体を動かく事としての『働く』ことの原型イメージによりちかくなっている」と述べているような、誰かのため何かのために、自分で考え行動していくような働き方が協力隊の仕事にはあるのだ。

おわりに

協力隊を悩ませる仕事の矛盾点と曖昧性が、協力隊の仕事を多様で柔軟な実践へと変え、またわたしたちが仕事をする上で本来重要とすべきである「何のために働くのか」という根源的な問いへと導くものであった。おそらくわたしたちの日常生活も、協力隊の仕事と同じように、実際には多種多様な「仕事」で彩られているだろう。だが現代において、ワークとライフは切り離されており、一般的に賃金が支払われるものを仕事とし、支払われないものはその他として振り分けれ、より多くの賃金が支払われるものをより価値がある仕事として順序付けられる。だからこそ、渋谷［２００３］が指摘するように、介護や保育など、もともと家庭生活のなかで行われていたような「仕事」に対しては、賃金が低く、「誰にでも可能な非専門的労働——家事労働の延長——」［渋谷 ２００３：２７］とされる。このように介護や保育などのように生活の中にあったものを取り出し、サービス産業化することによって対価の支払われる仕事として確立させたものとは反対に、協力隊制度では内山の言葉を借りるなら「『仕事』の過程がそのまま生活であり、生活の過程がそのまま『仕事』であるような世界」、あるいは仕事を含んだ生活そのものに賃金が支払われるとも言える。そういった意味では、あくまで賃金の発生＝仕事という資本主義的な発想ではあるが、協力隊制度は画期的であると言える。賃金が発生しているからと生活までもが指揮命令の下にさらされる危険性も含んでいるものの、反対に仕事＝生活なのだから、生産性や効率を求めなくとも許されるし、結果や業績が出なくとも、試行錯誤や失敗といった経験に対しても、極端に言えば地域の中で淡々と日々を送っていることにも、給料が支払われ、価値ある仕事として認められる。都市からやってきた若者に対して、失敗や試行錯誤も含めた日々の生活のなかでの諸活動を「仕事」とし、給料を支払うこと、本章で取り上げた2人のようにどのような結果となるかは分からないが、真剣に地球環境や地域のことに取組む姿勢そのものに評価を置くことは、いまいちど「仕事」の自明性を問い直すきっかけを与え、仕事のあるべき姿を垣間見せるような希望があるのではないだろうか。

注

（1）就業形態としては、大きく分けて各地方自治体が公務員として任用する場合と個人事業主として業務委託する場合の2つがある。たとえば、香川県綾川町の募集（２０２０年11月15日現在）では、綾川町の公務員として雇用関係がむすばれており、業務内容は、「自由な発想で地域活性化に繋がる企画の提案と実践」であり、条件として住民票を綾川町に移動させることや、任期後に定住の意思があるなどがあげられている（ＪＯＩＮホームページ、香川県綾川町募集要項）。

（2）たとえば、２０１２年に地域おこし協力隊を題材にした「遅咲きのヒマワリ～ボクの人生、リニューアル～」というドラマが放送された。

（3）筆者が行ったインタビューでもAさんは、「地域で何をしたらいいか分かんない」「この地域にとって何が地域おこしかっていうのが、地域おこしって定義難しいんですよね」（２０１７年3月19日）と語っていることや、沼倉・今井・敷田［２０１５ｂ：４５］も『地域おこし』という抽象的なものに対して、どんな活動がのぞましいのか見当がつかず、隊員が戸惑っている状態である」と指摘していることからも分かる。

（4）協力隊制度の導入について総務省は、「三方よし」の取組と称し、協力隊・地域・地方自治体、誰にとってもメリットがあるものとして効果をうたっている。協力隊自身にとっては、地方に移り住むことで「理想とする暮らしや生きがい」を発見することができ、「自身の才能・能力を活かした活動」を可能とする効果がある。地域にとってのメリットは、「ヨソモノ・ワカモノ」である協力隊が来てくれることで「斬新な視点」を地域にもたらし、隊員たちの「熱意と行動力が地域に大きな刺激を与える」ことである。地方自治体には「行政ではできなかった柔軟な地域おこし策」を可能とし、少なからず「住民が増えること」をメリットとして挙げている。

（5）２０１７年3月19日に行ったインタビューより。〈　〉内は筆者からAさんへの質問である。

（6）同右。

（7）同右。

（8）Aさんはその他の表現方法として、農業も視野に入れていたという。

（9）総務省「地域おこし協力隊受け入れに関する手引（第4版）」によると「地域おこし協力隊の導入に当たっては、様々な個性をもった隊員と受入地域とのマッチングが重要」［総務省地域力想像グループ地域自立応援課 ２０２０：２６］とされており、着任するにあたっては「着任した隊員の経歴や希望と活動ニーズとの調整を行っていますか？」［総務省地域力想像グループ地域自立応援課 ２０２０：３１］とのチェック項目がある。

（10）２０１７年3月19日のインタビューより。

（11）同右。

(12) 同右。２０１８年９月10日のインタビューより。
(13) 同右。
(14) 同右。
(15) 同右。
(16) 同右。
(17) ２０１９年８月31日のインタビューより。
(18) 同右。
(19) 同右。
(20) 同右。
(21) 同右。
(22) 同右。
(23) 同右。
(24) 同右。
(25) 同右。
(26) 同右。
(27) 同右。
(28) ２０１７年３月19日のインタビューより。
(29) 同右。
(30) ２０１９年８月31日のインタビューより。
(31) 同右。
(32) 同右。
(33) 同右。

参考文献

穴戸容代・三瓶祐美［2019］「地域おこし協力隊の諸活動地への定住と企業」『都市問題』110。

井戸聡［2016］「『地域志向』の若者としての地域おこし協力隊――移動の枠組みと課題の諸特性につての一考察」『愛知県立大学日本文化学部論集』8。

内山節［1988］『情景のなかの労働――労働のなかの二つの関係』有斐閣。

渋谷望［2003］『魂の労働――ネオリベラリズムの権力論』青志社。

中谷文美・宇田川妙子編［2016］『仕事の人類学――労働中心主義の向こうへ』世界思想社。

沼倉瞳・今井太志・敷田麻実［2015a］「地域おこし協力隊の姿：隊員、市町村、地域それぞれの目線から（上）」『地方財務』735。

――［2015b］「地域おこし協力隊の姿：隊員、市町村、地域それぞれの目線から（中）」『地方財務』736。

――［2015c］「地域おこし協力隊の姿：隊員、市町村、地域それぞれの目線から（下）」『地方財務』737。

鷲田清一［2011］『だれのための仕事――労働vs余暇を超えて』講談社。

〈ウェブサイト〉

移住・交流推進機構（JOIN）「地域おこし協力隊」（https://www.iju-join.jp/chiikiokoshi/index.html　2020年11月14日閲覧）。

総務省「地域おこし協力隊　制度概要」（https://www.soumu.go.jp/main_sosiki/jichi_gyousei/-gyousei/02gyousei08_03000066.html　2020年11月10日閲覧）。

フジテレビ「遅咲きのヒマワリ～ボクの人生、リニューアル～」（https://www.fujitv.co.jp/b_hp/osoz akino_himawari/　2020年11月9日閲覧）。

（井田千明）

あとがき

本書は、和歌山県と三重県にまたがる熊野地域を中心とした社会調査に基づく論文集である。調査は２００３年より２０１９年まで継続的に行われた。

長きにわたる調査であったため、本書の内容のいくつかは、すでに公表されている。それらの原稿の初出は以下のとおりで、本書のその他の論文はすべて書き下ろしである。

第2章　寺田憲弘「明治から昭和初期における熊野地方の観光対象の変遷――瀞峡と那智の滝を中心として」（『龍谷大学国際社会文化研究所紀要』13、２０１１年）

第5章　井戸聡「河川開発と社会的儀礼――河川の近代化と『筏の終焉』」（上川通夫・愛知県立大学日本文化学部歴史文化学科編『国境の歴史文化』清文堂出版、２０１２年）

第6章　寺田憲弘「熊野の観光メディア言説の変動――ガイドブックと旅行雑誌における記述を対象として」（『観光研究』26（1）、２０１４年）

第7章　中井治郎「世界遺産ツーリズムにおける『異端』の価値――熊野修験の文化遺産化と観光資源化をめぐって」（『龍谷大学社会学部紀要』50、２０１７年）

第8章　湯川宗紀「観光立国『日本』と『宗教』――世界遺産『紀伊山地の霊場と参詣道』」（洗建・田中滋編『国家と宗教――宗教から見る近代日本　下巻』法藏館、２００８年）

第10章　中井治郎「問い直される世界遺産――台風12号災害を契機とした熊野古道をめぐる語りの変容」（『フォーラム

現代社会学』12、2013年)
第12章　井戸聡「地方移動の若者の一考察――地域おこし協力隊の実践としての生き残り戦略」(『愛知県立大学文字文化財研究所紀要』6、2020年)

2003年にわれわれが熊野地域で調査を始めたのは、戦後の吉野熊野特定地域総合開発計画にともなうダム開発に対する反対運動などの地域社会の対応や、その後の影響を明らかにするためであった。その調査を行う中、熊野地域は世界遺産「紀伊山地の霊場と参詣道」の一部となり、観光地として大きな注目を集めることとなった。それにともない、世界遺産を活用した観光による地域おこしも調査テーマに加え調査が続けられた。2011年には台風12号によって地域は大きな被害を蒙った。地域の観光にも大きな影響があり、また、当初の調査の大きなテーマであったダム開発を改めて問い直す出来事であった。状況に応じ調査の直接的なテーマは様々であったが、その背後にある大きなテーマ――近代とその変容、そして、それに対応する地域社会というもの――は、変わらずにあった。

台風被害の後、現在の熊野は寸断された道路も復旧し、その傷跡も表面上は少なくなり、以前の姿を取り戻しつつある。一般的には世界遺産指定の効果は必ずしも長く続くものではないと言われるが、国内観光客は2011年の落ち込みから回復し、インバウンド客は大きく増加した。これらは地元の方々のたゆまぬ取り組みによるところが大きい。

そもそも、「紀伊山地の霊場と参詣道」の世界遺産指定は日本国内の世界遺産指定歴史の中では大きな転換点であった。1993年の法隆寺、姫路城に始まる世界文化遺産の指定は、奈良、京都や日光の社寺など指定以前から観光資源としての価値が十分に認められてきたものばかりであった。「紀伊山地の霊場と参詣道」は、高野山、那智山を除き必ずしも観光客が多い地域ではなかった。その後、石見銀山や富岡製糸工場など世界遺産指定をきっかけに観光資源としての注目を集める地域が続いていった。その中で、熊野は世界遺産指定をきっかけとして、例えば、世界的な観光ガイドブックであるLonely planet Japanにおいてほとんど記載すらされなかった地域が同書冒頭のTop観光地に連続して選ばれる場所になっていった。最新の2019年版では、Japan's Top24の中で9番目とされており、日本を代表する観光地の一つとなっている。この地域の資源を活用した地域おこしのプロセスはおそらく多くの日本の他の地域にとっても参考になるものであると考える。

本書の成立には熊野地域の皆さんに貴重な情報をいただいている。心より感謝の意を表する。このあとがきは2020年に書かれている。2020年は地域社会に生活する人びとのささやかな努力が水泡に帰すかもしれない災厄の襲った年であり、この災厄が現在のところ今後どのように推移するかも不透明である。政府の行う対策に対し、全く不満がないわけではないが、それらを超えた出来事であることも否めない。何よりもまず疫病の終息と、社会生活がかつての日常を取り戻すことを祈るしかない。

最後に、本書の出版にあたり、晃陽書房の丸井清泰さんとスタッフの方々には、限られた期限内に出版するために多大な尽力を頂戴した。心から感謝の意を表する。また、本書は龍谷大学「国際社会文化研究所」からの助成を受けて出版されている。龍谷大学と同研究所の関係者の皆さんに心から感謝の意を表し、このあとがきを閉じることにしたい。

2020年12月

寺田憲弘

〈ナ　行〉

〈ハ　行〉

〈サ　行〉

索　　引

柴田和子（しばた　かずこ）［第11章］
1969年　生まれ
龍谷大学大学院社会学研究科博士後期課程修了
現　在　龍谷大学，大阪人間科学大学非常勤講師

主要業績

「I ターン移住とその仲介者たち――美山町における観光村おこしの出発点」，田中滋編『都市の憧れ，山村の戸惑い――京都府美山町という「夢」』（晃洋書房，2017年）
「都心の地域社会の変動と町内会――地域振興会から地域活動協議会へ」，鰺坂学・西村雄郎・丸山真央・徳田剛編『さまよえる大都市・大阪――「都心回帰」とコミュニティ』（東信堂，2019年）
「『都心回帰』による大阪都心の地域コミュニティの変容――大阪市中央区の 4 地区の事例を中心に」（『評論・社会科学』（同志社大学）133，2020年）

井田千明（いだ　ちあき）［第13章］
1988年　生まれ
龍谷大学大学院社会学研究科修士課程修了
現　在　龍谷大学社会学部実習助手

主要業績

「就活不安――『ブラック企業』言説と就職活動」（龍谷大学，2014年）
「コンビニ」，杉村昌昭・境毅・村澤真保呂編『既成概念をぶち壊せ！』（晃洋書房，2016年）

《執筆者紹介》（執筆順，＊は編著者）

＊田中　滋（たなか　しげる）［はじめに，序章，第1章，第3章，第4章］
奥付参照.

中井治郎（なかい　じろう）［はじめに，第7章，コラム3，第10章］
1977年　生まれ
龍谷大学大学院社会学研究科博士後期課程単位取得退学
現　在　龍谷大学非常勤講師
主要業績
『パンクする京都――オーバーツーリズムと戦う観光都市』（星海社，2019年）
『観光は滅びない――99.9%減からの復活が京都から始まる』（星海社，2020年）
「問い直される世界遺産――台風12号災害を契機とした熊野古道をめぐる語りの変容」（『フォーラム現代社会学』12，2013年）

＊寺田憲弘（てらだ　けんこう）［第2章，第6章，第9章，あとがき］
奥付参照.

井戸　聡（いど　さとし）［第5章，コラム2，第12章］
1971年　生まれ
京都大学大学院文学研究科博士後期課程修了
現　在　愛知県立大学准教授
主要業績
「神仏分離と文化破壊――修験宗の現代的悲喜」，洗建・田中滋編『国家と宗教――宗教から見る近現代日本 上巻』（法藏館，2008年）
「『原生林』の誕生――『自然』の社会的定義をめぐって」，田中滋編『都市の憧れ，山村の戸惑い――京都府美山町という「夢」』（晃洋書房，2017年）
「『地方志向』の若者としての地域おこし協力隊――移動の枠組みと課題の諸特性についての一考察」（『愛知県立大学日本文化学部論集』8，2017年）

有本尚央（ありもと　ひさお）［コラム1］
1980年　生まれ
京都大学大学院文学研究科博士後期課程単位取得退学
現　在　甲南女子大学准教授
主要業績
「〈失敗〉にまなぶ，〈失敗〉をまなぶ――調査前日，眠れない夜のために」，前田拓也・秋谷直矩・朴沙羅・木下衆編『最強の社会調査入門――これから質的調査をはじめる人のために』（ナカニシヤ出版，2016年）
「都市祭礼における『暴力』と規制――『スポーツ化』する岸和田だんじり祭」（『フォーラム現代社会学』16，2017年）
「無形文化遺産――かたちのない文化の〈遺産化〉」，木村至聖・森久聡編『社会学で読み解く文化遺産――新しい研究の視点とフィールド』（新曜社，2020年）

湯川宗紀（ゆかわ　むねき）［第8章］
1970年　生まれ
龍谷大学大学院社会学研究科博士課程単位取得満期退学
現　在　龍谷大学非常勤講師

《編著者紹介》
田中　滋（たなか　しげる）
1951年　生まれ
京都大学大学院文学研究科博士課程単位取得満期退学
現　在　龍谷大学名誉教授，龍谷大学「里山学研究センター」研究員，京都仏教会「宗教と社会研究実践センター」主任研究員
主要業績
『国家と宗教――宗教から見る近現代日本 上下巻』（共編著，法藏館，2008年）
『国家を超える宗教』（編著，東方出版，2016年）
『都市の憧れ，山村の戸惑い――京都府美山町という「夢」』（編著，晃洋書房，2017年）

寺田憲弘（てらだ　けんこう）
1969年　生まれ
龍谷大学社会学研究科博士後期課程中退
現　在　龍谷大学非常勤講師
主要業績
「国会において『宗教』はいかに語られてきたか――宗教問題の脱宗教化？」，洗建・田中滋編『国家と宗教――宗教から見る近現代日本 下巻』（法藏館，2008年）
「茅葺きの民俗の変化と『観光』」，田中滋編『都市の憧れ，山村の戸惑い――京都府美山町という「夢」』（晃洋書房，2017年）
「ガイドとしての語り部／表象としての語り部――熊野古道の語り部を事例として」（『観光研究』31（1），2020年）

聖地・熊野と世界遺産
――宗教・観光・国土開発の社会学――
龍谷大学国際社会文化研究所叢書 27

2021年3月20日　初版第1刷発行　　＊定価はカバーに表示してあります

編著者　田中　滋
　　　　寺田憲弘 ©
発行者　萩原淳平
印刷者　藤森英夫

発行所　株式会社　晃洋書房
〒615-0026　京都市右京区西院北矢掛町7番地
電話　075（312）0788番㈹
振替口座　01040-6-32280

装丁　野田和浩　　印刷・製本　亜細亜印刷㈱
ISBN978-4-7710-3489-1